B2/C1

MENSCHEN IM BERUF
MEDIZIN

Kursbuch mit Audios online
Deutsch als Fremdsprache

Dorothee Thommes
Alfred Schmidt

Hueber Verlag

Für die hilfreichen Hinweise bei der Entwicklung des Lehrwerks danken wir
Gudula Bieber-Reynartz, Münchner Volkshochschule
Martina von Entress-Fürsteneck, MedUnited GbR, Dorsten
Luise Kleiser, Goethe-Institut Freiburg i. Br.

Ärztlicher Lektor: Dr. Rolf Schwagmeier, Capio Hofgartenklinik, Aschaffenburg

Außerdem möchten wir Herrn Prof. Dr. Michael Schmidt, Universitätsklinik Würzburg, Dr. Immo Stürmer, Orthopäde in Aschaffenburg, und Dr. Thomas Hillermann, Spital Uster / Schweiz, für ihre praxisorientierten Hinweise und die Möglichkeit der Hospitation danken.

Piktogramm

▶ 001 Audio-Track

Die Audiodateien finden Sie in der *Hueber Media*-App und unter:
www.hueber.de/menschen-im-beruf

4. 3. 2. | Die letzten Ziffern
2030 29 28 27 26 | bezeichnen Zahl und Jahr des Druckes.
Alle Drucke dieser Auflage können, da unverändert, nebeneinander benutzt werden.
1. Auflage

Umschlaggestaltung: Sieveking Agentur, München
Layout und Satz: Sieveking Agentur, München
Verlagsredaktion: Thomas Stark, Hueber Verlag, München
GPSR-Kontakt: Hueber Verlag GmbH & Co. KG, Baubergerstraße 30, 80992 München, kundenservice@hueber.de
Druck und Bindung: Westermann Druck Zwickau GmbH, Crimmitschauer Str. 43, 08058 Zwickau, westermann_druck@westermann.de
Printed in Germany
ISBN 978–3–19–761190–7

Art. 530_30791_001_02

Anhang

Liebe Leserinnen und Leser,

in der Reihe *Menschen im Beruf* präsentieren wir unsere Materialien zum Erwerb der Fachsprachen verschiedener Berufsgruppen. Neben dem Fachwortschatz werden darin auch berufsspezifische Redemittel vermittelt, die für die Bewältigung von typischen Situationen in den jeweiligen Berufen notwendig sind.

Menschen im Beruf – Medizin bereitet Sie gezielt auf den Berufsalltag in einer Klinik oder einer Praxis im deutschsprachigen Raum vor. Dieses fachsprachliche Kurs- und Übungsbuch lässt sich mit allen Lehrwerken der Niveaustufen B2 und C1 kombinieren. Bei ausreichend gefestigten Sprachkenntnissen kann *Menschen im Beruf – Medizin* auch kurstragend in einem kompakten Fachsprachenkurs eingesetzt werden.

Das Lehrwerk erhebt nicht den Anspruch, alle medizinischen Themen abzudecken, die im klinischen Alltag oder in der Praxis auftauchen. Es wurden gezielt Themen und kommunikative Situationen ausgewählt, die standardmäßig im Berufsleben von Ärztinnen und Ärzten vorkommen. Ein Schwerpunkt wurde vor allem auf den Bereich der Gesprächskompetenz gelegt: Wie spreche ich empathisch mit Patientinnen und Patienten und deren Angehörigen? Wie passe ich mein Sprachniveau an die unterschiedlichen Kommunikationspartner an, mit denen ich täglich arbeite (Kollegen, Patienten, Pflegepersonal)? Um die Lernenden auch rezeptiv optimal auf die Arbeitssituation in einem deutschsprachigen Krankenhaus vorzubereiten, bietet dieses Lehrwerk eine Vielzahl von variantenreichen Hörtexten, die auf authentischen Dialogen, Besprechungen oder Vorträgen basieren.

Die **20 Lektionen** umfassen jeweils sechs Seiten und folgen einem wiederkehrenden, transparenten Aufbau.

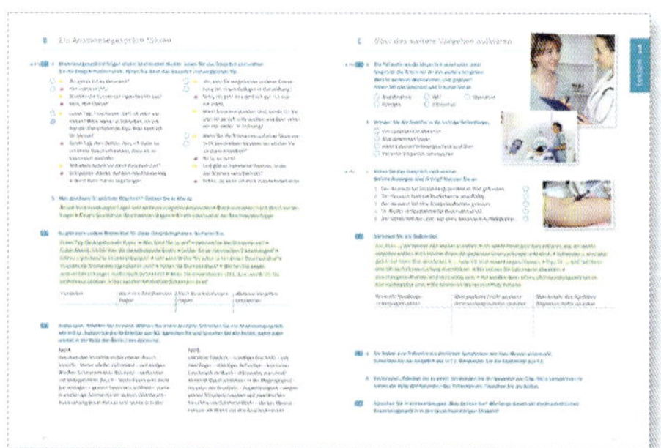

Auf den ersten vier Seiten jeder **Lektion** stehen immer einzelne Sprachhandlungen im Fokus (Teile A, B, C und D). Die dafür nötigen Strukturen werden erarbeitet und in den folgenden Aufgaben zunächst gelenkt und dann frei eingeübt. Diese freien Aufgaben bieten authentische Sprech- und Schreibanlässe aus dem beruflichen Alltag. Dabei werden alle vier Fertigkeiten entsprechend ihrer Relevanz für die jeweilige berufliche Situation geübt.

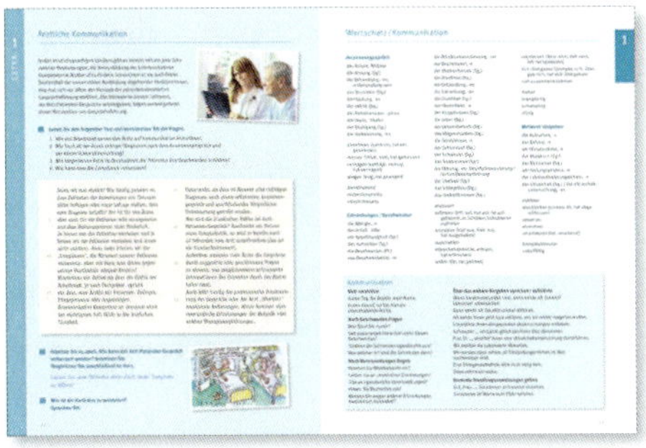

Jede Lektion wird von einer **Extra-Seite** mit einem interkulturell relevanten Thema aus der Berufswelt und einer Seite mit der Übersicht über den **Lernwortschatz** und die **Redemittel** abgeschlossen.

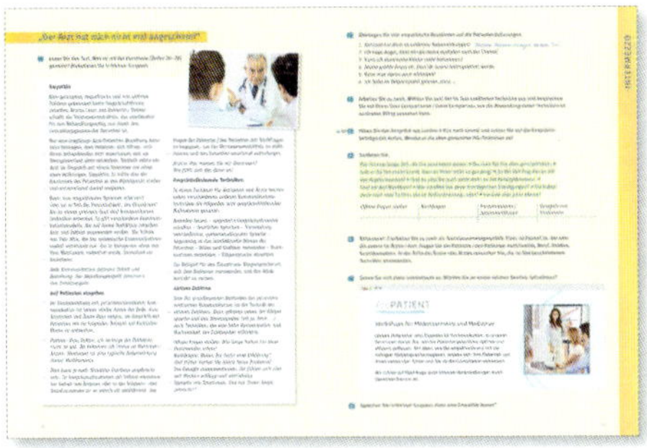

Das **Intermezzo** nach jeweils vier Lektionen behandelt ein landeskundliches, berufsrelevantes oder interkulturelles Thema ausführlicher.

Die Audiodateien zum Lehrwerk finden Sie im Lehrwerkservice unter:
www.hueber.de/menschen-im-beruf

Viel Spaß und Erfolg beim Lernen und Lehren mit *Menschen Im Beruf – Medizin* wünschen Ihnen
Autoren und Verlag

Frau Menzel hat Bauchschmerzen

A Ein Anamnesegespräch verstehen

A1 a **Sehen Sie sich das Foto an und überlegen Sie: Was sind häufige Beschwerdebilder in der chirurgischen Ambulanz? Haben Sie schon Erfahrungen in diesem Bereich gemacht? Sprechen Sie zu zweit.**

▶ 001 b **Hören Sie den Anfang des Gesprächs und vergleichen Sie mit Ihren Vermutungen.**

A2 a **Welche Fragen stellen Sie bei einem Anamnesegespräch? Sammeln Sie zu zweit. Vergleichen Sie Ihre Fragen mit einem anderen Lernpaar.**

▶ 002 b **Lesen Sie zuerst die Fragen 1–9. Hören Sie dann das Anamnesegespräch. Welche Fragen stellt die Ärztin? Kreuzen Sie an.**

1 ◯ Mussten Sie sich denn übergeben?
2 ◯ War Ihnen schwindelig?
3 ◯ Haben Sie zu Hause Fieber gemessen?
4 ◯ Strahlen sie in den Leistenbereich oder in den Rücken aus?
5 ◯ Seit wann haben Sie diese Beschwerden schon?
6 ◯ Könnte es sein, dass Sie schwanger sind?
7 ◯ Können Sie mir die Beschwerden näher beschreiben?
8 ◯ Hatten Sie ... Stuhlgang?
9 ◯ Lassen die Schmerzen auch manchmal ein wenig nach ... ?

▶ 002 c **Hören Sie noch einmal. Was antwortet Frau Menzel? Notieren Sie in Stichworten.**

d **Arbeiten Sie zu zweit. Vergleichen Sie Ihre Notizen und versuchen Sie, Oberkategorien zu finden, z.B. *Dauer der Schmerzen*.**

A3 a **Ordnen Sie die Schmerzadjektive den Abbildungen zu.**

drückend • schneidend • brennend • wandernd • ziehend • stechend

   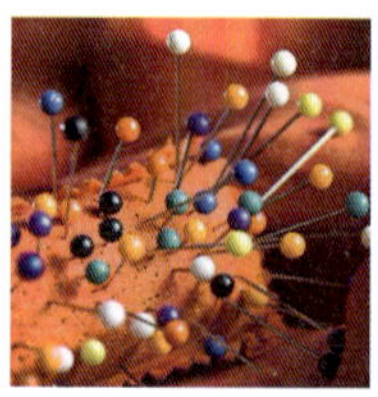  

______ ______ ______ ______ ______ ______

▶ 002 b **Wie beschreibt Frau Menzel ihre Schmerzen? Hören Sie ggf. noch einmal.**

A4 **Das Anamnesegespräch ist noch nicht beendet. Welche Informationen benötigt die Ärztin noch? Was meinen Sie? Unterhalten Sie sich zu zweit.**

▶ 003 **A5** **In einem Anamnesegespräch wird standardmäßig nach Vorerkrankungen und nach der Medikation gefragt. Lesen Sie die Aussagen. Hören Sie dann den letzten Teil des Anamnesegesprächs mit Frau Menzel und kreuzen Sie an, was richtig ist.**

1 Frau Menzel hat sich ein Gerät gekauft,
- ◯ um die Blutfettwerte zu kontrollieren.
- ◯ um den Blutdruck zu messen.
- ◯ um den Blutzucker zu bestimmen.

2 Frau Menzel sollte besser Medikamente gegen Bluthochdruck einnehmen, sagt
- ◯ sie selbst.
- ◯ ihr Hausarzt.
- ◯ ihr Ehemann.

3 Frau Menzel spricht von einer familiären Vorbelastung. Welche ist das?
- ◯ Diabetes
- ◯ Fettstoffwechselstörung
- ◯ Bluthochdruck
- ◯ Bronchitis

4 Frau Menzel nimmt bestimmte Medikamente bei Bedarf ein. Welche Beschwerden bekämpft sie damit?
- ◯ Schluckauf
- ◯ Kopfschmerzen
- ◯ Sodbrennen
- ◯ Magendrücken

Lerntipp: *Notieren Sie die deutschen Fachbegriffe mit dem lateinisch-griechischen Fachausdruck oder in Ihrer Muttersprache. Legen Sie sich ein Glossar an.*

Bluthochdruck – Hypertonie, Blinddarmentzündung – Appendizitis, ...

▶ 004–009 **A6** a **Lesen Sie die Aussagen, hören Sie sechs Gespräche und ordnen Sie zu.**

1 Frühere Untersuchungen ergaben, dass mit dem Herzen alles in Ordnung war. Gespräch ____
2 Das Kind hatte vor knapp zwei Monaten schon einmal starke Hustenanfälle. Gespräch ____
3 Der Patient benötigt zur Therapie die Hilfe seiner Partnerin. Gespräch ____
4 Die Patientin nimmt zwei verschiedene Medikamente ein. Gespräch ____
5 Der Ehemann der Patientin wollte keine Hausgeburt. Gespräch ____
6 Die Patientin klagt über jahreszeitlich bedingten Schnupfen. Gespräch ____

▶ 004–009 b **Hören Sie noch einmal. Welche Vorerkrankungen haben die Patienten? Nicht alle haben Vorerkrankungen. Kreuzen Sie an.**

Gespräch 1:	◯ Schilddrüsenerkrankung	◯ Hypertonie	◯ Operation
Gespräch 2:	◯ Antibiotikaallergie	◯ Pollenallergie	◯ allergisches Asthma
Gespräch 3:	◯ Diabetes mellitus	◯ Weitsichtigkeit	◯ Spritzenphobie
Gespräch 4:	◯ Herzinfarkt	◯ Vorhofflimmern	◯ Herzrhythmusstörungen
Gespräch 5:	◯ Krupphusten	◯ Grand-Mal-Anfall	◯ Anfallsleiden
Gespräch 6:	◯ Schwangerschaftsdiabetes	◯ Kaiserschnitt	◯ Schwangerschaftshypertonie

A7 **Arbeiten Sie zu zweit. Wählen Sie eine der Erkrankungen aus A6b und erarbeiten Sie die Beschwerden, die ein Patient mit dieser Erkrankung haben kann. Benutzen Sie die deutschen, nicht die lateinischen Ausdrücke und nehmen Sie die Übersicht *Anatomie und Krankheiten* (S. 145 ff.) zu Hilfe.**

Schilddrüsenüberfunktion: starkes Schwitzen, zittrige Hände, schneller Herzschlag, Durchfall, schlechte Konzentration

B Ein Anamnesegespräch führen

▶ 010 **B1** a **Anamnesegespräche folgen einem bestimmten Muster. Lesen Sie das Gespräch und ordnen Sie die Gesprächsabschnitte. Hören Sie dann das Gespräch und vergleichen Sie.**

○ ○
■ Wo genau tut es denn weh?
▲ Hier unten rechts!
■ Strahlen die Schmerzen irgendwohin aus?
▲ Nein, Herr Doktor!

---

① Ⓑ
■ Guten Tag, Frau Holzer. Darf ich mich vorstellen? Mein Name ist Schreiber, ich bin hier der diensthabende Arzt. Was kann ich für Sie tun?
▲ Ach, Herr Doktor, ich habe so schlimme Bauchschmerzen, dass ich es kaum noch aushalte.
■ Seit wann haben Sie diese Beschwerden?
▲ Seit gestern Abend. Auf dem Nachhauseweg in der U-Bahn hat es angefangen.

○ ○
■ Hm, sind Sie wegen einer anderen Erkrankung bei einem Kollegen in Behandlung?
▲ Nein, mir geht es eigentlich gut. Ich war nie krank.
■ Wenn Sie einverstanden sind, werde ich Sie jetzt körperlich untersuchen und dann sehen wir mal weiter, in Ordnung?

○ ○
■ Wenn Sie die Schmerzen auf einer Skala von 1–10 beschreiben müssten, wo würden Sie sie dann einordnen?
▲ Na ja, so auf 6!

b **Was geschieht in welchem Abschnitt? Ordnen Sie in B1a zu.**

A nach Vorerkrankungen fragen und weiteres Vorgehen besprechen • **B** sich vorstellen / nach Beschwerden fragen • **C** nach Qualität der Beschwerden fragen • **D** nach Lokalisation der Beschwerden fragen

B2 **Es gibt auch andere Redemittel für diese Gesprächsphasen. Sortieren Sie.**

Guten Tag, De Angelis mein Name. • Was führt Sie zu mir? • Nehmen Sie Medikamente ein? • Guten Abend, ich bin hier die diensthabende Ärztin. • Leiden Sie an chronischen Erkrankungen? • Gibt es irgendwelche Vorerkrankungen? • Seit wann leiden Sie schon unter diesen Beschwerden? • Strahlen die Schmerzen irgendwohin aus? • Haben Sie Bluthochdruck? • Werden Sie wegen anderer Erkrankungen medizinisch behandelt? • Wenn Sie einverstanden sind, dann werde ich Sie jetzt einmal abhören. • Von welcher Art sind die Schmerzen denn?

Vorstellen	*Nach den Beschwerden fragen*	*Nach Vorerkrankungen fragen*	*Weiteres Vorgehen besprechen*

B3 **Rollenspiel. Arbeiten Sie zu zweit. Wählen Sie einen der Fälle. Schreiben Sie ein Anamnesegespräch wie in B1a. Nutzen Sie die Redemittel aus B2. Sprechen Sie und tauschen Sie die Rollen, damit jeder einmal in der Rolle der Ärztin / des Arztes ist.**

Fall A
Beschwerden im mittleren bis oberen Bauchbereich – immer wieder auftretend – seit einigen Wochen Schmerzen eher drückend – verbunden mit Völlegefühl im Bauch – fettes Essen wird nicht gut vertragen – gestern besonders schlimm – starke krampfartige Schmerzen im rechten Oberbauch – Ausstrahlung bis in Rücken und rechte Schulter

Fall B
plötzliche Übelkeit – ständiger Brechreiz – seit zwei Tagen – ständiges Aufstoßen – komischer Geschmack im Mund – drückende, manchmal ziehende Bauchschmerzen in der Magengegend – bis unter das Brustbein – Appetitlosigkeit – wegen starker Schulterschmerzen seit zwei Wochen Einnahme von Schmerzmitteln – starker Alkoholkonsum am Abend vor den Bauchschmerzen

C Über das weitere Vorgehen aufklären

▶ 011 **C1** a **Die Patientin wurde körperlich untersucht. Jetzt bespricht die Ärztin mit ihr das weitere Vorgehen. Welche weiteren Maßnahmen sind geplant? Hören Sie das Gespräch und kreuzen Sie an.**

◯ Blutabnahme ◯ MRT ◯ Operation
◯ Röntgen ◯ Ultraschall

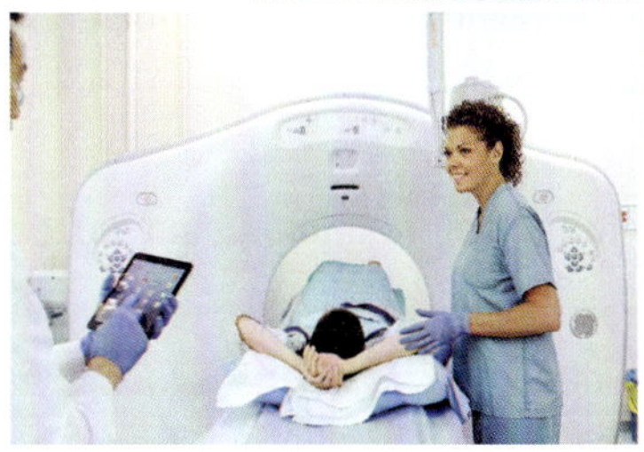

b **Bringen Sie die Schritte in die richtige Reihenfolge.**

◯ den Laborbericht abwarten
◯ Blut abnehmen lassen
◯ einen Laboranforderungsschein ausfüllen
◯ Patientin körperlich untersuchen

▶ 011 c **Hören Sie das Gespräch noch einmal. Welche Aussagen sind richtig? Kreuzen Sie an.**

1 Der Hausarzt hat Entzündungszeichen im Blut gefunden. ◯
2 Der Hausarzt fand die Blutfettwerte unauffällig. ◯
3 Der Hausarzt hat eine Röntgenaufnahme gemacht. ◯
4 Dr. Müller ist Spezialistin für Bauchultraschall. ◯
5 Der Ultraschall der Leber war ohne besondere Auffälligkeiten. ◯

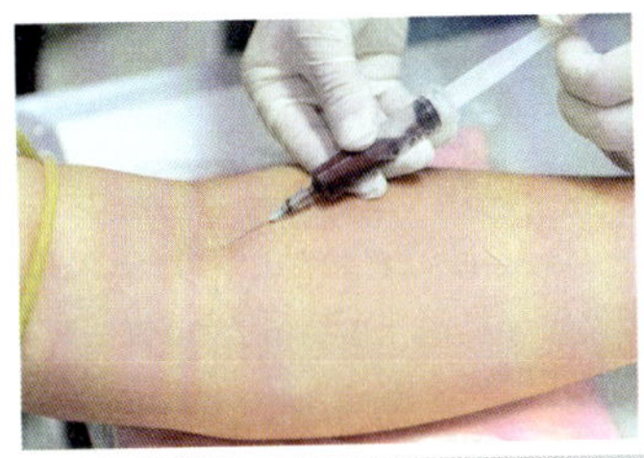

C2 **Sortieren Sie die Redemittel.**

Gut, Frau ..., Sie können sich wieder anziehen. • Ich werde Ihnen jetzt kurz erklären, wie wir weiter vorgehen wollen. • Ich möchte Ihnen die geplanten Untersuchungen erläutern. • Schwester ... wird jetzt gleich bei Ihnen Blut abnehmen. • ... habe ich jetzt soweit abgeschlossen. • Frau Dr. ... wird bei Ihnen eine Ultraschalluntersuchung durchführen. • Wir werden die Laborwerte abwarten. • Eine Röntgenaufnahme wird nicht nötig sein. • Wir werden dann sehen, ob Entzündungszeichen im Blut nachweisbar sind. • Sie können im Warteraum Platz nehmen.

Konkrete Handlungs-anweisungen geben	*Über geplante / nicht geplante Untersuchungsschritte sprechen*	*Über bereits durchgeführte Diagnoseschritte sprechen*

C3 a **Sie haben eine Patientin mit ähnlichen Symptomen wie Frau Menzel untersucht. Schreiben Sie ein Gespräch wie in C1. Verwenden Sie die Redemittel aus C2.**

b **Rollenspiel. Arbeiten Sie zu zweit. Verwenden Sie Ihr Gespräch aus C3a. Ihr/e Lernpartner/in nimmt die Rolle der Patientin / des Patienten ein. Tauschen Sie die Rollen.**

C4 **Sprechen Sie in kleinen Gruppen. Was denken Sie? Wie lange dauert ein durchschnittliches Anamnesegespräch in den deutschsprachigen Ländern?**

Ärztliche Kommunikation

In den deutschsprachigen Ländern gibt es bereits seit ein paar Jahrzehnten Bestrebungen, die Herausbildung der kommunikativen Kompetenz im Arztberuf zu fördern. Inzwischen ist sie auch fester Bestandteil der universitären Ausbildung angehender MedizinerInnen. Hier hat sich vor allem das Konzept der patientenorientierten Gesprächsführung etabliert. Die Hörtexte in diesem Lehrwerk, die Arzt-Patienten-Gespräche wiedergeben, folgen weitestgehend dieser Konzeption von Gesprächsführung.

1 Lesen Sie den folgenden Text und beantworten Sie die Fragen.

1 Wie viel Arbeitszeit verwenden Ärzte auf kommunikative Aktivitäten?
2 Wie hoch ist der Anteil richtiger Diagnosen nach dem Anamnesegespräch und der körperlichen Untersuchung?
3 Wie lange lassen Ärzte im Durchschnitt die Patienten ihre Beschwerden schildern?
4 Wie kann man die Compliance verbessern?

Seien wir mal ehrlich! Wie häufig passiert es, dass Patienten die Anweisungen zur Therapie nicht befolgen oder sogar infrage stellen, dass eine Diagnose zutrifft? Das ist für uns Ärzte, aber auch für die Patienten sehr unangenehm und dem Heilungsprozess nicht förderlich.
Je besser uns die Patienten verstehen und je besser wir die Patienten verstehen und ihnen aktiv zuhören, desto mehr können wir die „Compliance", die Mitarbeit unserer Patienten verbessern. Aber wie kann man dieses gegenseitige Verständnis adäquat fördern?
Mindestens ein Drittel bis über die Hälfte der Arbeitszeit, je nach Fachgebiet, spricht ein Arzt, eine Ärztin mit Patienten, Kollegen, Pflegepersonal oder Angehörigen.
Kommunikative Kompetenz ist demnach einer der wichtigsten Soft Skills in der ärztlichen Tätigkeit. Umso mehr, als dass 90 Prozent aller richtigen Diagnosen nach einem effizienten Anamnesegespräch und anschließender körperlicher Untersuchung gestellt werden.
Was sind die klassischen Fehler im Arzt-Patienten-Gespräch? Beschreibt ein Patient seine Symptomatik, so wird er bereits nach 18 Sekunden vom Arzt unterbrochen (das ist ein Durchschnittswert).
Außerdem scheinen viele Ärzte die Gespräche durch suggestive oder geschlossene Fragen zu steuern, was möglicherweise interessante Informationen des Patienten durch das Raster fallen lässt.
Auch fehlt häufig die professionelle Strukturierung des Gesprächs oder der Arzt „überhört" emotionale Äußerungen. Hinzu kommen missverständliche Erläuterungen der Befunde oder unklare Therapieempfehlungen.

2 Arbeiten Sie zu zweit. Wie kann das Arzt-Patienten-Gespräch verbessert werden? Schreiben Sie. Vergleichen Sie anschließend im Kurs.

Lassen Sie dem Patienten mehr Zeit, seine Symptome zu äußern!

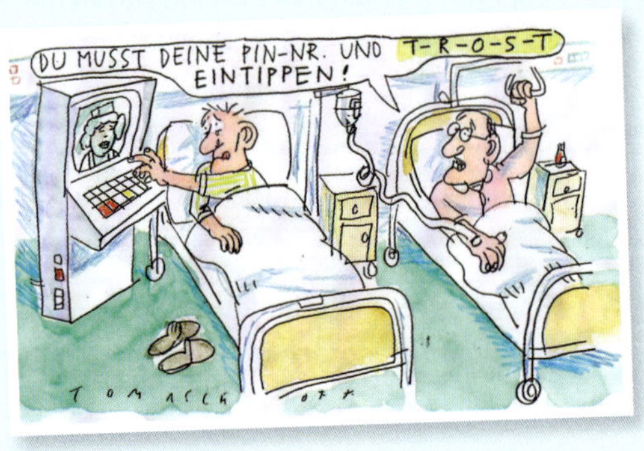

3 Wie ist die Karikatur zu verstehen? Sprechen Sie.

Wortschatz / Kommunikation

1

Anamnesegespräch

der Anlass, Anlässe
die Atmung (Sg.)
die Behandlung, -en: *in Behandlung sein*
das Brustbein (Sg.)
die Häufung, -en
die Hektik (Sg.)
der Patientenpass, -pässe
die Skala, -Skalen
der Stuhlgang (Sg.)
die Vorbelastung, -en

einnehmen (nahm ein, hat eingenommen)
messen (misst, maß, hat gemessen)
vertragen (verträgt, vertrug, hat vertragen)
wiegen (wog, hat gewogen)

diensthabend
mütterlicherseits
väterlicherseits

Erkrankungen / Beschwerden

die Allergie, -n
der Anfall, -fälle
die Appetitlosigkeit (Sg.)
das Aufstoßen (Sg.)
die Beschwerden (Pl.)
das Beschwerdebild, -er
die Blinddarmentzündung, -en
der Blutfettwert, -e
der Bluthochdruck (Sg.)
der Brechreiz (Sg.)
die Entzündung, -en
die Erkrankung, -en
der Durchfall (Sg.)
der Herzinfarkt, -e
der Krupphusten (Sg.)
die Leber (Sg.)
der Leistenbereich (Sg.)
das Magendrücken (Sg.)
die Schilddrüse, -n
der Schluckauf (Sg.)
der Schwindel (Sg.)
das Sodbrennen (Sg.)
die Störung, -en: *Herzrhythmusstörung / Fettstoffwechselstörung*
die Übelkeit (Sg.)
das Völlegefühl (Sg.)
das Vorhofflimmern (Sg.)

andauern
auftreten (tritt auf, trat auf, ist aufgetreten): *in Schüben /schubweise auftreten*
aushalten (hält aus, hielt aus, hat ausgehalten)
ausstrahlen
erbrechen (erbricht, erbrach, hat erbrochen)
leiden (litt, hat gelitten)
nachlassen (lässt nach, ließ nach, hat nachgelassen)
sich übergeben (übergibt sich, übergab sich, hat sich übergeben)
sich zusammenkrümmen

dumpf
krampfartig
schwindelig
zittrig

Weiteres Vorgehen

die Aufnahme, -n
der Befund, -e
die Blutabnahme, -n
der Blutdruck (Sg.)
der Blutzucker (Sg.)
der Heilungsprozess, -e
der Laboranforderungsschein, -e
der Ultraschall (Sg.) / die Ultraschalluntersuchung, -en

abklären
abschließen (schloss ab, hat abgeschlossen)
abwarten
einordnen
veranlassen (hat veranlasst)

komplikationslos
unauffällig

Kommunikation

Sich vorstellen
Guten Tag, De Angelis mein Name.
Guten Abend, ich bin hier die diensthabende Ärztin.

Nach Beschwerden fragen
Was führt Sie zu mir?
Seit wann leiden Sie schon unter diesen Beschwerden?
Strahlen die Schmerzen irgendwohin aus?
Von welcher Art sind die Schmerzen denn?

Nach Vorerkrankungen fragen
Nehmen Sie Medikamente ein?
Leiden Sie an chronischen Erkrankungen?
Gibt es irgendwelche Vorerkrankungen?
Haben Sie Bluthochdruck?
Werden Sie wegen anderer Erkrankungen medizinisch behandelt?

Über das weitere Vorgehen sprechen / aufklären
Wenn Sie einverstanden sind, dann werde ich Sie jetzt körperlich untersuchen.
Dann werde ich Sie jetzt einmal abhören.
Ich werde Ihnen jetzt kurz erklären, wie wir weiter vorgehen wollen.
Ich möchte Ihnen die geplanten Untersuchungen erläutern.
Schwester ... wird jetzt gleich bei Ihnen Blut abnehmen.
Frau Dr. ... wird bei Ihnen eine Ultraschalluntersuchung durchführen.
Wir werden die Laborwerte abwarten.
Wir werden dann sehen, ob Entzündungszeichen im Blut nachweisbar sind.
Eine Röntgenaufnahme wird nicht nötig sein.
Dann sehen wir weiter.

Konkrete Handlungsanweisungen geben
Gut, Frau ..., Sie können sich wieder anziehen.
Sie können im Warteraum Platz nehmen.

Herr Wächter braucht ein neues Knie

A Ein Aufnahmegespräch verstehen und führen

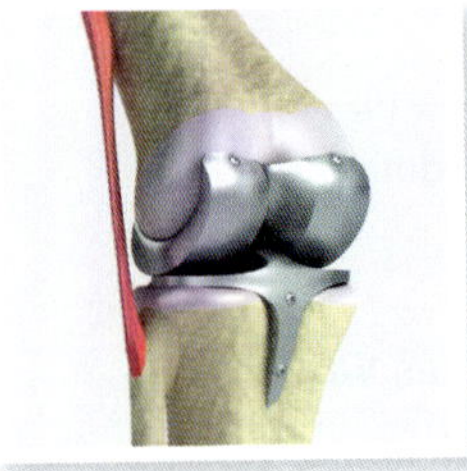

A1 a **Wofür steht die Abkürzung TEP?**

b **Was meinen Sie? Wie viele endoprothetische Eingriffe an der Hüfte wurden in den letzten Jahren in deutschen Krankenhäusern durchgeführt? Wie alt waren die Patienten im Durchschnitt? Welchen Anteil hatten weibliche und männliche Patienten? Kreuzen Sie an.**

Hüft-TEP	Knie-TEP	Alter	weibliche Patienten	männliche Patienten
◯ 45.000	◯ 40.000	◯ 58	◯ 71 %	◯ 29 %
◯ 210.000	◯ 90.000	◯ 67	◯ 48 %	◯ 52 %
◯ 520.000	◯ 150.000	◯ 75	◯ 56 %	◯ 44 %

c **Sprechen Sie über Ihre Zuordnungen.**

d **Wie würde so eine Statistik in Ihrem Heimatland vermutlich aussehen? Erzählen Sie.**

A2 a **Francesco Monzano ist Assistenzarzt in der Chirurgie und nimmt einen älteren Patienten auf, bei dem am nächsten Tag eine Knie-TEP durchgeführt werden soll. Wonach wird Herr Monzano den Patienten fragen? Überlegen Sie zu zweit.**

▶ 012 b **Hören Sie den Anfang des Gesprächs und notieren Sie, was der Patient über seine Schmerzsituation sagt.**

Schmerzlokalisation	*Medikation*	*Nebenwirkungen*

▶ 013 c **Hören Sie den zweiten Teil des Gesprächs. Über welche Themen wird gesprochen? Kreuzen Sie an.**

◯ Blutgasanalyse
◯ Lufu-Test
◯ Kardiologischer Befund
◯ Herzschrittmacher
◯ Befunde der vergangenen 10 Jahre
◯ Reizhusten
◯ Erhöhte Leukozytenwerte

▶ 013 d **Arbeiten Sie zu zweit. Hören Sie den zweiten Teil des Gesprächs noch einmal. Notieren Sie in Stichworten: Eine/r die Fragen des Arztes, der / die andere die Antworten des Patienten.**

Fragen	*Antworten*
Beschwerden mit der Atmung?	Husten

Lektion 2

A3 **Rollenspiel. Arbeiten Sie zu zweit. Spielen Sie das Aufnahmegespräch. Nutzen Sie die Informationen aus A2b/c und Ihre Notizen aus A2d. Tauschen Sie die Rollen.**

A4 a **Lesen Sie das Gespräch und ergänzen Sie.**

Restless Legs • alle Befunde vollständig • diese unruhigen Beine • Nehmen Sie deswegen • sprechen wir das mit den Kollegen von der Anästhesie ab • durch das Medikament gelindert • keine Ruhe mehr im Bett habe • an Ihrer Einnahme nichts ändern

■ Richtig, vor allem der Narkosearzt wird sich freuen, wenn ________________ (1) sind. Sie haben dann noch unter Nervenleiden vermerkt, dass Sie Beschwerden in beiden Beinen haben. ________________ (2) das L-Dopa ein?

▲ Ja, das ging ja gar nicht mehr! Ich konnte nächtelang nicht schlafen. Ich bin ständig herumgelaufen. Hab Kneippsche Bäder gemacht. Und dann habe ich dem Hausarzt gesagt, dass ich jetzt unbedingt Schlaftabletten benötige. Und dann hat er mich gefragt: Warum? Und dann hab ich erzählt, dass ich ________________ (3), wegen der Beine.

■ Und dann wurden Sie untersucht?

▲ Ja, und dann hat man diese ..., wie heißt es noch?

■ ________________ (4).

▲ ... richtig, ________________ (5) festgestellt.

■ Und konnten die Symptome ________________ (6) werden?

▲ Ich sage Ihnen, ich schlafe jetzt wieder! Ich merke noch etwas, aber das spielt keine wesentliche Rolle.

■ O.K. Ihren Medikamentenplan haben wir ja hier. Sie sollten ________________ (7). Was die Verordnung für morgen früh betrifft, so ________________ (8). Ich werde mir jetzt noch einmal Ihr Knie anschauen und auf Herz und Lunge hören.

▶ 014 b **Hören Sie nun und vergleichen Sie.**

A5 **Sie möchten Ihren Kollegen über den Patienten Herrn Wächter informieren. Schreiben Sie eine kurze Notiz. Informieren Sie den Kollegen über die Art des Eingriffs, Medikation, Vorerkrankungen und das weitere Vorgehen. Nutzen Sie unten stehende Satzanfänge.**

Herr Wächter bekommt morgen ...
Er nimmt zurzeit ...
Dem Patienten wurde vor ... implantiert.
Die kardiologischen Befunde ...
Er wird nachher noch vom ...
Der Herzschrittmacher wurde ... kontrolliert.
Wegen eines Reizhustens wurde ...
Der Lungenfunktionstest war ...
Wegen eines Nervenleidens nimmt ...
An Schmerzmitteln nimmt er zurzeit ...

A6 **Rollenspiel: Arbeiten Sie zu zweit. Sie treffen Ihren Oberarzt vor dem Untersuchungszimmer und berichten über den Patienten. Verwenden Sie Ihre Notiz aus A5 und formulieren Sie mögliche Zwischenfragen des Oberarztes. Tauschen Sie die Rollen.**

Ah Chef, gut, dass ich Sie treffe. Herr Wächter bekommt morgen ...

Ja. Gibt es irgendwas Besonderes?

Er nimmt zurzeit ...

B Patienten über Eigenblutspende aufklären

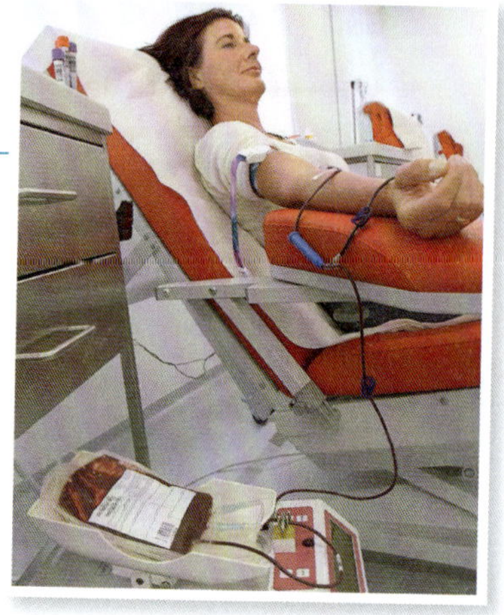

B1 **Oft haben Patienten die Möglichkeit, bei endoprothetischen Eingriffen eine Eigenblutspende zu machen. Über diese Maßnahme müssen sie auch aufgeklärt werden. Wann ist eine Eigenblutspende medizinisch angeraten? Wann nicht? Sammeln Sie zu zweit Argumente. Tauschen Sie sich anschließend im Kurs aus.**

▶ 015–016 **B2** **Frau Tietke und Frau Winter werden bald operiert.
Hören Sie die beiden Gespräche und ordnen Sie die Aussagen zu.**

	Gespräch 1	Gespräch 2
1 Die Patientin will keine EBS.	○	○
2 Die Patientin hat Schwierigkeiten, genug zu trinken.	○	○
3 Bei der Patientin sollen Blutkonserven gekreuzt werden.	○	○
4 Die Patientin hatte schon einmal Probleme mit dem Blutdruck.	○	○
5 Die Patientin hat keinen optimalen Hämoglobinwert.	○	○

B3 **Aufklärungsgespräch Eigenblutspende – Welche Überschrift passt zu welchen Redemitteln?**

Gesprächseinstieg | *Über Indikation und Ablauf der EBS sprechen*

Über mögliche Nebenwirkungen sprechen | *Auf skeptische Reaktionen der Patienten reagieren*

“ ______

Liegt die Notwendigkeit bei einer OP Fremdblut zu transfundieren bei 10 Prozent, dann raten wir zur EBS.

Wir führen die EBS durch, um die Gabe von Fremdblut möglichst zu vermeiden.

Pro Spende werden Ihnen 500 ml Blut entnommen, das wir in unserem Labor auf Infektionsmarker testen.

Trinken Sie möglichst viel und frühstücken Sie ruhig. ”

“ ______

Da kann ich Sie beruhigen.

Die Untersuchungsergebnisse und Laborwerte sind alle in Ordnung.

Es gibt keine Altersbegrenzung für eine Eigenblutspende.

Ich empfehle Ihnen die EBS, niemand zwingt Sie dazu.

Nichts ist völlig ohne Risiko.

Um genau dieses Risiko zu minimieren, raten wir zur EBS.

Frau ..., natürlich gibt es Patienten, bei denen die Blutentnahme schwierig ist. ”

“ ______

... ich gehöre zum Team der Anästhesieabteilung.

..., dass Sie noch ein paar Fragen zur Eigenblutspende haben.

Ich wollte mit Ihnen über die Eigenblutspende für die anstehende Operation sprechen. ”

“ ______

Das Blut könnte durch die Aufbereitung verunreinigt werden.

Es kann während oder nach der Blutentnahme zu Kreislaufstörungen kommen.

Manchmal muss das entnommene Blut verworfen werden. ”

B4 **Rollenspiel (Arzt – Patientin): Arbeiten Sie zu zweit. Wählen Sie einen der Fälle.
Führen Sie ein Aufklärungsgespräch zur Eigenblutspende. Verwenden Sie die Redemittel aus B3.**

Fall 1
Pat. 51 J., Hb: 8,6 g/dl,
Sichelzellanämie,
Leber und Nierenwerte: o.B.,
wünscht EBS

Fall 2
Pat. 64 J., Hb: 13,9 g/dl, Z.n.
Myokardinfarkt vor 12 Monaten,
Kardiologischer Befund: o.B.,
subjektiv gut belastbar

Fall 3
Pat. 69 J., Hb: 14,5 g/dl,
Adipositas per magna, sehr
schwieriger Venenstatus, V.a. Colitis
ulcerosa (wird noch abgeklärt)

C Mit dem Pflegepersonal über Patienten sprechen

Lektion 2

C1 Notieren Sie: Welche Aufgaben hat das Pflegepersonal auf der Station? Vergleichen Sie dann mit Ihrer Partnerin / Ihrem Partner.

Blutdruck messen, ...

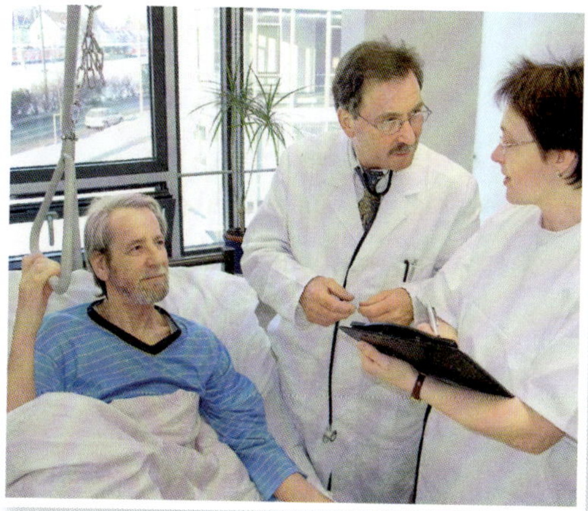

▶ 017 **C2** a Hören Sie den Anfang eines Gesprächs zwischen einem Arzt und einer Schwester. Warum möchte der Arzt mit der Schwester über den Patienten sprechen?

▶ 017–018 b Lesen Sie die Aussagen unten. Wer sagt was? Kreuzen Sie an. Hören Sie dann das ganze Gespräch und vergleichen Sie mit Ihren Antworten.

		Arzt	Schwester
1	Hallo, Schwester Sylvia, wer ist denn von euch für den Herrn Zwingler zuständig?	○	○
2	Helena, ich wollte wissen, ob Sie Herrn Zwingler schon aufgenommen haben.	○	○
3	Er wollte erst in Ruhe seine Sachen auspacken. Ist was mit ihm?	○	○
4	Gut, dann schau' ich gleich mal, wie's ihm geht.	○	○
5	Sollen wir ein kleines Blutbild abnehmen?	○	○
6	Ich muss jetzt runter in den OP. Dauert bestimmt länger.	○	○
7	Ich funk' Sie an, wenn ich was weiß, o.k.?	○	○

▶ 017–018 c Lesen Sie die Fragen unten. Hören Sie das Gespräch ein zweites Mal und notieren Sie stichpunktartig die Antworten. Vergleichen Sie dann im Kurs.

1 Was meint der Arzt mit dem Ausdruck „er versucht, das runterzuspielen"?
2 Wie beschreibt der Arzt den Zustand von Herrn Zwingler?
3 Warum soll die Schwester besser die Kollegin informieren?
4 Wer ist Frau Zumbalski?

C3 Überlegen Sie. Wie ist die Anredeform zwischen Ärzten und Pflegepersonal? Wird im Berufsalltag eher geduzt oder gesiezt? Wie denken Sie persönlich darüber? Diskutieren Sie in kleinen Gruppen.

C4 Lesen Sie den Eintrag in einem Internetforum. Wie schätzt die Schreiberin das Verhältnis zwischen Ärzten und Pflegekräften ein? Wie sind Ihre Erfahrungen? Diskutieren Sie.

03.03.20.. #1

carbonara

Also, ich habe überhaupt keine Lust, nach dem Examen auf einer Station zu arbeiten. Auch nicht, wenn es besser werden sollte. Als Pflegerin ist man meistens nur stummer Befehlsempfänger von den Ärzten. Und zurzeit muss die Pflege ja sowieso zurückstecken.

Fremdbluttransfusionen

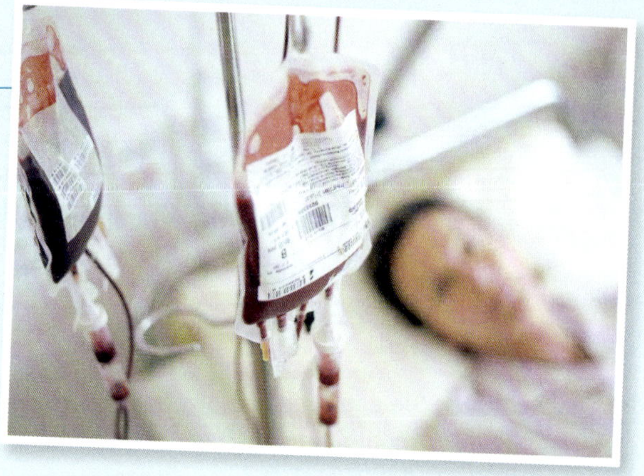

1 Überfliegen Sie den Text unten und ergänzen Sie eine Überschrift.

Mutter verklagt Ärzte

Bluttransfusionen – nichts für Zeugen Jehovas

Fremdbluttransfusion – vermeidbar?

Nicht wenige Menschen stehen der Gabe von Fremdblut aus ethischen, rechtlichen und vor allem gesundheitlichen Gründen sehr kritisch gegenüber.

Die Glaubensgemeinschaft der Zeugen Jehovas zum Beispiel lehnt Bluttransfusionen aus religiösen Gründen kategorisch ab. Diese Haltung stellt Ärztinnen und Ärzte im jeweiligen Einzelfall, besonders wenn es um Kinder geht, vor sehr schwierige Entscheidungen.

Vor einigen Jahren machte ein Fall aus Hessen Schlagzeilen, als eine Schwangere während der OP verblutete, weil sie sich per Patientenverfügung und mit dem erklärten Willen ihres Ehemannes gegen eine Transfusion entschieden hatte. Auch das ungeborene Kind starb. Die Mutter der Frau verklagte die Ärzte wegen unterlassener Hilfeleistung.

2013 entschied ein Gericht in Sydney zugunsten eines Mediziners, der einem 17-Jährigen eine lebensrettende Transfusion verabreicht hatte. Der Patient hatte als gläubiger Zeuge Jehova nämlich gegen die Fremdblutgabe geklagt. Die Begründung der Richter: Die Bewahrung des Lebens wiegt schwerer als der Respekt vor der Würde des Individuums und seines Glaubens.

In Deutschland machen sich Ärzte weder in dem einen, noch in dem anderen Fall strafbar. Dennoch kommt es gelegentlich zu Anzeigen. Als Ärztin/Arzt hat man sich dem Erhalt des Lebens verpflichtet. Neben dem Berufsethos spielt aber auch die individuelle Gewissensfrage eine entscheidende Rolle.

Aber auch in der Ärzteschaft wird die Notwendigkeit und die Häufigkeit von Bluttransfusionen jenseits religiös motivierter Ablehnung kontrovers diskutiert. So kann man beispielsweise den Blutverlust während einer Operation minimieren, indem der Patient optimal gelagert wird (Bandscheibenoperationen) oder man darauf achtet, dass die Patienten nicht zu sehr auskühlen (Normothermie). Auch EPO als Maßnahme zur Steigerung der Erythrozytenmasse wird diskutiert und durchgeführt. Wenn man Blutverluste vermeidet, muss man nicht transfundieren, so lautet das Credo der Kritiker der Transfusion.

Ein Anästhesist, der in einer großen US-amerikanischen Klinik arbeitet, äußerte sich in einem Informationsvideo zum Thema *Allogene Transfusion*: „Jeder Arzt sollte an fremdblutsparenden Maßnahmen interessiert sein, da vieles darauf hinweist, dass Morbidität, Mortalität und auch die Kosten der Behandlung dadurch gesenkt werden."

2 Arbeiten Sie in kleinen Gruppen. Sprechen Sie.

Wie würden Sie sich bei Patienten verhalten, die eine Transfusion kategorisch ablehnen?
Was halten Sie von der Aussage des amerikanischen Anästhesisten?
Wie sind Ihre persönlichen Erfahrungen an Ihrem Arbeitsplatz oder in der Ausbildung mit dem Thema *Transfusion*? Gab / Gibt es auf Ihrer Station Leitlinien oder entsprechende Kurzfortbildungen?

Wortschatz / Kommunikation

2

Aufnahmegespräche

das Aufnahmegespräch, -e
das Blutbild (Sg.): *ein kleines / großes Blutbild machen lassen*
die Blutgasanalyse, -n
die Blutkonserve, -n
der Eingriff, -e
die Einnahme (Sg.)
die Erythrozytenmasse (Sg.)
der Hämoglobinwert, -e (HB)
der Herzschrittmacher, –
die Hüfte, -n
Kneippsche Bäder (Pl.)
der Lufu-Test, -s
die Nebenwirkung, -en
der Nerv, -en
der Reizhusten (Sg.)
Restless Legs / unruhige Beine (Pl.)
die Sichelzellanämie (Sg.)
die Schmerzlokalisation
der Venenstatus (Sg.)
die Verordnung, -en
die Vorerkrankung, -en
o.B. = ohne Befund

absprechen (sprach ab, hat abgesprochen): *das weitere Vorgehen absprechen*
anfordern
kreuzen: *eine Blutkonserve kreuzen*
lindern
vermerken
vorliegen (lag vor, hat vorgelegen)

Über Eigenblutspende aufklären

die Altersbegrenzung, -en
die Bluttransfusion, -en
der Blutverlust (Sg.)
die Eigenblutspende, -n (EBS)
die Entnahme, -n
das Fremdblut (Sg.)
die Gabe, -n
die Kreislaufstörung, -en
der Nierenwert, -e

durchführen
entnehmen (entnahm, hat entnommen)
übertragen (übertrug, hat übertragen) / transfundieren
verbluten
verunreinigen (verunreinigte, hat verunreinigt)
verwerfen (verwarf, hat verworfen)

belastbar
medizinisch angeraten
skeptisch

Mit dem Pflegepersonal über einen Patienten sprechen

die Ablehnung, -en
die Ärzteschaft (Sg.)
das Berufsethos (Sg.)
die Bewahrung (Sg.)
das Examen, –
die Gewissensfrage, -n
der Glauben (Sg.)
die Glaubensgemeinschaft, -en
die Kurzfortbildung, -en
die Leitlinie, -n
die Patientenverfügung, -en
die Pflegekraft, -kräfte
das Pflegepersonal (Sg.)
der Pfleger, – / die Pflegerin, -nen
die Schlagzeile, -n
die Schwester, -n (alte Bezeichnung für weibliche Pflegekräfte, aber immer noch gebräuchlich)
die Steigerung, -en
der Wille (Sg.): *der erklärte Wille*
die Würde (Sg.)

ablehnen: *kategorisch ablehnen*
anfunken
aufnehmen (nahm auf, hat aufgenommen)
sich verpflichten
verständigen

ethisch: *aus ethischen Gründen*
kaltschweißig
ungeboren: *das ungeborene Kind*
zugunsten

Kommunikation

Ein Aufnahmegespräch führen

Nehmen Sie deswegen ... ein?
Konnten die Symptome durch das Medikament gelindert werden?
Sie sollten an Ihrer Einnahme nichts ändern.
Wir sprechen das mit den Kollegen von der Anästhesie ab.
Liegt der Befund vom Kardiologen / Radiologen / Labor ... vor?

Gesprächseinstieg

... ich gehöre zum Team der Anästhesieabteilung.
..., dass Sie noch ein paar Fragen zur Eigenblutspende haben.
Ich wollte mit Ihnen über ... für die anstehende Operation sprechen.

Auf skeptische Fragen reagieren

Da kann ich Sie beruhigen.
Die Untersuchungsergebnisse und Laborwerte sind alle in Ordnung.
Es gibt keine Altersbegrenzung für eine Eigenblutspende.
Ich empfehle Ihnen die EBS, niemand zwingt Sie dazu.
Nichts ist völlig ohne Risiko.
Um genau dieses Risiko zu minimieren, raten wir zur EBS.
Frau ..., natürlich gibt es Patienten, bei denen die Blutentnahme schwierig ist.

Über Nebenwirkungen sprechen

Das Blut könnte durch die Aufbereitung verunreinigt werden.
Es kann während oder nach der Blutentnahme zu Kreislaufstörungen kommen.
Manchmal muss das entnommene Blut verworfen werden.

Über die Indikation und den Ablauf der EBS sprechen

Liegt die Notwendigkeit bei einer OP Fremdblut zu transfundieren bei 10 Prozent, dann raten wir zur EBS.
Wir führen die EBS durch, um möglichst die Gabe von Fremdblut zu vermeiden.
Pro Spende werden Ihnen 500 ml Blut entnommen, das wir in unserem Labor auf Infektionsmarker testen.
Trinken Sie möglichst viel und frühstücken Sie ruhig.
Wenn Sie vom Kreislauf her stabil sind, dürfen Sie ...

Eine Messerstecherei

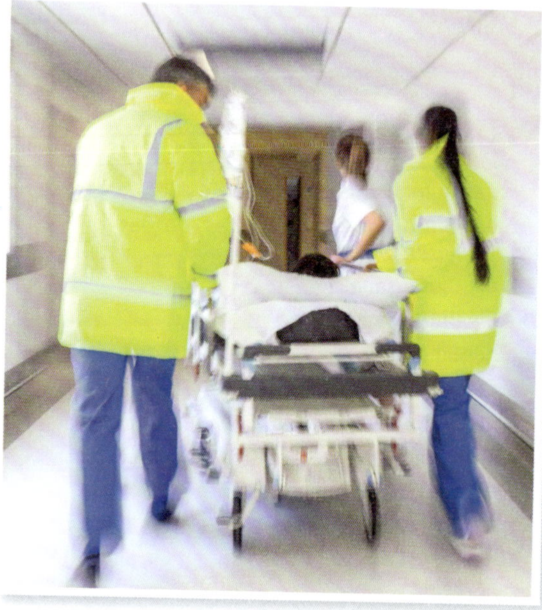

A Eine Notfallaufnahme vorbereiten

Dr. Sami Khadivi hat heute Dienst in der chirurgischen Notfallaufnahme des Städtischen Klinikums. Er ist ein erfahrener Arzt und hat schon viele Schwerverletzte versorgt. Am Telefon der Zentralen Notaufnahme sitzt Schwester Sylvia und nimmt die Anrufe der Leitstelle an.

A1 a **Welche Informationen benötigt das medizinische Team des aufnehmenden Krankenhauses? Sammeln Sie die Informationen gemeinsam an der Tafel.**

Alter der Patientin / des Patienten, Blutgruppe, ...

b **Welche Informationen sind sehr wichtig, welche sind nicht so wichtig? Sortieren Sie und diskutieren Sie dann.**

Sehr wichtig	*Nicht so wichtig*
Art und Umfang der Verletzung	*Familienstand des Notfallpatienten*

▶ 019 **A2** a **Hören Sie den Anfang des Gesprächs und entscheiden Sie: Muss sich das Team des Krankenhauses auf einen lebensgefährlich verletzten Patienten einstellen?**

▶ 019–020 b **Hören Sie das ganze Gespräch. Welche Informationen zu dem Notfall werden erwähnt? Kreuzen Sie an.**

- ◯ männlich
- ◯ Messerstecherei
- ◯ Sprung aus drei Meter Höhe
- ◯ Blutverlust
- ◯ Suizidversuch
- ◯ Unterschenkelfraktur
- ◯ Messerstichverletzungen
- ◯ kein SHT
- ◯ Radiusfraktur
- ◯ somnolent
- ◯ Thoraxdrainage
- ◯ Zugang legen
- ◯ wach und ansprechbar
- ◯ intubiert

Lerntipp: *Im medizinischen Alltag werden sehr viele Abkürzungen benutzt. Legen Sie sich ein Glossar an und ergänzen Sie dies nach Ihrem persönlichen Bedarf. Arbeiten Sie mit den Listen im Anhang auf S. 140 ff.*

SHT = Schädel-Hirn-Trauma

▶ 021 **A3** **Wie reagiert Dr. Khadivi? Hören Sie das weitere Gespräch und kreuzen Sie an.**

1 ◯ Er lässt das CT blockieren.
2 ◯ Er möchte drei Blutkonserven der Blutgruppe 0 negativ zurückgestellt haben.
3 ◯ Er zögert noch, ob das Operationsteam informiert werden soll.
4 ◯ Er verschiebt das Gespräch mit der Patientin Frau Hutler.
5 ◯ Er fragt, ob das mobile Röntgengerät im Schockraum ist.
6 ◯ Die Anästhesistin soll ihren zweiten Dienst informieren.

▶ 022–024 **A4** **Hören Sie Ausschnitte aus dem Gespräch noch einmal und ergänzen Sie.**

Tubus • Frakturversorgung • Leitstelle • Bülau-Drainage

1 Wir benötigen bestimmt das OP-Team. Ich meine wegen der ______________________. Und da will ...
2 Natürlich. Ich sag Martina, dass sie uns vorerst an der ____________ abmeldet.
3 Hallo Frau Baussen, ein junger Mann um die dreißig mit einem ________ und ________________ links.

Lektion 3

A5 **Sortieren Sie die Redemitttel.**

Ist der Kreislauf stabil? • Rufen Sie im OP an! • Lassen Sie Blutkonserven bereitstellen! •
Sie können auf jeden Fall Ihren zweiten Dienst verständigen. • Besteht eine vitale Gefährdung? •
Muss die Neurologie (Unfallchirurgie, ...) verständigt werden? • Ist der Patient ansprechbar / orientiert? •
Martin, veranlassen Sie zuerst einen Röntgen-Thorax zur Lagekontrolle. •
Welche Verletzungen liegen vor? • SHT? • Transfusionspflichtiger Blutverlust?

Nach Art und Umfang der Verletzungen fragen	*Anweisungen zu weiterem Vorgehen geben*

A6 **Rollenspiel: Arbeiten Sie zu zweit (Ärztin / Arzt und Pflegekraft). Sie erwarten einen der Notfälle unten. Führen Sie ein Gespräch wie in A2 und A3. Die Redemittel unten können Ihnen helfen. Tauschen Sie anschließend die Rollen.**

Notfall 1
Es wird ein Motorradunfall angekündigt. Der Patient hat schwere Kopfverletzungen, da er alkoholisiert ohne Helm in eine Leitplanke gefahren ist. Eine Oberschenkelfraktur rechts wurde festgestellt. Der Patient ist beatmet. Im zweiten Krankenwagen wird sein Beifahrer mit diversen Schürfwunden und einer großen Quetschwunde am Oberarm transportiert.

Notfall 2
Es wird ein Schlaganfallpatient erwartet. Er ist 81 Jahre alt. Halbseitenlähmung links, Lähmung einer Gesichtshälfte im Sinne einer Fazialisparese und mit Sprachstörungen. Hatte eine hypertone Entgleisung. Aktuell ist der Patient ansprechbar und kreislaufstabil.

Ärztin / Arzt

Allgemeine Fragen
Was liegt an?
Weiß man etwas über den Unfallhergang?
Kommen Sie mit oder ohne Notarzt?
Ist der Anästhesist / Internist / Chirurg ... schon informiert?
Ist noch ein Bett auf der Intensivstation frei?

Nach dem Patienten fragen
Welche Verletzungen liegen vor?
Gibt es schon Informationen über das Verletzungsmuster?
Ist der Patient kreislaufstabil / reanimationspflichtig / transfusionspflichtig?
Gibt es konkrete Informationen über den Patienten?
Haben Sie eine Thoraxdrainage gelegt?

Anweisungen geben
Verständigen Sie den diensthabenden Gynäkologen / Neurochirurgen / Pädiater / ...
Lassen Sie drei ungekreuzte Blutkonserven bereitstellen!
Lassen Sie die Rufbereitschaft kommen!
Wir benötigen als Erstes ...
Bevor irgendetwas anderes gemacht wird, müssen wir ...
Zuerst die ... abklären, dann können wir immer noch ...
Bitte lassen Sie uns kurz das weitere Vorgehen absprechen!

Pflegekraft

Häufig ruft das Pflegepersonal die Ärztinnen / Ärzte an.

Informationen weitergeben / Aufforderungen
Die Leitstelle hat ... angekündigt.
Dr. Müller möchte, dass sich noch ein Chirurg / Internist / ... den Patienten anschaut.
Dr. Müller bittet Sie, in die Notfallaufnahme zu kommen.
Kommen Sie bitte dringend in den Schockraum.
Hallo, wir brauchen Sie sofort in der Notaufnahme: Reanimation!

Nachfragen stellen
Soll ich den Rufdienst / Oberarzt / Unfallchirurgen / ... informieren?
Was soll ich im Röntgen ankündigen?
Der Patient kommt doch bestimmt auf Intensiv / in den OP, oder?
Kann ich die Eltern zu ihrem Kind lassen?
Würden Sie den Angehörigen schon mal Auskunft geben?

B Einen Notfall aufnehmen

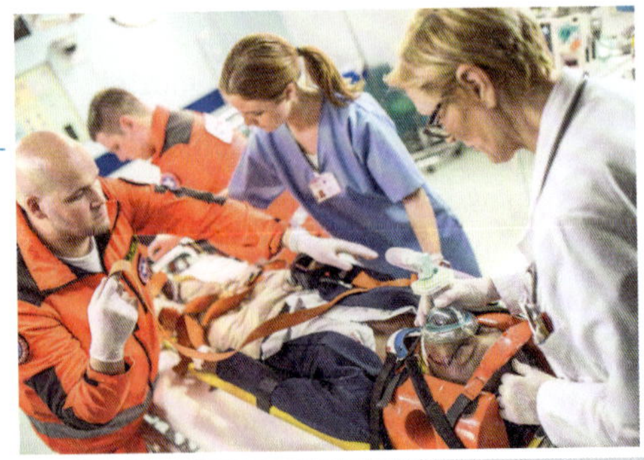

▶ 025 **B1** a **Der Notarzt kommt nun mit dem Patienten in die Notfallstraße und gibt detaillierte Informationen. Hören Sie das Gespräch und machen Sie Notizen zum Zustand des Patienten.**

zunehmende Tachypnoe, …

b **Vergleichen Sie Ihre Notizen mit Ihrem Nachbarn. Welche Informationen sind neu?**

12 Messerstiche, Name des Patienten, …

c **Diskutieren Sie in kleinen Gruppen. Welche diagnostischen und therapeutischen Schritte sind in diesem Fall außerdem notwendig?**

Blutgasanalyse machen, …

▶ 026 **B2** a **Der Notarzt versorgt die Klinikärzte mit weiteren wichtigen Informationen. Lesen Sie den Ausschnitt des Übergabegesprächs und ergänzen Sie. Hören Sie dann und überprüfen Sie.**

Schaufeltrage • Drainage • Beatmungsschwierigkeiten • Sättigung • Intubation • die Zugänge

Notarzt: Also fünfter ICR links Thoraxdrainage mit Entleerung von 500 ml Blut.
Anästhesistin: ______________________? Aspiration?
Notarzt: Nein, war alles unauffällig. Crush-______________________ ohne Probleme: AMV 7,5 l bei einer Beatmungsfrequenz von 12. Atmungsgeräusche beidseits vorhanden mit deutlichem Giemen links. Kreislaufstabil, ______________________ immer um die 99 Prozent. Ihr könnt ja mal eine BGA machen.
Schwester: Nach dem Thorax, ist das in Ordnung?
Khadivi: Am besten, wir lagern ihn mit unserer ______________________ um.
Anästhesistin: Analgesie?
Notarzt: Hat vor 5 Minuten noch Fentanyl bekommen.
Anästhesistin: Gut, alle auf mein Kommando: Sylvia pass auf die ______________________ auf! Martin, du sicherst ______________________. Ich hab den Kopf. Alle bereit? 1, 2, 3 und los!

b **In B2a sagt die Anästhesistin „Ich hab den Kopf. Alle bereit?“ und zählt bis drei. Sprechen Sie in kleinen Gruppen. Warum sagt sie das so? Haben Sie das so oder ähnlich auch gelernt?**

▶ 027 **B3** **Hören Sie. Welches Foto passt zu welcher Aussage? Hören Sie ein weiteres Mal und notieren Sie die richtigen Bezeichnungen!**

 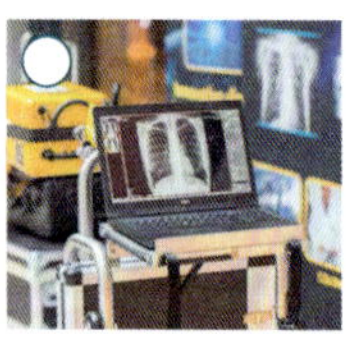 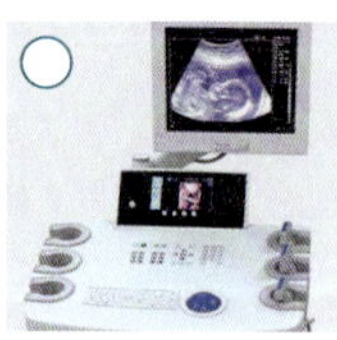 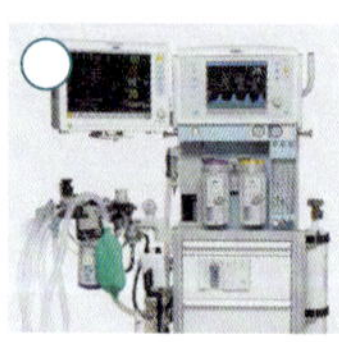  

______ ______ ______ ______ ______ ______

B4 **Im Notfall muss jede Arbeitsanweisung kurz und klar formuliert sein. Ordnen Sie zu!**

1	Fixier das Kabel	A	auf den Zugang auf!
2	Am besten, wir machen	B	eine BGA machen!
3	Ihr könnt ja mal	C	den Oberarzt!
4	Pass	D	an der Seite!
5	Verständigen Sie	E	zur Kontrolle einen Röntgenthorax!

C Angehörige in der Notfallaufnahme verstehen

▶ 028 **C1** **Dr. Khadivi spricht mit der Ehefrau des Verletzten. Hören Sie das Gespräch und markieren Sie die richtigen Antworten.**

1 Frau Meier versteht nicht, ...
- ◯ dass ihr Mann so böse werden kann.
- ◯ warum ihr Mann heute früher nach Hause gekommen ist.

2 Frau Meier wundert sich, ...
- ◯ dass ihr Mann noch lebt.
- ◯ dass er kaum geblutet hat.

3 Wie das Antidepressivum heißt, ...
- ◯ kann Frau Meier genau sagen.
- ◯ weiß sie nicht.

▶ 029–031 **C2** a **Hören Sie drei Gespräche in der Notfallaufnahme. Worum geht es? Ordnen Sie die Gespräche den Themen zu. Nicht alle Themen passen.**

V. a. Herzinsuffizienz:	Gespräch ___	Masern:	Gespräch ___
Frakturen:	Gespräch ___	Angina Pectoris:	Gespräch ___
Appendizitis:	Gespräch ___	Urlaubsreise:	Gespräch ___
trauernder Patient:	Gespräch ___		

▶ 029–031 b **Hören Sie noch einmal. Richtig oder falsch? Kreuzen Sie an.**

	richtig	falsch
Gespräch 1:		
1 Herr Schäfer nimmt Psychopharmaka.	◯	◯
2 Herr Schäfer hat sich das Rauchen abgewöhnt.	◯	◯
Gespräch 2:		
3 Herr Brandl arbeitet nicht mehr.	◯	◯
4 Herr Brandl hält seine Frau für einen gelassenen Menschen.	◯	◯
Gespräch 3:		
5 Das Kind hatte noch nie Bauchschmerzen.	◯	◯
6 Julian treibt viel Sport.	◯	◯

c **Hatten Sie schon einmal Probleme, die Angehörigen Ihrer Patienten zu verstehen? Was waren die Gründe? Sprachliche Missverständnisse? Aufregung? Sprechen Sie im Kurs.**

C3 **Arbeiten Sie zu zweit. Wählen Sie einen medizinischen Begriff oder ein Kürzel aus dieser Lektion und fragen Sie Ihren Partner / Ihre Partnerin, was er bedeutet. Arbeiten Sie mit der Übersicht *Anatomie und Krankheiten* auf S. 145 ff.**

Was ist ein Defi?

Ein Defibrillator ist ein Gerät, mit dem man Patienten per Elektroschock reanimieren kann.

Was muss ein Notarzt können?

1 a **Sprechen Sie in kleinen Gruppen. Was muss eine Notärztin / ein Notarzt können? Welche Eigenschaften braucht sie / er?**

Entscheidungsfreude, Führungsqualität, Mut, ...

b **Machen Sie ein Ranking der Eigenschaften und begründen Sie es in der Gruppe.**

2 **Arbeiten Sie in Gruppen. Lesen Sie die Blogeinträge und sprechen Sie über die folgenden Fragen.**

- Würden Sie auch gern als Notärztin / Notarzt arbeiten? Warum (nicht)?
- Warum ist das Fachgebiet der Anästhesie offenbar besonders geeignet für den Notarztdienst?
- Warum ist Intubieren bei vielen Ärztinnen und Ärzten angstbesetzt?
- Wie ist das in Ihrem Land? Welche Ärzte verrichten dort den Notarztdienst?

13.08.20.. #1

Frage von KoberX

Hi Leute,

bin mitten im Medizinstudium und möchte später als Notärztin arbeiten. Weiß jemand von euch, was ich da alles brauche (Facharzt, Praktika, Zusatzquali etc.)?

Hab mal gehört, dass nur bestimmte Fachrichtungen auf das Notarztfahrzeug dürfen.

15.8.20.. #2

Antwort von vollkaskokarl

1 Mitglied fand diese Antwort hilfreich

Hi,

ganz oft sind es Anästhesisten, die auf dem NEF sitzen. So eine Notarztausbildung macht man bei denen in der Facharztausbildung. Allerdings muss man mindestens 6 Monate in der Anästhesie und auf Intensiv gearbeitet haben. Dann kommt noch ein Lehrgang dazu und mindestens 50 Einsätze mit erfahrenen Notärzten.

17.8.20.. #3

Antwort von Elvira Klawitter65

2 Mitglieder fanden diese Antwort hilfreich

Hallo,

es gibt wohl noch ein paar andere Fächer, die mit Notfallmedizin zu tun haben: Innere, Chirurgie, Neurologie. Aber eine reine Facharztausbildung für Notärzte gibt es noch nicht. Obwohl es immer mal wieder im Gespräch ist. Ist halt ne Zusatzbezeichnung.

20.8.20.. #4

Antwort von pirlepong

Hi Leute,

aber Intubieren lernst du ja wohl nur bei den Anästhesisten, oder? Und davor haben ja auch die meisten Angst.

Wortschatz / Kommunikation

Notfallaufnahme vorbereiten

die Blutgruppe, -n
die Entgleisung, -en: *hypertone Entgleisung*
die Gefährdung, -en
die Halbseitenlähmung, -en
die Lagekontrolle (Sg.)
die Leitstelle, -n
die Messerstecherei, -en
die Messerstichverletzung, -en
die Notfallaufnahme (Sg.)
die Quetschwunde, -n
die Rufbereitschaft, -en
das Schädel-Hirn-Trauma, -ta (SHT)
der Schlaganfall, -fälle
der Schockraum, -räume
die Schürfwunde, -n
der / die Schwerverletzte, -n
der Suizidversuch, -e
der Umfang (Sg.)
der Unfallhergang (Sg.)
der Unterschenkel, – / Oberschenkel
das Verletzungsmuster, –
der Zugang, Zugänge
der zweite Dienst, -e

ankündigen
beatmen
bereitstellen (stellte bereit, hat bereitgestellt)
blockieren
sich einstellen auf (stellte sich ein, hat sich eingestellt)
legen: *einen Zugang legen*
verschieben (verschob, hat verschoben)
zögern
zurückstellen (stellte zurück, hat zurückgestellt)

alkoholisiert
ansprechbar
kreislaufstabil
lebensgefährlich
orientiert
reanimationspflichtig
stabil
transfusionspflichtig
ungekreuzt

Notfall aufnehmen

das Atemgeräusch, -e
die Beatmungsschwierigkeiten (Pl.)
die Entleerung (Sg.)
das Giemen (Sg.)
die Notfallstraße, -n
das mobile Röntgengerät, -e
die Sättigung (Sg.): *Sauerstoffsättigung*
die Schaufeltrage, -n
das Übergabegespräch, -e

Angehörige verstehen

der Elektroschock, -s
die Masern (Pl.)

abgewöhnen
trauern

gelassen

Notarzt: Qualifikation

die Fachrichtung, -en
der Lehrgang, -gänge
das Notarztfahrzeug, -e

angstbesetzt

Kommunikation

Nach Art und Umfang der Verletzungen fragen
Ist der Kreislauf stabil?
Besteht eine vitale Gefährdung?
Muss die Neurologie (Unfallchirurgie / ...) verständigt werden?
Ist der Patient ansprechbar / orientiert?
Welche Verletzungen liegen vor?
SHT?
Transfusionspflichtiger Blutverlust?

Allgemeine Fragen
Was liegt an?
Weiß man etwas über den Unfallhergang?
Kommen Sie mit oder ohne Notarzt?
Ist der Anästhesist / Internist / Chirurg / ... schon informiert?
Ist noch ein Bett auf der Intensivstation frei?

Nach dem Patienten fragen
Welche Verletzungen liegen vor?
Gibt es schon Informationen über das Verletzungsmuster?
Ist der Patient kreislaufstabil / reanimationspflichtig / transfusionspflichtig?
Gibt es konkrete Informationen über den Patienten?
Haben Sie eine Thoraxdrainage gelegt?

Anweisungen geben
Rufen Sie im OP an!
Lassen Sie Blutkonserven bereitstellen!
Sie können auf jeden Fall Ihren zweiten Dienst verständigen.
Martin, veranlassen Sie zuerst einen Röntgen-Thorax zur Lagekontrolle.
Es besteht (k)eine vitale Gefährdung.
Verständigen Sie den diensthabenden Gynäkologen / Neurochirurgen / Pädiater ...
Informieren Sie Ihren zweiten Dienst!
Lassen Sie drei ungekreuzte Blutkonserven bereitstellen!
Lassen Sie die Rufbereitschaft kommen!
Veranlassen Sie einen Röntgen-Thorax!
Sie können eine BGA machen.
Passen Sie auf den Zugang auf!
Wir benötigen als Erstes ...
Bevor irgendetwas anderes gemacht wird, müssen wir ...
Zuerst die ... abklären, dann können wir immer noch ...
Bitte lassen Sie uns kurz das weitere Vorgehen absprechen!

„Schmerz lass nach!“

A Fachtexte und Wortschatz zum Thema *Schmerz* verstehen

A1 a Sehen Sie sich die Bilder an und bringen Sie sie in eine Reihenfolge. Was für eine Geschichte wird hier erzählt? Sprechen Sie in kleinen Gruppen.

b Lesen Sie den Artikel. Ordnen Sie die Zwischenüberschriften den Absätzen zu.

Der Schmerz als Krankheit • Was ist chronischer Schmerz? • Diagnostik langwierig • Ätiologie des Schmerzes

____

Von chronischem Schmerz spricht man, wenn der Schmerz deutlich länger andauert, als es der normale Heilungsprozess erwarten lässt. Es gibt recht zuverlässige Daten, die nahelegen, dass fast zwanzig Prozent der in Europa lebenden Menschen unter chronischen Schmerzen leiden. Einer europäischen Schmerzstudie (Pain in Europe Survey, 2003) zufolge sind es etwa 17 % der deutschen Bevölkerung, die über chronische Schmerzen klagen. Andere Quellen verzeichnen in Österreich ebenfalls 17 %, in der Schweiz 18 %.

____

Bei etwa der Hälfte dieser Patienten liegt ein schwer zu therapierendes **Schmerzsyndrom** vor: Der Schmerz hat sich verselbstständigt und ist zu einer eigenständigen Krankheit, der Schmerzkrankheit, geworden. Zu den häufigsten **Krankheitsbildern** chronischer Schmerzen gehören Rücken- und Kopfschmerzen, gefolgt von Nervenschmerzen.

____

Es gibt viele verschiedene Ursachen, die zu einer chronischen Schmerzerkrankung führen können. So kann dies Folge eines operativen Eingriffs oder eines **Traumas** sein. **Maligne Erkrankungen**, **Knochenmetastasen** oder andere entzündliche Prozesse, wie **Arthritiden** oder **Osteomyelitiden** lassen sich ebenfalls als Ursachen ausmachen. Erwähnenswert ist auch der **neuropathische Schmerz** als Folge eines **Diabetes mellitus**.

____

Gelegentlich finden sich z. B. in der radiologischen Diagnostik keine entsprechenden Befunde, die das vorliegende Schmerzbild erklären könnten. Viele Patienten haben oft eine Odyssee bei verschiedensten Ärzten hinter sich. Über 40 % der Schmerzpatienten warten bis zu einem Jahr auf eine Diagnose.

A2 **Rollenspiel: Arbeiten Sie zu zweit. Patienten sind oft gut informiert oder haben Fragen zu Fachausdrücken, die sie nicht verstehen. Wählen Sie aus den fett gedruckten Fachausdrücken in A1b einen aus und bitten Sie Ihre Partnerin / Ihren Partner, Ihnen diesen Begriff patientengerecht zu erklären.**

Was bedeutet „maligne Erkrankung"?

Von maligner Erkrankung spricht man oft im Zusammenhang mit Krebserkrankungen, also ernsten Erkrankungen. Es gibt auch den Ausdruck bösartige Erkrankung, aber das würde ich so zu einer Patientin nicht sagen.

Lerntipp: *Üben Sie immer wieder, komplexe medizinische Fachausdrücke oder Diagnosen in verständlicher Sprache für Laien zu formulieren. Das hilft Ihnen im Umgang mit Patienten und Angehörigen.*

▶ 032 **A3** a **Hören Sie den Kurzvortrag und machen Sie sich Notizen zu den folgenden Fragen.**

1 Seit wann leidet der Patient unter den Schmerzen?
2 Welche Ursachen für den Schmerz wurden angenommen und diskutiert?
3 Welche Therapien wurden durchgeführt?
4 Wie ist die soziale Situation des Patienten?
5 Was ist an therapeutischen Maßnahmen für die Zukunft geplant?

b **Vergleichen Sie Ihre Notizen mit mindestens zwei Partnern und ergänzen Sie ggf. Ihre Notizen.**

c **Sprechen Sie in Kleingruppen. Was ist der Grund, warum es teilweise so lange dauert, bis für Schmerzpatienten die richtige Diagnose gestellt ist?**

A4 a **Patienten verwenden häufig umgangssprachliche Ausdrücke, um ihre Schmerzen zu beschreiben. Lesen Sie. Jeweils drei Aussagen passen. Kreuzen Sie an.**

Dieser rasende Schmerz
- ◯ setzt mir gewaltig zu.
- ◯ macht mir schwer zu schaffen.
- ◯ macht mir nicht viel aus.
- ◯ macht mich noch ganz wahnsinnig.

Die Schmerzen kommen
- ◯ urplötzlich.
- ◯ blitzartig.
- ◯ wie eine Attacke.
- ◯ schleichend.

Das brennt hier am Rücken
- ◯ höllisch.
- ◯ brutal.
- ◯ etwas unangenehm.
- ◯ grauenvoll.

b **Ordnen Sie die folgenden Patientenäußerungen auf der Visuellen Analogskala (VAS) unten zu.**

a Das tut ganz schön weh. • **b** Ich kann es noch ertragen. • **c** Ist gar nicht schlimm. • **d** Es ist schwer auszuhalten. • **e** Die Schmerzen machen mich total fertig. • **f** Dieser Schmerz ist unerträglich. • **g** Diese Schmerzen bringen mich um. • **h** Sie können sich gar nicht vorstellen, wie stark diese Schmerzen sind.

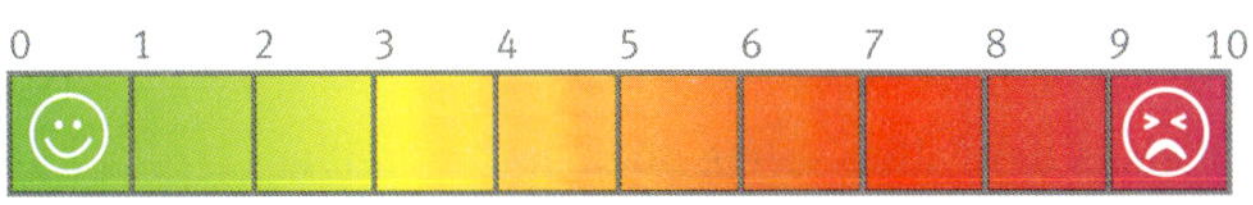

c **Sprechen Sie in kleinen Gruppen. Welche Wahl haben Sie getroffen und warum? Was war dabei schwierig? Wie hilfreich sind solche Skalen?**

B Eine Sozialanamnese erheben

Zu einer vollständigen Anamnese gehört die Sozialanamnese, um gegebenenfalls berufliche oder familiäre Belastungen in die Entstehungsgeschichte einer Erkrankung mit einzubeziehen. Der Patient wird zu seiner allgemeinen Lebenssituation befragt. Die Fragen sind nicht explizit medizinisch, die Wortwahl den Patienten angepasst.

▶ 033 **B1** a **Hören Sie das Gespräch und machen Sie sich Notizen zu den Äußerungen des Patienten unter den folgenden Gesichtspunkten.**

- Verhältnis zur Ehefrau
- Verhältnis zu den Kindern
- Berufliche Situation
- Soziale Kontakte
- Alltagsbewältigung

b **Vergleichen Sie Ihre Ergebnisse mit Ihrer / Ihrem Lernpartner/in. Ergänzen Sie fehlende Informationen.**

c **Lesen Sie die Aussage des Patienten. Was erwartet die Ehefrau von dem Mann? Wie reagiert der Patient? Wie ordnet er seine Beschwerden ein? Sprechen Sie im Plenum.**

„Mach doch was, hat meine Frau immer gesagt! Sag was, du bist der Mann! Was denn machen? Ich habe überall Schmerzen, und dann zieht er auch noch aus. Ohne Arbeit, ohne Geld ... Du bist der Vater! Sprich ein Machtwort ... Da muss man ja Migräne kriegen ...“

B2 a **Welche Fragen würden Sie den drei Patienten in der Sozialanamnese stellen? Schreiben Sie. Die folgenden Leitpunkte können Ihnen helfen.**

Schulbildung, Beruf, Hobbys, Familienstand, Freunde, Wohnumgebung

Fall 1: 23-jährige Patientin, Jura-Studentin kommt wegen Magenschmerzen in Ihre Sprechstunde. War als Jugendliche schon mal wegen häufiger Bauchschmerzen in Ihrer Praxis. Lebt jetzt in einer anderen Stadt.

Wie leben Sie in Trier? Wie viel Zeit verbringen Sie mit Lernen?

Fall 2: 55-jähriger Patient, arbeitet bei einem Online-Händler im Logistikbereich, klagt über andauernde Rückenschmerzen. War noch nie bei Ihnen.

Fall 3: 43-jährige Patientin, 3 Kinder, Migräne seit 20 Jahren, Wiedereinstieg als Lehrerin.

b **Arbeiten Sie in kleinen Gruppen. Tauschen Sie Ihre Fragen aus und begründen Sie, warum Sie diese Fragen stellen wollen.**

B3 **Schreiben Sie einen Dialog. Wählen Sie sich eines der Fallbeispiele oben und schreiben Sie ein kurzes Gespräch zur Sozialanamnese. Sie finden Tipps zur patientenorientierten Kommunikation im Intermezzo auf S. 32/33.**

C Andere Fachgebiete einbinden

Sich bei Kolleginnen / Kollegen anderer Fachgebiete Rat und zusätzliche Informationen zur Diagnoseermittlung einzuholen, nennt man ein Konsil. In Krankenhäusern und Kliniken gehören Konsiliaranforderungen zur täglichen Arbeit.

▶ 034 **C1** **Lesen Sie die Aussagen. Hören Sie dann das Gespräch und antworten Sie.**

	richtig	falsch
1 Der Patient hatte eine Herpes-Infektion und war deshalb beim Arzt.	○	○
2 Der Patient hat seine Schmerzen mit Alkohol und Schmerzmitteln bekämpft.	○	○
3 Außer den Schmerzen hat der Patient keine gesundheitlichen Einschränkungen.	○	○
4 Der Patient ist übergewichtig und sollte 5 Kilo abnehmen.	○	○
5 Der anrufende Kollege soll daran denken, den Konsilschein auszufüllen.	○	○

▶ 035 **C2** **Hören Sie ein weiteres Konsilgespräch und ergänzen Sie die fehlenden Informationen im Formular.**

KONSILSCHEIN

AOK Müller Egon 01.07.1961	Von Innere An Klinik: ______	Station: 3 b	Waldmühlweg 16 b Tel.: 550171 07063 Handtastadt Mod. Klinik

ANAMNESE

Pat. ____________ wegen ______________________________ stationär ______________. Bekannter ____. Zusätzlich seit ________ zunehmende __________________________. Foetor ________. Im hinteren Bereich ______________________________. Lokale ______________________________.

FRAGESTELLUNG

Bitte um Empfehlung weiterer diagnostischer Schritte zwecks A.e. ________
ggf. ____

VORBEFUNDE

EKG: anbei RTG: Thorax CT: MRT: LABOR: anbei

Datum / Unterschrift Ärztin / Arzt (anfordernde Klinik) Tel. für Rückruf: ______________

DIAGNOSE

THERAPIEVORSCHLAG

WHO-Schema Schmerz

1 **Die Stufen der Schmerztherapie sind im Text etwas durcheinandergeraten. Nummerieren Sie I, II und III.**

Stufenplan der Schmerztherapie

Die Weltgesundheitsorganisation (WHO) hat bereits in den 80er-Jahren einen Stufenplan der Schmerztherapie bei Tumorerkrankungen veröffentlicht. Schnell zeigte sich, dass dieses klar strukturierte Schema sehr gut anwendbar war. Mit der Differenzierung in leichte, mittelstarke und starke Schmerzmittel konnte, in Anlehnung an das Schmerzgeschehen, die Medikation ausgewählt werden. Man unterscheidet die Stufen I, II und III der Schmerztherapie.

Stufe ___: Bei starken Schmerzen werden starke, hochwirksame Opioide eingesetzt, beispielsweise Morphin, Oxycodon, Hydromorphon (möglichst in retardierter Form) oder Fentanyl, Buprenorphin (als Pflaster). Auch diese Substanzen können mit anderen Analgetika kombiniert werden.

Stufe ___: Bei schwachen bis mäßigen Schmerzen genügen nicht-opioidhaltige Schmerzmittel, beispielsweise Acetylsalicylsäure, Ibuprofen oder Paracetamol.

Stufe ___: Bei stärkeren Schmerzen stehen schwache Opioide zur Verfügung, beispielsweise Tilidin oder Tramadol. Häufig werden diese Substanzen mit Analgetika aus der Stufe I kombiniert.

Das WHO-Stufenschema sollte nicht dogmatisch angewendet werden. In bestimmten Fällen, also bei stärksten Schmerzen, wird heute in vielen Kliniken sofort mit Opiaten der Stufe 3 behandelt.

Neben den Schmerzmitteln verordnen Ärzte, falls erforderlich, auch andere zusätzliche Medikamente, beispielsweise Antidepressiva oder Neuroleptika. Denn diese ergänzen die Schmerztherapie sinnvoll: Sie lindern Beschwerden wie Angst, Anspannung und Niedergeschlagenheit. Einige dieser Substanzen beeinflussen dadurch auch die Schmerzverarbeitung im Gehirn.

Neben der dritten Stufe hat sich eine „vierte Stufe“ etabliert, die die invasiven Verfahren beschreibt.

2 **Sprechen Sie in Kleingruppen. In den letzten Jahren wird über die strikte Einhaltung des Stufenschemas viel diskutiert. Wie verfahren Sie in Ihrer Klinik / Praxis? Was meinen Sie persönlich?**

Also bei uns auf Station greifen wir auch schon mal früher zu Opiaten, weil …

3 **Recherchieren Sie zum Thema *Integrative Schmerztherapie*. Arbeiten Sie die Besonderheiten und Unterschiede zur konventionellen Schmerztherapie heraus. Präsentieren Sie Ihre Ergebnisse in Kleingruppen.**

Wortschatz / Kommunikation

Schmerz

die Knochenmetastase, -n
die Krebserkrankung, -en
die Ursache, -n

ausmachen: *etwas als Ursache ausmachen*
ausmachen: *nicht viel ausmachen*
ertragen (ertrug, hat ertragen)
fertigmachen: *Die Schmerzen machen mich fertig.*
klagen über
zu schaffen machen
umbringen (brachte um, hat umgebracht): *Die Schmerzen bringen mich um.*
zusetzen: *Die Schmerzen setzen mir zu.*

blitzartig
bösartig
eigenständig
entsprechend
entzündlich
erwähnenswert
grauenvoll
höllisch
patientengerecht
rasend
schleichend
schön: *ganz schön wehtun*
umgangssprachlich
unangenehm
unerträglich
urplötzlich
verselbstständigt
wahnsinnig: *Die Schmerzen machen mich wahnsinnig.*

Sozialanamnese

die Belastung, -en: *berufliche / familiäre Belastungen*
die Entstehungsgeschichte (Sg.)
das Fallbeispiel, -e
die Lebenssituation, -en
der Leitpunkt, -e
der Logistikbereich, -e
die Schulbildung (Sg.)
der Wiedereinstieg, -e
die Wohnumgebung, -en

mit einbeziehen (bezog mit ein, hat miteinbezogen)

Konsil

die Diagnoseermittlung, -en
die Einschränkung, -en: *gesundheitliche Einschränkungen*
die Konsiliaranforderung, -en
Schluckbeschwerden (Pl.)
die Übernahme, -n
der Vorbefund, -e
die Zunge, -n

abnehmen (nahm ab, hat abgenommen)
bekämpfen

übergewichtig

WHO-Schema

die Anspannung, -en
die Anlehnung (Sg.): *in Anlehnung an*
die Niedergeschlagenheit (Sg.)
die Schmerzverarbeitung (Sg.)
der Stufenplan, -pläne
das Verfahren, –

hochwirksam
schwach < stärker < stark: *schwache Schmerzen < stärkere Schmerzen < starke Schmerzen*

Kommunikation

Über Schmerzpatienten sprechen

Von chronischem Schmerz spricht man, wenn ..., als es der normale Heilungsprozess erwarten lässt.
Die Daten legen nahe, dass ...
Bei diesen Patienten liegt ein ... vor.
Es gibt unterschiedliche Ursachen, die zu ... führen können.
Das kann Folge eines ... sein.
... lassen sich ebenfalls als Ursachen ausmachen.

Fachausdrücke erklären

Von ... spricht man oft im Zusammenhang mit ...
Es gibt auch den Ausdruck ...
Unter ... versteht man ...

„Der Arzt hat mich nicht mal angeschaut!“

1 **Lesen Sie den Text. Was ist mit der Kernthese (Zeilen 26–28) gemeint? Diskutieren Sie in kleinen Gruppen.**

Empathie

Eine gelungene, empathische und von aktivem Zuhören gekennzeichnete Gesprächsführung zwischen Ärztin / Arzt und Patientin / Patient schafft ein Vertrauensverhältnis, das unerlässlich für den Behandlungserfolg und damit den Gesundungsprozess der Patienten ist.

Nur eine tragfähige Arzt-Patienten-Beziehung kann dazu beitragen, dass Patienten sich öffnen, sich ihrem behandelnden Arzt anvertrauen und am Therapieverlauf aktiv mitwirken. Deshalb sollte ein Arzt im Gespräch mit einem Patienten vor allem eines mitbringen: Empathie. Er sollte also die Emotionen des Patienten in den Mittelpunkt stellen und entsprechend darauf reagieren.

Kann man empathisches Sprechen erlernen? Oder ist es Teil der Persönlichkeit, des Charakters? Bis zu einem gewissen Grad sind kommunikative Techniken erlernbar. Es gibt verschiedene Kommunikationsmodelle, die auf dieses Verhältnis zwischen Arzt und Patient angewendet werden. Die Schule von Palo Alto, die das systemische Kommunikationsmodell entwickelt hat, das in Europa vor allem von Paul Watzlawick verbreitet wurde, formuliert als Kernthese:

Jede Kommunikation definiert Inhalt und Beziehung. Der Beziehungsaspekt dominiert den Inhaltsaspekt.

Auf Patienten eingehen

Im Zusammenhang mit patientenorientierter Kommunikation ist immer wieder davon die Rede, dass Ärztinnen und Ärzte dazu neigen, im Gespräch mit Patienten wie im folgenden Beispiel auf fachlicher Ebene zu antworten.

Patient: Frau Doktor, ich vertrage die Tabletten nicht so gut. Da bekomme ich immer so Herzrasen!
Ärztin: Herzrasen ist eine typische Nebenwirkung dieses Medikaments.

Dies kann je nach Situation durchaus angebracht sein. In Gesprächssituationen mit hohem emotionalen Gehalt wie Ängsten oder in der Schmerz- oder Sozialanamnese ist es jedoch oft zielführend, den Fragen der Patientin / des Patienten mit Rückfragen zu begegnen, um das Vertrauensverhältnis zu stabilisieren und den Patienten emotional aufzufangen.

Ärztin: Was meinen Sie mit Herzrasen? Wie fühlt sich das dann an?

Gesprächsfördernde Techniken

In einem Fachbuch für Ärztinnen und Ärzte werden neben verschiedenen anderen Kommunikationstechniken die folgenden acht gesprächsfördernden Maßnahmen genannt:

Ausreden lassen – ungestörte Gesprächssituation schaffen – deutliches Sprechen – Verwendung verständlicher, patientenadäquater Sprache – Anpassung an das intellektuelle Niveau des Patienten – Bilder und Grafiken verwenden – Sichtbarrieren vermeiden – Körpersprache einsetzen

Ein Beispiel für den Einsatz von Körpersprache ist, sich dem Patienten zuzuwenden und den Blickkontakt zu suchen.

Aktives Zuhören

Eine der grundlegenden Methoden der patientenzentrierten Kommunikation ist die Technik des aktiven Zuhörens. Dazu gehören neben der Körpersprache und den Hörersignalen (*ah ja, hmm ...*) auch Techniken, die eine hohe Konzentration und Wachsamkeit des Zuhörenden erfordern:

Offene Fragen stellen: *Wie lange haben Sie diese Beschwerden schon?*
Nachfragen: *Haben Sie dafür eine Erklärung? Und früher hatten Sie damit keine Probleme?*
Das Gesagte zusammenfassen: *Sie fühlen sich also seit Wochen schlapp und antriebslos.*
Spiegeln von Emotionen: *Das hat Ihnen Angst gemacht!?*

2 **Überlegen Sie sich empathische Reaktionen auf die Patientenäußerungen.**

1 Kortison hat doch so schlimme Nebenwirkungen! *Welche Nebenwirkungen meinen Sie?*
2 Ich habe Angst, dass mir die Haare ausfallen nach der Chemo!
3 Kann ich dann keine Kinder mehr bekommen?
4 Meine größte Angst ist, dass ich querschnittsgelähmt werde.
5 Kann man davon auch erblinden?
6 Ich habe im Beipackzettel gelesen, dass ...

3 **Arbeiten Sie zu zweit. Wählen Sie zwei der im Text erwähnten Techniken aus und besprechen Sie mit Ihrem Ihrer Lernpartnerin / Ihrem Lernpartner, wie die Anwendung dieser Techniken im konkreten Alltag aussehen kann.**

▶ 033 **4** **Hören Sie das Gespräch aus Lektion 4 B1a noch einmal und achten Sie auf die Gesprächsbeiträge des Arztes. Wendet er die oben genannten Hör-Techniken an?**

5 **Sortieren Sie.**

Das ist eine lange Zeit, die Sie zusammen waren. • Das kam für Sie alles ganz plötzlich. • Gab es für Sie einen Grund, dass es Ihnen nicht so gut ging? • Zu der Zeit fing das an mit den Kopfschmerzen? • Und da sind Sie auch nicht mehr an ihn herangekommen. • Und mit den Nachbarn? • Wie schaffen Sie denn Ihre täglichen Erledigungen? • Sie haben doch noch eine Tochter, die ist fünfundzwanzig, oder? • Sie sind also ganz alleine?

Offene Fragen stellen	*Nachfragen*	*Paraphrasieren / zusammenfassen*	*Spiegeln von Emotionen*

6 **Rollenspiel: Erarbeiten Sie zu zweit ein Sozialanamnesegespräch. Einer ist Patient/in, der oder die andere ist Ärztin / Arzt. Fragen Sie die Patientin / den Patienten nach Familie, Beruf, Hobbys, Sozialkontakten. In der Rolle der Ärztin / des Arztes versuchen Sie, die im Text beschriebenen Techniken anzuwenden.**

7 **Sehen Sie sich diese Internetseite an. Würden Sie an einem solchen Seminar teilnehmen?**

ProPATIENT

Workshops für Medizinerinnen und Mediziner

Unsere Referenten sind Experten für Kommunikation. In unseren Seminaren lernen Sie, wie Sie Patientengespräche optimal und effizient aufbauen. Wir üben, wie Sie empathisch und mit der richtigen Körpersprache reagieren, sodass sich Ihre Patienten von Ihnen verstanden fühlen und Sie so die Compliance verbessern.

Wir führen auf Nachfrage auch Inhouse-Veranstaltungen durch. Sprechen Sie uns an.

8 **Sprechen Sie in kleinen Gruppen. Kann man Empathie lernen?**

„Atmen Sie tief ein und halten Sie die Luft an!“

A Anweisungen zur körperlichen Untersuchung geben

▶ 036 **A1** a **Die Anweisungen während einer körperlichen Untersuchung sollten klar verständlich, aber auch höflich sein. Hören Sie die Anweisungen und ordnen Sie zu.**

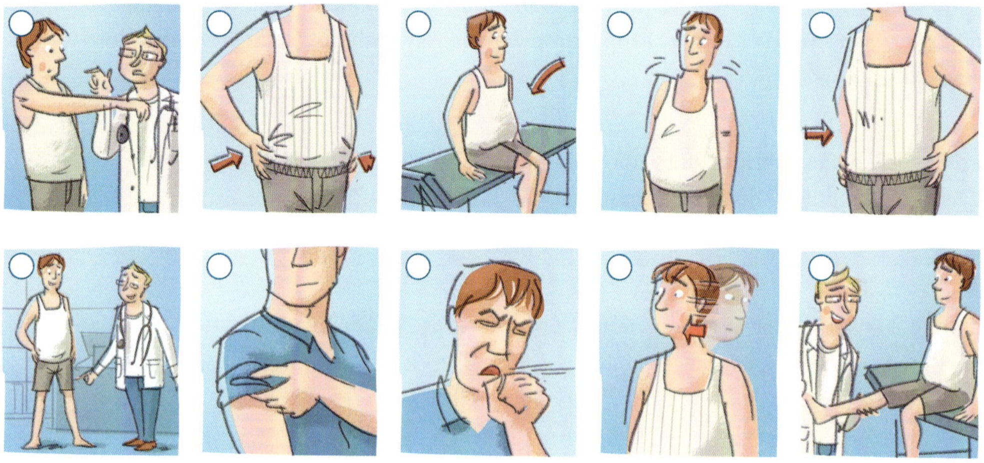

b **Arbeiten Sie zu zweit. Einer zählt im Kopf ganz langsam bis zehn. Die / Der andere sagt: Stopp. Die dann genannte Zahl entspricht einer Zeichnung aus der Bilderfolge A1a. Formulieren Sie die entsprechende Anweisung.**

Abbildung 5: Spannen Sie bitte die Muskeln an!

A2 a **Ordnen Sie die Anweisungen den Untersuchungen zu.**

Atmen Sie jetzt bitte einmal ganz tief ein und dann wieder aus.

Versuchen Sie, meinem Finger zu folgen.

Nun lassen Sie bitte Ihr Bein ganz locker hängen.

Beugen Sie sich bitte langsam nach vorne.

Lassen Sie den Arm ganz locker liegen.

Öffnen Sie den Mund so weit es geht.

Stellen Sie Ihre Füße nebeneinander und schauen Sie nach vorne.

Tun Sie bitte einmal so, als wenn Sie etwas runterschlucken würden.

Palpation der Schilddrüse

Blutdruck messen

Wirbelsäulenbeweglichkeit überprüfen

Mundhöhle inspizieren

Auskultation der Lunge

Neutralstellung einnehmen

Reflex (PSR) testen

Untersuchung der Augen

b **Arbeiten Sie zu viert. Schreiben Sie die Untersuchungsgänge aus A2a auf Kärtchen. Schließen Sie die Bücher und legen Sie die Kärtchen mit der Schrift nach unten. Ziehen Sie nun reihum ein Kärtchen und geben Sie die entsprechende Anweisung. Die anderen in der Gruppe führen diese aus, soweit das möglich ist.**

Blutdruck messen

A3 **Rollenspiel: Arbeiten Sie zu zweit. Geben Sie sich gegenseitig Anweisungen, führen Sie diese aus und besprechen Sie dann, welchen Untersuchungsgang Sie durchführen.**

Öffnen Sie bitte den Mund ganz weit und sagen Sie Aaah!

Inspektion Mundhöhle

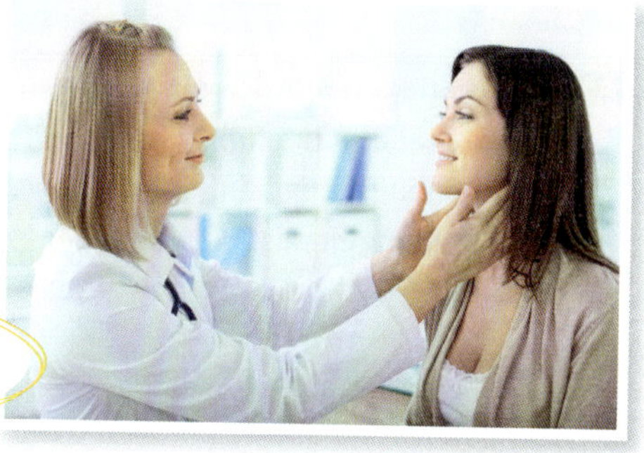

Bei der körperlichen Untersuchung gibt die Ärztin / der Arzt **Anweisungen**, erklärt **handlungsbegleitend**, was sie / er tut, und versucht, den Patienten **mit nachfragenden Äußerungen** zur Mitarbeit zu bewegen und die Situation zu entspannen.

A4 a **Herr Grübler wird untersucht. Lesen Sie das Gespräch und ergänzen Sie.**

abtasten • ~~auf die rechte Seite~~ • Beugen Sie sich • diese Untersuchung • ich messe • Legen Sie • leichten Druck • leichtes Druckgefühl auftreten • tief ein- und ausatmen • unauffällig • ziehen Sie die Beine • zu hoch

■ Herr Grübler, wir hatten ja darüber gesprochen, dass ich im Rahmen der Erstuntersuchung Ihre Prostata ____________(1) werde.
▲ Ja, ich weiß, aber das tut doch nicht weh, oder?
■ Wissen Sie, den meisten Männern ist ____________(2) sehr peinlich und manchmal kann auch ein ____________(3). Aber schmerzhaft ist die Untersuchung nicht. Ich werde Ihnen genau sagen, wie es abläuft und was ich mache.
▲ Na, dann versuchen wir es mal.
■ ____________(4) jetzt bitte nach vorne und stützen Sie sich mit Ihren Unterarmen auf der Liege ab.
▲ So, ok?
■ Sehr gut. Ich taste jetzt den äußeren Bereich Ihres Afters ab. Da ist alles völlig ____________(5).
▲ Also, das Stehen, da wird mir jetzt ein bisschen schummrig, wissen Sie ...
■ Herr Grübler?
▲ Ja?
■ ____________(6) sich erst einmal auf die Liege. Bleiben Sie einfach ruhig liegen und ____________(7) erst einmal Ihren Blutdruck.
▲ Wird schon wieder ...
■ 120 zu 80. Der ist in Ordnung. Geht es Ihnen wieder besser?
▲ Ja, ja. Es war mir nur plötzlich ein wenig komisch ...
■ Das passiert schon mal. Ist überhaupt nicht schlimm. Dann drehen Sie sich jetzt bitte *auf die rechte Seite*.
▲ Wie? ... So auf die Seite?
■ Genau so, wie Sie sich im Bett auf die Seite legen und dann ____________(8) an.
▲ Oh je, das fällt mir schwer, hier auf der Seite. Die Hüfte, wissen Sie!
■ Wenn das für Sie zu schmerzhaft ist, können Sie sich auch auf die linke legen.
▲ Ja, das geht besser. So ...?
■ Ja, so ist es gut. Geht es so mit dem Kopf oder liegt der ____________(9)?
▲ Tiefer wäre mir lieber. Ich habe es ja auch an der Halswirbelsäule. Na ja, man wird nicht jünger.
■ Da haben Sie recht. Liegen Sie denn jetzt einigermaßen bequem?
▲ Ja, so geht es.
■ So, noch einmal ganz entspannt ruhig und ____________(10). Sie spüren jetzt einen ganz ____________(11) ...

▶ 037 b **Hören Sie nun und vergleichen Sie.**

c **Lesen Sie das Gespräch in A4a. Markieren Sie Anweisungen in Rot, Handlungsbegleitendes Sprechen in Grün und nachfragende / beruhigende Äußerungen in Blau. Sortieren Sie.**

Anweisungen geben	*Handlungsbegleitendes Sprechen*	*Nachfragen / Beruhigen*
Beugen Sie sich jetzt ...	*Ich taste jetzt ...*	*Geht es Ihnen wieder besser?*

A5 **Überlegen Sie sich eine Untersuchung, die Sie schon einmal durchgeführt haben und schreiben Sie einen kleinen Dialog ähnlich wie in A4a mit den Sprechhandlungen aus A4c. Sprechen Sie dann mit verteilten Rollen mit Ihren Lernpartnern.**

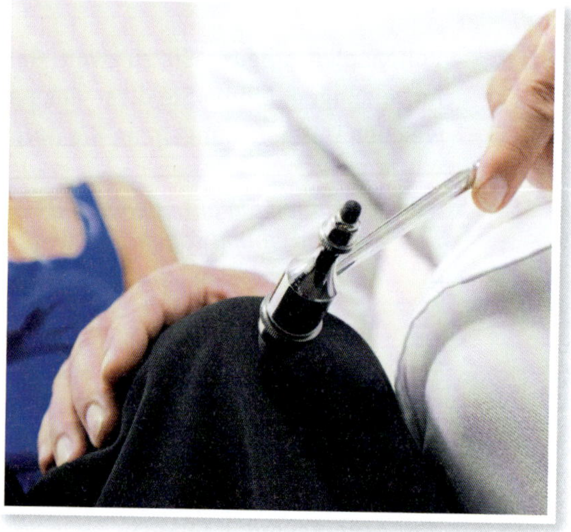

Die neurologische Untersuchung umfasst unter anderem die Beurteilung des motorischen Systems mit den Reflexen, sowie die Prüfung von *Sensibilität, Gang / Koordination, Artikulation* und *Meningismus-Zeichen*. Zur Überprüfung gibt es verschiedene Tests.

A6 **Welche Anweisungen würden Sie den Patienten bei den folgenden Tests geben? Schreiben Sie.**

Romberg-Stehversuch	Bitte schließen Sie die Augen und treten Sie auf der Stelle!
Unterberger-Tretversuch	
Finger-Nase-Versuch	
Knie-Hacke-Versuch	
Patellarsehnenreflex	
Allen-Test	

A7 **Bei der körperlichen Untersuchung folgt man im Allgemeinen dem sogenannten IPPAF-Schema. Welche deutschen Begriffe entsprechen den IPPAF-Kürzeln? Ordnen Sie zu.**

Inspektion	Testen bestimmter Körperfunktionen
Perkussion	Betrachten des Patienten
Palpation	Abhören bestimmter Körperregionen
Auskultation	Abklopfen bestimmter Körperregionen
Funktionsuntersuchung	Abtasten bzw. Befühlen von Körperabschnitten

Die Begriffe Inspektion, Palpation, Perkussion und Auskultation haben ihren Ursprung im Lateinischen und sind Ihnen vielleicht aus Ihrer Ausbildung bekannt. Unter Kollegen oder in der Dokumentation ist es meist üblich, in dieser Terminologie zu kommunizieren. Patienten verstehen diese Fachterminologie häufig nicht. Darum ist es wichtig, passende allgemeinsprachliche Formulierungen zu finden, damit Sie von Ihren Patientinnen und Patienten verstanden werden.

A8 a **Arbeiten Sie zu zweit. Lesen Sie die Fachbegriffe unten und versuchen Sie, passendere allgemeinsprachliche Formulierungen zu finden. Nutzen Sie die Übersicht *Anatomie und Krankheiten* (S. 145 ff.).**

Mamma palpieren	die Brust abtasten
Patienten inspizieren	
das Skrotum palpieren	
das Herz auskultieren	
das Abdomen palpieren	
Thorax perkutieren	
Extremitäten palpieren	

b **Sprechen Sie im Kurs. Welche Anweisungen an Patienten fallen Ihnen schwer und warum? Wie könnten Sie das verbessern?**

B Über Patienten nach der KU berichten

Vor oder während der Visite werden neu aufgenommene Patienten den Kollegen oder dem verantwortlichen Stationsarzt vorgestellt. Diese Patientenvorstellungen sind meist sehr knapp und folgen bestimmten Mustern.

B1 a **Überlegen Sie. Welche Informationen zum Patienten sind wichtig für die Kollegen in einer solchen Kurzvorstellung? Sammeln Sie dann Ihre Ideen im Kurs.**

Alter, Geschlecht, Allgemeinzustand, …

b **Die Befunde der körperlichen Untersuchung sind im Untersuchungsbogen dokumentiert. Dort finden sich häufig Abkürzungen. Ordnen Sie zu.**

◄ Lerntipp Lektion 3, S. 20

T	Ernährungszustand
RG	ohne Besonderheiten
AZ	Temperatur
o.B.	Rasselgeräusche
EZ	Allgemeinzustand
HF	Herzfrequenz

▶ 038 c **Hören Sie eine kurze Patientenvorstellung. Machen Sie sich zu den folgenden Punkten Notizen.**

Alter	Temperatur	Klinische Symptomatik
Allgemeinzustand	Herzfrequenz	Verdachtsdiagnose

B2 **Rollenspiel: Arbeiten Sie zu zweit. Wählen Sie sich einen der Fälle unten und präsentieren Sie diesen Fall Ihrer Partnerin / Ihrem Partner in Form einer Patientenvorstellung. Formulieren Sie auch eine Verdachtsdiagnose. Ihr/e Partner/in stellt Zusatzfragen nach Bedarf. Die folgenden Redemittel können Ihnen dabei helfen.**

Wir haben … aufgenommen.
Frau / Herr … ist …-jährige/r Patientin / Patient.
Frau / Herr … berichtet über / gibt an, dass / sagt, dass …
In der körperlichen Untersuchung ergab sich …
Der klinische Befund deutet auf … hin.
Zur weiteren Abklärung würde ich …
Als weitere Befunde zeigten sich …

Lerntipp: *Notieren Sie sich standardisierte Redemittel wie in B2. Diese werden Sie auch bei der Anfertigung von Arztbriefen brauchen.*

Fall 1: ♂, 42 J., sehr sportlich, kürzlich erst Halbmarathon gelaufen, danach starke Schmerzen rechtes Knie, seit vorgestern leichtes Fieber, in der Nacht Schüttelfrost, Atembeschwerden, auskultatorisch feuchte RG

Fall 2: ♀, 32 J., keine bekannte Vorerkrankungen, evtl. Gravida, krampfartige Unterbauchbeschwerden seit letzter Nacht. Vor zwei Stunden einmal kollabiert, kein Fieber, hat das Gefühl von Herzrasen

Eine körperliche Untersuchung strukturieren

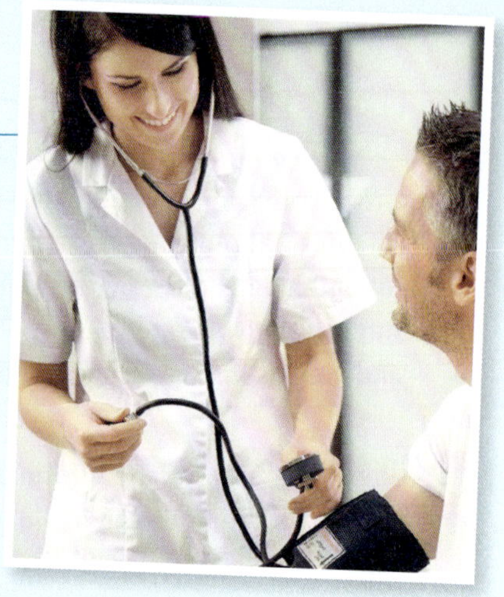

In der ärztlichen Praxis folgt eine körperliche Untersuchung im Regelfall einem klaren Schema. Wenn es sich um einen Notfall handelt, wird man natürlich von diesem Schema abweichen. In diesem Fall gelten andere Regeln.

1 **Sie sehen unten die wesentlichen Untersuchungsschritte der körperlichen Untersuchung. Bringen Sie diese in eine sinnvolle bzw. übliche Reihenfolge.**

- ◯ Abdomen
- ◯ Herz – Kreislauf
- ◯ Lunge
- ② Kopf und Hals
- ◯ Neurologische Untersuchung
- ◯ Untersuchung der Leistenregion
- ◯ Allgemeiner Eindruck
- ◯ Thorax und Rücken
- ◯ Extremitäten

2 **Vergleichen Sie Ihre Ergebnisse mit Ihrer Partnerin / Ihrem Partner. Sprechen Sie. Haben Sie das gleiche Schema gelernt oder gibt es Unterschiede in der Reihenfolge?**

3 **Lesen Sie den Text und ordnen Sie die Stichworte den einzelnen Abschnitten zu.**

A Zeitaufwand • **B** Dokumentation • **C** Untersuchungsabfolge • **D** Das Kassendreieck

◯ Im Normalfall arbeitet man sich bei der körperlichen Untersuchung vom allgemeinen Eindruck über Kopf und Hals über Thorax und Rücken bis zur Lunge vor. Anschließend werden Herz und Kreislauf gecheckt. Danach folgt eine Abdomenuntersuchung, die nach Absprache mit dem Patienten eine rektale Untersuchung mit einschließen kann, aber nicht muss. Es folgt die Untersuchung der Leistenregion und anschließend die der Extremitäten. Zum Schluss werden die orientierenden neurologischen Hirnnerven überprüft.

◯ Die Untersuchungsbefunde werden in der Regel in Aufnahmebögen festgehalten, die von den Kliniken zur Verfügung gestellt werden.*

◯ Der Umfang der Untersuchung und damit deren Dauer richtet sich dabei nach dem Beschwerdebild und der Fragestellung. Eindeutig vorliegende Krankheitszeichen beeinflussen die weitere Diagnostik. Eine sehr detaillierte Ganzkörperuntersuchung kann bis zu einer Stunde dauern, wird aber längst nicht in allen Fällen nötig sein, da meist konkrete Krankheitszeichen eine gezieltere Untersuchung bedingen. So wird diese ganzkörperliche Untersuchung in der ärztlichen Praxis oft verkürzt.

◯ Auf keinen Fall dürfen aber Herz und Lunge durch den Halsausschnitt hindurch untersucht und abgehört werden, weil dies schneller geht und dadurch den Patienten das lästige Ausziehen erspart wird. Diese – bitte nicht durchzuführende – Form der Untersuchung wird auch scherzhaft „das Kassendreieck" genannt. Für die Notfallmedizin gelten natürlich andere Regeln. Hier muss man schon mal Kleidungstücke aufreißen, um die Patienten adäquat zu versorgen.

* Einen Beispielbogen finden Sie im Anhang, Seite 149.

4 **Im letzten Abschnitt ist die Rede vom sogenannten „Kassendreieck". Sprechen Sie in kleinen Gruppen. Wie ist das zu verstehen? Welche Struktur im Gesundheitssystem verbirgt sich hinter dieser ironischen Bezeichnung?**

Wortschatz / Kommunikation

Körperliche Untersuchung

die Halswirbelsäule, -n
die Hacke, -n: *der Knie-Hacke-Versuch*
der Patellarsehnenreflex, -e
die Überprüfung, -en
der Untersuchungsgang, -gänge
der Versuch, -e: *der Romberg-Stehversuch; der Unterberger-Tretversuch*

anspannen
abtasten
ablaufen (läuft ab, lief ab, ist abgelaufen)
abstützen

handlungsbegleitend
schummrig

Das wird schon wieder.
Mir ist ein wenig komisch.

Über Patienten berichten

die Abklärung (Sg.)
der Allgemeinzustand (Sg.)
der Ernährungszustand (Sg.)
die Herzfrequenz (Sg.)
das Herzrasen (Sg.)
die Patientenvorstellung, -en
das Rasselgeräusch, -e
der Schüttelfrost (Sg.)
der Unterbauch, -bäuche
der Untersuchungsbogen, -bögen
die Verdachtsdiagnose, -n
die Zusatzfrage, -n

angeben (gibt an, gab an, hat angegeben): *Der Patient gibt an, dass ...*
ergeben (ergibt, ergab, hat ergeben): *Die Untersuchung hat ergeben, dass ...*
hindeuten: *etwas deutet auf etwas hin; Das deutet darauf hin, dass ...*

Körperliche Untersuchung strukturieren

das Abhören (der Lunge) – die Auskultation
das Abtasten – die Palpation
der Aufnahmebogen, – oder -bögen
die Fragestellung, -en
die Ganzkörperuntersuchung, -en
der Hirnnerv, -en: *die orientierenden neurologischen Hirnnerven*
das Krankheitszeichen, –
die Leistenregion, -en
die Mundhöhle, -n
die Neutralstellung (Sg.)
die Wirbelsäulenbeweglichkeit (Sg.)
der Zeitaufwand (Sg.)

aufreißen (riss auf, hat aufgerissen)
checken
zur Verfügung stellen

lästig
scherzhaft

Kommunikation

Anweisungen zur körperlichen Untersuchung geben

Atmen Sie jetzt bitte einmal ganz tief ein und dann wieder aus.
Beugen Sie sich bitte langsam nach vorne.
Drehen Sie sich jetzt bitte auf die rechte / linke Seite.
Lassen Sie den Arm ganz locker liegen.
Nun lassen Sie bitte Ihr Bein ganz locker hängen.
Öffnen Sie den Mund so weit es geht.
Stellen Sie Ihre Füße nebeneinander und schauen Sie nach vorne.
Stützen Sie bitte Ihre Unterarme auf der Liege ab.
Tun Sie bitte einmal so, als ob Sie etwas herunterschlucken würden.
Versuchen Sie, meinem Finger zu folgen.
Ziehen Sie bitte die Beine an.

Handlungsbegleitendes Sprechen

Ich taste jetzt den Bauch / den äußeren Bereich Ihres Afters / die Brust / ... ab.
Ich messe jetzt erst einmal Ihren Blutdruck.
Sie spüren jetzt einen ganz leichten Druck.
Da ist alles völlig unauffällig.

Nachfragende und beruhigende Äußerungen

Geht es Ihnen wieder besser?
Geht das so?
Liegt der Kopf zu hoch?
Liegen Sie denn einigermaßen bequem?
Ich werde Ihnen genau sagen, wie es abläuft und was ich mache.
Das passiert schon mal!
Ist überhaupt nicht schlimm.
Wenn das für Sie zu schmerzhaft ist, ...
Aber schmerzhaft ist diese Untersuchung nicht.
Wissen Sie, den meisten ... ist diese Untersuchung peinlich.

Patienten vorstellen

Wir haben ... aufgenommen.
Als weitere Befunde zeigten sich ...
Frau / Herr ... ist eine / ein ...-jährige/r Patientin / Patient.
Frau / Herr ... berichtet über / gibt an, dass / sagt, dass ...
In der körperlichen Untersuchung ergab sich ...
Der klinische Befund deutet auf ... hin.
Zur weiteren Abklärung würde ich ...
Der Allgemeinzustand ist ...

Frau Jankowicz muss zur Darmspiegelung

A Mit Patienten über Geräteuntersuchungen sprechen

A1 a **Welche Untersuchungen werden hier gemacht? Ordnen Sie zu.**

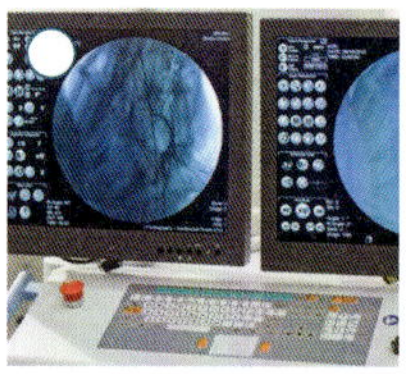 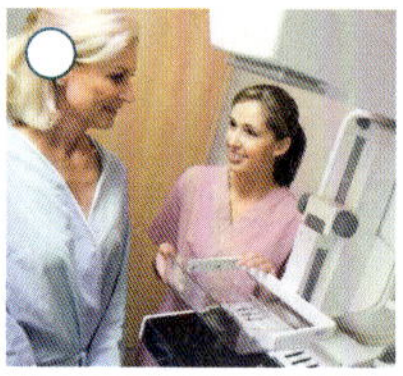 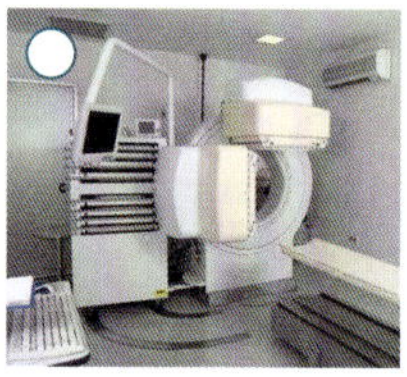 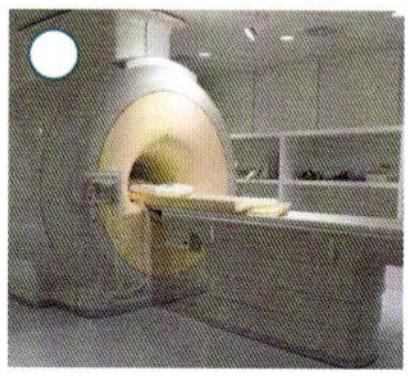 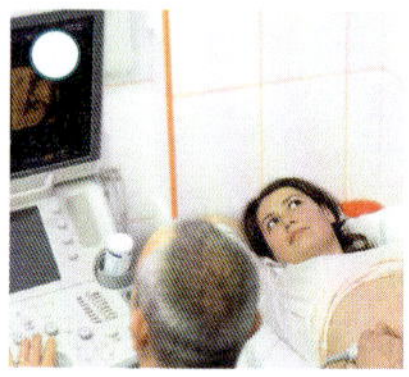

1 Szintigrafie • **2** MRT • **3** Angiografie • **4** Mammografie • **5** 3-D-Sonografie

b **Die Ärztin / Der Arzt spricht mit der Patientin / dem Patienten über die Untersuchung und beantwortet Fragen. Lesen Sie die Äußerungen unten. Auf welche Art der Untersuchung aus A1a passen die Äußerungen jeweils am besten? Diskutieren Sie.**

- ◯ A Diese radioaktiven Stoffe reichern sich in dem Organ an, das wir untersuchen wollen. Mit einer Spezialkamera können wir dann die abgegebene Strahlung auffangen und sichtbar machen.
- ◯ B Durch den Vorteil der räumlichen Darstellung können wir schon sehr früh Herzfehler oder Veränderungen an der Wirbelsäule entdecken.
- ◯ C Nach der Untersuchung wird an der Einstichstelle ein Druckverband angelegt. Der Arzt sagt Ihnen, wann Sie den Verband wieder entfernen können. In aller Regel spätestens nach 24 Stunden.
- ◯ D Ich kann Ihre Sorge vor der Strahlenbelastung verstehen. Und sie ist auch höher als bei einer Röntgenaufnahme des Brustkorbs.
- ◯ E Sie haben doch keinen Herzschrittmacher, oder? Und Ihre Armbanduhr haben Sie abgelegt. Wenn Sie Ihren Geldbeutel mit Scheckkarten oder Ihr Handy aus der Hosentasche genommen haben, dann kann nichts passieren.

A2 a **Welche Fragen könnten Patienten vor Untersuchungen in einem MRT, CT oder Röntgen-Gerät stellen? Notieren Sie einige Fragen. Arbeiten Sie in kleinen Gruppen.**

„Wie lange dauert so eine MRT-Untersuchung?"

b **Tauschen Sie Ihre Fragen mit einer anderen Gruppe. Überlegen Sie sich dazu passende Antworten.**

„Die Dauer der Untersuchung hängt davon ab, was wir untersuchen wollen!"

c **Anschließend erhalten Sie die Antworten zurück und diskutieren in der Gruppe. Welche Antworten finden Sie gelungen, welche weniger gelungen?**

Ich finde diese Antwort sehr verständlich / unverständlich / zu kompliziert ...

KLINIKUM
NEUSTADT

Das Klinikum
Diagnostik & Therapie
Für Patienten
▸ FAQ
Unser Team
Forschung
Kontakt

MRT – FAQ

Was ist eine MRT?

▸ Die MRT (Magnetresonanztomografie, auch Kernspintomografie) ist eine Technik der medizinischen Diagnostik zur Darstellung der Strukturen von Organen und Gewebe im Körper. Die so entstandenen Bilder erlauben eine Beurteilung der Organe und krankhafter Organveränderungen.

▸ Das tunnelartige Gerät baut ein starkes Magnetfeld auf und sendet Radiowellen aus. Dadurch werden die Wasserstoffatome im Körper angeregt, selbst Energie abzugeben, die im Gerät gemessen und durch leistungsfähige Computer in Bilder umgewandelt wird.

▸ Nach dem aktuellen Stand besteht bei dieser Untersuchung keine gesundheitliche Gefahr. Es wird keine Röntgenstrahlung und keine andere belastende Strahlung erzeugt. Die Wirkung der magnetischen Wechselfelder auf lebendes Gewebe ist aber noch nicht vollständig erforscht.

A3 a Lesen Sie die Antworten auf häufige Patientenfragen. Welche Fragen könnten die Patienten gestellt haben?

◯ 1 Der Lärm im MRT ist unangenehm, wird aber im Laufe der Untersuchung nicht lauter. Wir sind durch ein Fenster mit Ihnen in Blickkontakt und Sie können jederzeit den Alarmknopf drücken.

◯ 2 Das Gerät hat einen Durchmesser von 70–90 cm. Es gibt aber auch Geräte mit einer besonders weiten Öffnung.

◯ 3 Das hängt von der geplanten Untersuchung ab.

◯ 4 Patienten mit Herzschrittmacher dürfen nicht untersucht werden, da diese Geräte dabei meist zerstört werden.

◯ 5 Um eine gute Bildqualität zu erreichen, sollten sich möglichst keine anderen Personen im Raum bewegen. Grundsätzlich spricht aber nichts gegen die Anwesenheit einer Begleitperson.

◯ 6 Wir können Ihnen ein beruhigendes Medikament verabreichen. Allerdings dürfen Sie dann anschließend nicht mehr allein mit dem Auto nach Hause fahren.

▶ 039 **b Hören Sie die Fragen. Ordnen Sie die Fragen den Antworten in A3a zu. Vergleichen Sie dann mit Ihren Überlegungen.**

A4 a Arbeiten Sie zu zweit. Die Antworten auf die Fragen in A3a sind sehr knapp. Könnte man den Patienten noch mehr Informationen geben? Was würden Sie noch ergänzen?

Es gibt radiologische Abteilungen, die über sogenannte offene MRTs verfügen. Da hat man gar nicht mehr das Gefühl, in einer engen Röhre zu liegen.

b Lesen Sie nun Patientenfragen zum MRT und CT. Notieren Sie sich mögliche Antworten. Ihre Antworten können und müssen nicht die gesamte medizinische Bandbreite abdecken.

1 Ist eine MRT-Untersuchung strahlenfrei?
2 Wie hoch ist die Strahlenbelastung beim CT?
3 Wo bleibt das Kontrastmittel, das mir verabreicht wird?
4 Warum ist Metall am Körper so gefährlich im MRT?

c Tauschen Sie sich über Ihre Antworten in kleinen Gruppen aus. Einigen Sie sich auf die treffendste Antwort.

A5 Rollenspiel: Arbeiten Sie zu zweit (Patient/in und Ärztin / Arzt). Die Ärztin / der Arzt klärt für eine MRT-Untersuchung auf und beantwortet aufkommende Patientenfragen. Die Redemittel können Ihnen helfen. Tauschen Sie anschließend die Rollen.

Ich kann Ihre Sorge vor … verstehen.
Wenn Sie keine metallischen Gegenstände am Körper haben, kann …
Die Untersuchungsdauer hängt davon ab, was wir …
Wir können Ihnen ein beruhigendes Medikament … / Sie können jederzeit …
Grundsätzlich spricht nichts gegen …
Ja, das ist unangenehm, aber …

B Mit Patienten über Untersuchungen sprechen

B1 a Frau Jankovic muss zur Darmspiegelung. Wie muss sie sich darauf vorbereiten? Notieren Sie zunächst für sich allein Stichworte. Sammeln Sie dann im Plenum.

Abführmittel nehmen, bestimmte Nahrungsmittel nicht mehr essen, ...

▶ 040 **b Hören Sie das Gespräch und kreuzen Sie die Themen an, die vorkommen.**

◯ Abführmittel ◯ Flüssigkeitsaufnahme ◯ Rauchen ◯ zu vermeidende Nahrungsmittel
◯ erlaubte Getränke ◯ Alkohol ◯ ab wann nüchtern ◯ Ehepartner der Patientin
◯ Komplikationen bei der Untersuchung

▶ 040 **c Hören Sie ein zweites Mal und ergänzen Sie die Sätze.**

1 Ich erkläre Ihnen die ______
2 Um ein verwertbares Ergebnis zu erreichen, ______
3 Deswegen dürfen Sie auch drei Tage vor der Untersuchung ______
4 Ab dann dürfen Sie ______

B2 a Was meinen Sie? Was ist mit diesem Patienten los? Diskutieren Sie.

▶ 041 **b Hören Sie das Gespräch. Wie versucht der Arzt, mit der Angst des Patienten umzugehen?**

c Diskutieren Sie in kleinen Gruppen. Haben Sie Erfahrungen mit Angstpatienten gemacht? Wie kann man als untersuchende/r Ärztin / Arzt darauf reagieren?

B3 Rollenspiel: Arbeiten Sie zu zweit. Wählen Sie zwei Geräteuntersuchungen, entweder aus dieser Lektion oder andere, die Sie kennen. Überlegen und notieren Sie sich zunächst Patientenfragen und notieren Sie dann die entsprechenden Antworten. Nutzen Sie auch die Redemittel unten. Spielen Sie dann die Gespräche mit wechselnden Rollen.

Ein Aufklärungsgespräch einleiten
Frau / Herr ..., ich möchte jetzt mit Ihnen über ...
Frau / Herr ..., wir haben für Dienstag ... geplant.
Ich erkläre Ihnen jetzt die Vorbereitungsmaßnahmen und den Ablauf ...

Patienten beruhigen
Versuchen Sie, ganz ruhig ein- und auszuatmen.
Wenn Sie sich besser fühlen, sprechen wir alles noch einmal in Ruhe durch.
Ich gebe Ihnen jetzt mal was zur Beruhigung.

Etwas erklären / Anweisungen geben
Um ein optimales Untersuchungsergebnis zu erhalten, sollten Sie ...
Es ist wichtig, dass Sie ...
Nach der Untersuchung bleiben Sie / wird noch / sollten Sie ...
Ich bitte Sie eindringlich, sich an die besprochene Vorgehensweise zu halten.

C Mit Kollegen das diagnostische Vorgehen besprechen

C1 a Lesen Sie einen Ausschnitt aus einem Informationstext für Patienten zu einem bildgebenden Untersuchungsverfahren. Um welches Verfahren geht es?

Zunächst bekommt man ein Arzneimittel – ein sogenanntes Radiopharmakon – verabreicht. Dieses Mittel reichert sich in der zu untersuchenden Körperregion an. Das Mittel ist schwach radioaktiv und setzt im Körper eine bestimmte Strahlung, die Gammastrahlung, frei.

Im Anschluss misst ein bilderzeugendes Gerät, die Gammakamera, die vom Körper abgegebene Strahlung. So wird dargestellt, wie sich das verabreichte Radiopharmakon im Körper verteilt hat ... Mithilfe dieses Verfahrens können Ärzte bereits Krankheiten erkennen, die noch zu keinen anatomisch sichtbaren Veränderungen geführt haben.

▶ 042 **b Dr. Yldiz ruft den Radiologen Dr. Müller an, um mit ihm über die weitere Diagnostik bei einem Patienten zu sprechen. Welche Themen werden wohl angesprochen? Kreuzen Sie an. Hören Sie dann das Gespräch und vergleichen Sie.**

◯ Aktuelles Beschwerdebild ◯ Labordiagnostik ◯ Sozialanamnese ◯ aktuelle Medikation
◯ Arzneimittelunverträglichkeiten ◯ Familienstand ◯ Vorerkrankungen

▶ 042 **c Hören Sie noch einmal und beantworten Sie die Fragen in Stichworten.**

1 Welche Beschwerden hat der Patient?
2 Was ist der Auslöser für die Beschwerden?
3 Wie sieht die Labordiagnostik aus?
4 Welche Untersuchungen wurden bisher gemacht?
5 Welche Meinung vertritt der Radiologe?

C2 a Schreiben Sie nun eine kurze Notiz für die Kollegin in der Übergabe mit der Bitte, dass diese einen Anforderungsschein für die Radiologie ausfüllen soll.

Patient Samuel Krieger, 26 Jahre, braucht einen Termin in der ...
Bitte Anforderungsschein fertig machen. Es soll eine ... gemacht werden.

b Welche Informationen gehören in einen Anforderungsschein Radiologie? Streichen Sie die üblicherweise nicht notwendigen Informationen.

Familienstand – Anfordernde Station – Patientendaten – Gewünschte Untersuchung – Klinische Angaben – Fragestellung – Blutgruppe – Probenmaterial – Dringlichkeit

Lerntipp: *Konsilanforderungen und Arztbriefe sind relativ standardisiert. Trotzdem sind sie von Klinik zu Klinik verschieden. Organisieren Sie sich, wenn möglich, Konsile aus anderen Abteilungen oder fragen Sie andere Fachkollegen, was ihnen bei Konsilanforderungen wichtig ist.*

Weiterbildung: Röntgen

1 **Schauen Sie sich den Screenshot an. Welche Kurse werden hier angeboten? Was wissen Sie über dieses Thema? Sprechen Sie in kleinen Gruppen.**

2 **Ordnen Sie die Definitionen den Begriffen zu.**

○ Sachkundezeiten ○ Fachkunde Strahlenschutz (1) Strahlenschutzkurs ○ Ärztekammern

1 Weiterbildungsveranstaltung, die zum Fachkundenachweis Strahlenschutz führt
2 Obligatorischer Weiterbildungsnachweis für Ärzte, die an Kliniken arbeiten
3 Berufsständische Vertretung der Ärzteschaft
4 Praktische Erfahrung in dem jeweiligen Fachgebiet

3 **Lesen Sie die Überschrift. Welche Informationen erwarten Sie von dem Text? Notieren Sie Stichwörter.**

Röntgen-Thorax – eine Routineuntersuchung im klinischen Alltag
Aber wer darf diese Untersuchung überhaupt anordnen? Dazu gibt es ganz klare Vorgaben und Regelungen.

4 **Lesen Sie nun den Text. Erfüllt er Ihre Erwartungen? Welche Fragen bleiben offen?**

Ärztinnen und Ärzte, die Röntgenuntersuchungen anordnen oder durchführen, müssen grundsätzlich einen Fachkundenachweis Strahlenschutz besitzen. Das gilt unabhängig von ihrem dienstlichen oder medizinischen Status, egal ob Weiterbildungsassistent, Chefarzt, Facharzt oder Assistent. Sie sind immer dann verantwortlich, wenn sie selbst die Diagnostik durchführen, z. B. bei einer Durchleuchtung, oder wenn sie allein verantwortlich die das Röntgen rechtfertigende Indikation stellen, z. B. als allein verantwortlicher Arzt in der nächtlichen Notfallaufnahme.

Es gibt unterschiedliche Institutionen, bei denen man Fortbildungen besuchen kann, um den Fachkundenachweis zu erhalten. Verantwortlich für die Vergabe des Nachweises sind allerdings die Landesärztekammern. Um überhaupt an einem der Kurse teilnehmen zu können, muss die ärztliche Approbation erteilt sein. Alle fünf Jahre muss dieser Fachkundenachweis aktualisiert werden.

Diese Verordnung mag medizinisch und fachlich berechtigt sein. Im Alltag auf Station, besonders nachts, befinden sich viele junge Kollegen, die noch nicht über einen solchen Fachkundenachweis verfügen, in einem Dilemma. Das Zitat eines jungen Assistenzarztes mag hier beispielhaft stehen: „Es findet sich schon immer ein Kollege auf Station, der einen solchen Schein besitzt. Zu dem geht man, wenn man eine Unterschrift braucht."

5 **Im letzten Teil des Textes wird ein Problem angesprochen. Sprechen Sie in kleinen Gruppen. Haben Sie Erfahrungen mit solchen Situationen? Wie ist das in Ihrem Herkunftsland?**

6 **Recherchieren Sie im Internet zu den Modalitäten des Fachkundenachweises.**

Wortschatz / Kommunikation

6

Geräteuntersuchungen

der Alarmknopf, -knöpfe
die Bandbreite (Sg.)
der Blickkontakt, -e
der Brustkorb, -körbe
die Darmspiegelung, -en
die Darstellung, -en: *die räumliche Darstellung*
der Druckverband, -verbände
die Einstichstelle, -n
die Geräteuntersuchung, -en
das Kontrastmittel, –
das Organ, -e
die Röntgenaufnahme, -n
die Spezialkamera, -s
der Stoff, -e: *radioaktive Stoffe*
die Strahlenbelastung, -en
die Strahlung, -en: *die abgegebene Strahlung*

ablegen: *die Armbanduhr ablegen*
sich anreichern

sogenannt
in aller Regel

Über Untersuchungen sprechen

das Abführmittel, –
der Angstpatient, -en
die Flüssigkeitsaufnahme (Sg.)
die Komplikation, -en
die Vorbereitungsmaßnahme, -n

eindringlich: *jemanden eindringlich auf etwas hinweisen*
nüchtern
verwertbar: *ein verwertbares Ergebnis*

Mit Kollegen das diagnostische Vorgehen besprechen

der Anforderungsschein, -e
die Arzneimittelunverträglichkeit, -en
der Arztbrief, -e
der Auslöser, –
die Blutgruppe, -n
die Dringlichkeit (Sg.)
die Konsilanforderung, -en
die Labordiagnostik (Sg.)
das Probenmaterial, -ien

abgeben (gibt ab, gab ab, hat abgegeben): *die vom Körper abgegebene Strahlung*
freisetzen: *Das Mittel setzt Strahlung frei.*

vertreten (vertritt, vertrat, hat vertreten): *eine Meinung vertreten*

bildgebend: *ein bildgebendes Untersuchungsverfahren*
üblicherweise

Weiterbildung: Röntgen

die Approbation, -en
die Ärztekammer, -n
die Durchleuchtung, -en
der Erwerb der Fachkunde (Sg.)
die Fachkunde (Sg.)
der Fachkundenachweis, -e
die Landesärztekammer, -n
der Lehrgang, -gänge
Sachkundezeiten (Pl.)
der Strahlenschutzkurs, -e
der Weiterbildungsassistent, -en
der Weiterbildungsnachweis, -e
die Weiterbildungsveranstaltung, -en

anordnen
rechtfertigen: *die etwas rechtfertigende Indikation*

allein verantwortlich
berufsständisch: *die berufsständische Vertretung*

Kommunikation

Mit Patienten über Untersuchungsabläufe sprechen

Frau / Herr ..., wir haben für Sie am ... eine MRT / Szintigrafie / Darmspiegelung / ... geplant.
Frau / Herr ..., ich möchte jetzt mit Ihnen über ... sprechen.
Ich erkläre Ihnen jetzt die Vorbereitungsmaßnahmen / den Ablauf / ...
Ich kann Ihre Sorge vor ... verstehen.
Wenn Sie keine metallischen Gegenstände am Körper haben, kann ...
Die Untersuchungsdauer hängt davon ab, was wir ...
Wir können Ihnen ein beruhigendes Medikament ...
Sie können jederzeit ...
Grundsätzlich spricht nichts gegen ...
Ja, das ist unangenehm, aber ...
Um ein verwertbares / aussagekräftiges Ergebnis zu erreichen, sollten / müssen Sie ...

Um ein optimales Untersuchungsergebnis zu erhalten, sollten Sie ...
Sie dürfen drei Tage vor der Untersuchung kein / nicht ...
Nach der Untersuchung bleiben Sie / wird noch / sollten Sie ...
Ab dann dürfen Sie ...
Es ist wichtig, dass Sie am Tag der Untersuchung / x Tage vor der Untersuchung / nach der Untersuchung ...
Ich bitte Sie eindringlich, sich an die Anweisungen / die besprochene Vorgehensweise zu halten.
Falls für Sie etwas unklar ist, können Sie sich jederzeit melden.
Versuchen Sie, ganz ruhig ein- und auszuatmen.
Wenn Sie sich besser fühlen, sprechen wir alles noch einmal in Ruhe durch.
Ich gebe Ihnen jetzt mal was zur Beruhigung.

„Ich spüre meinen Arm nicht mehr!"

A Patienten mit eingeschränkter Kooperationsfähigkeit aufnehmen

A1 a Bringen Sie diese neurologischen Erkrankungen in die Reihenfolge ihrer Häufigkeit.

◯ Demenz ◯ Ischämischer Schlaganfall ◯ Parkinson ◯ Epilepsie
◯ chronische Rückenschmerzen ◯ Kopfschmerzen und Migräne

b Sprechen Sie in Kleingruppen über Ihre Antworten. Vergleichen Sie im Anschluss mit der Lösung. Sind Sie überrascht?

c Kennen Sie noch andere häufige neurologische Erkrankungen?

A2 a Lesen Sie die Begriffe. Welche dieser Begriffe assoziieren Sie mit dem Foto? Kennen Sie noch andere Wörter, die Sie mit diesem Phänomen assoziieren? Arbeiten Sie mit der Übersicht *Anatomie und Krankheiten* auf Seite 145 ff.

◯ Stottern ◯ hängender Mundwinkel ◯ Harndrang
◯ Taubheitsgefühl ◯ lallen ◯ Sodbrennen

▶ 043 **b Hören Sie den ersten Teil eines Untersuchungsgesprächs. Um welches Krankheitsbild könnte es sich bei dem Patienten handeln?**

c Welche weitergehenden Fragen wird die Kollegin dem Patienten bzw. der Angehörigen wohl stellen? Sammeln Sie im Kurs.

Wann haben Sie diese Störungen bei Ihrem Mann bemerkt? …

▶ 044 **d Hören Sie den zweiten Teil des Gesprächs und vergleichen Sie mit Ihren Überlegungen.**

▶ 043–044 **e Lesen Sie die Äußerungen unten. Hören Sie noch einmal. Wer sagt was?**

	Pfleger	Frau Müller	Ärztin
1 Herr Müller, können Sie mich verstehen?	◯	◯	◯
2 Er hat ja vorhin nur gelallt.	◯	◯	◯
3 Spüren Sie das, wenn ich in Ihr Bein kneife?	◯	◯	◯
4 150 zu 90. Und eine Achtundsiebziger-Frequenz.	◯	◯	◯
5 Das war die absolut richtige Entscheidung.	◯	◯	◯
6 Haben Sie sonst noch etwas bei Ihrem Mann beobachtet?	◯	◯	◯

A3 Arbeiten Sie zu zweit. Kennen Sie die Wörter? Wählen Sie sich drei der folgenden Begriffe aus und erklären Sie diese Ihrer Lernpartnerin / Ihrem Lernpartner.

Zuckerkoma • Seitendifferenz • kneifen • lallen • Sprechstörung • Gefühlsstörung • Lähmung

A4 a **Die Untersuchung ist noch nicht abgeschlossen. Was wird die Ärztin noch fragen? Welche weiteren diagnostischen Maßnahmen wird sie ggf. einleiten? Sprechen Sie mit Ihrem Lernpartner und machen Sie sich Notizen.**

EKG, Duplex-Sonografie, ...

▶ 045 b **Hören Sie nun das weitere Gespräch. Streichen Sie die Themen, die nicht angesprochen werden.**

Gesichtsfeldbestimmung   Laborwerte   Doppler-Ultraschall   Pupillenreaktion   Blutdruck   Krampfanfall

A5 **Lesen Sie einen Ausschnitt aus dem Gespräch in A2b. Welche der Reaktionen der Ärztin (1–4) halten Sie für die passende? Diskutieren Sie in kleinen Gruppen. Welche Reaktion gefällt Ihnen persönlich am besten? Begründen Sie Ihre Wahl.**

Ärztin: Herr Müller, es kann sein, dass Sie etwas sagen möchten, aber dass es Ihnen nicht gelingt.
Herr Müller: Nein ...st. Nein ... eh ...st.
Frau Müller: Nun sag schon, Herbert ...

1 Lassen Sie ihm am besten einfach Zeit.
2 Frau Müller, mir wäre es sehr lieb, wenn Sie jetzt nach draußen in den Wartebereich gehen, damit ich Ihren Mann in Ruhe untersuchen kann.
3 So geht das nicht, Frau Müller! Ich muss mir hier ein Bild vom Zustand Ihres Mannes machen, o.k.?
4 Sie machen das sehr gut Frau Müller. Möglicherweise fällt es Ihrem Mann aber in seiner augenblicklichen Situation nicht leicht zu antworten.

A6 **Sprechen Sie in kleinen Gruppen. Ist die Erklärung verständlich? Könnte man das auch anders sagen? Gibt es Wörter, die Patienten vielleicht nicht sofort verstehen?**

Also, ich finde, dass das gut und einfach erklärt ist.

Ja, aber das Wort Gefäß ist problematisch ...

Dr. Lukacs erklärt dem Ehepaar Müller den Grund für diese Untersuchung: „Dort wird Ihr Kopf untersucht. Besser gesagt, wir schauen nach, ob sich in Ihrem Gehirn ein Gefäß verschlossen hat oder ob es geplatzt ist."

A7 **Rollenspiel. Arbeiten Sie zu zweit. Eine Patientin / ein Patient mit Verdacht auf Schlaganfall wird eingeliefert. Eine/r übernimmt die Rolle des Angehörigen, die / der andere ist Ärztin / Arzt. Führen Sie ein Gespräch. Die Redemittel unten können Ihnen dabei helfen.**

Einstieg
Ich möchte Ihnen ein paar Fragen zu Ihrem Mann / Onkel / Ihrer Frau ... stellen.
Könnten Sie mir bitte ein paar Fragen zu Ihrem / Ihrer ... beantworten?

Untersuchung
Wann haben denn diese Sehstörungen / Sprechstörungen ... angefangen?
Haben Sie sonst noch etwas bei Ihrem Mann / Kind etc. beobachtet?
Sind Ihnen in der letzten Zeit irgendwelche Besonderheiten aufgefallen?
Hat Ihr Partner / Ihre Partnerin / Freundin in der letzten Zeit über etwas geklagt?
Sind Ihnen Vorerkrankungen bei Ihrem Partner / Vater ... bekannt?

Gesprächsende
Ich gebe Ihnen jetzt eine Notfalltelefonnummer, die Sie anrufen können.
Darüber können Sie unsere Station immer erreichen.

B Zu prognostischen Fragen Stellung nehmen

Im Moment kann ich dazu noch gar nichts sagen!

B1 a **Was ist mit dieser Textüberschrift gemeint? Sprechen Sie.**

Keine Angst vor Angehörigen

Glauben Sie, dass er wieder sprechen kann ?

b **Lesen Sie nun den Artikel. Beantworten Sie die Fragen.**

1 Was ist schwierig beim Gespräch mit Angehörigen?
2 Welche Strategien gibt es, um auf Fragen zu reagieren?

Wenn das Kind, der Partner oder die Freundin schwer erkranken, so stellt dies auch für die Angehörigen in der Regel eine belastende Situation dar. Die behandelnden Ärztinnen und Ärzte werden mit Fragen nach Prognose und weiterem Krankheitsverlauf bedrängt. Auf diese berechtigte Sorge und die damit verbundenen Fragen adäquat zu reagieren, ist nicht immer einfach. Zum einen, weil die oft noch nötigen Untersuchungen nicht abgeschlossen sind und noch gar keine sichere Diagnose vorliegt. Zum anderen, weil jeder Fall individuell gelagert ist und sich das Blatt selbst bei prognostisch relativ klaren Krankheitsbildern wenden kann. Ärztinnen und Ärzte äußern immer wieder, dass man vor dem Gespräch mit Angehörigen hohen Respekt, ja manchmal sogar Ängste habe.

Solange man positive Nachrichten verkünden kann, ist das Gespräch mit Angehörigen leicht. Aber wenn es kritisch um einen Patienten steht oder die Situation nicht eindeutig ist, stellt ein derartiges Gespräch für jeden Arzt eine Herausforderung dar.

Ärzte reagieren auf Angehörigenfragen bisweilen mit Faktenwissen, also mit konkreten Informationen zu diagnostischen Parametern wie Blutwerten, EKG- oder MRT-Befunden. Oder sie thematisieren zusätzlich auch das, worüber sie nichts sagen können wie Prognose, Verlauf, Komplikationen etc. – sie halten sich also eher Optionen offen. Allerdings bleibt es – genau wie beim Patientengespräch – wichtig, dass Ärztinnen und Ärzte eine empathische Grundhaltung gegenüber den Angehörigen einnehmen und diese in ihrer Sorge um den Erkrankten ernst nehmen.

B2 **Hier sind einige Möglichkeiten, wie man auf Angehörigenfragen reagieren kann. Sortieren Sie. Manchmal gibt es mehrere Möglichkeiten.**

Was ich sagen kann, ist, dass ... • Ich weiß nicht, wie der weitere Verlauf ... • Ich kann Ihre Sorge sehr gut verstehen. • Die Laborwerte sind so weit in Ordnung. • Wir müssen jetzt noch die anderen Untersuchungen abwarten. • Solange wir die anderen Ergebnisse nicht vorliegen haben, können wir / kann ich nichts ... • Im Augenblick ist der Zustand Ihres / Ihrer ... stabil. • Wir werden Ihren / Ihre ... zur Sicherheit auf Intensiv legen, um ... • Ja, natürlich können Sie zu Ihrem / Ihrer ... • Ich kann Ihnen zu dem weiteren Verlauf noch nichts sagen, solange wir / ich ... • Ich habe Verständnis für Ihre Ängste in dieser Situation!

Optionen offenhalten	*Informativ*	*Empathisch*

B3 **Rollenspiel. Arbeiten Sie zu zweit. Spielen Sie ein Gespräch mit einem Angehörigen. Nutzen Sie die Redemittel oben. Tauschen Sie anschließend die Rollen.**

Frau Doktor, glauben Sie, dass mein Mann jemals wieder normal wird? Wir wollten im Dezember doch auf die Kanaren ... Klappt das noch?

C Ein Fachgespräch zu einem Untersuchungsgang verstehen

Während der Ausbildung zur Fachärztin / zum Facharzt oder im praktischen Jahr haben junge Ärztinnen und Ärzte Gelegenheit, von erfahrenen FachärztInnen zu lernen und sich über Diagnoseerhebungen auszutauschen.

C1 a Wie wirkt diese Person auf Sie? Kreuzen Sie an.

◯ fröhlich ◯ unsympathisch ◯ teilnahmslos
◯ lebendig ◯ starr ◯ abwesend

▶ 046 **b Hören Sie den Anfang eines Gesprächs. Wer spricht hier mit wem?**

▶ 046–047 **c Hören Sie das Gespräch und ergänzen Sie.**

wenn er hereinkommt • obwohl wir uns sehr um ihn bemüht haben • die Verdachtsdiagnose schon zu sehr abgelenkt • schon ein wichtiger Teil der Untersuchung • das Maskengesicht: Morbus Parkinson • er hat überhaupt keine Reaktion gezeigt • dass die Haltung bestimmt von seinen HWS-Beschwerden kommt

1 Richtig, er wirkte sehr teilnahmslos, ______

2 Ich dachte schon, ______

3 Erst einmal nehmen wir einen Patienten als Ganzes wahr, ______

4 Und man konnte sagen, was man wollte, ______

5 Vielleicht hat uns ______

6 Natürlich, ______

7 Diese Beobachtungen sind ______

▶ 046–047 **d Hören Sie das Gespräch noch einmal und beantworten Sie die Fragen.**

1 Was ist den jungen Kolleginnen an diesem Patienten besonders aufgefallen?
2 Was meint die junge Ärztin damit, wenn sie das Gesicht des Patienten mit dem eines Pokerspielers vergleicht?
3 Welchen konkreten Hinweis, worauf sie achten sollen, gibt der Facharzt den jungen Kolleginnen?
4 Welche weiteren Untersuchungsschritte werden geplant?

C2 Arbeiten Sie in kleinen Gruppen. Sprechen Sie. Wie sind Ihre Erfahrungen im Fachgespräch mit erfahrenen Kollegen? Sind solche Gespräche lehrreich für Sie? Wie ist das in Ihren Herkunftsländern?

Stroke Units

1 **In der Grafik wird die Sterblichkeitsrate von Schlaganfallpatienten unter zwei unterschiedlichen Behandlungskonzepten dargestellt. Ordnen Sie die Behandlungskonzepte den Kurven zu.**

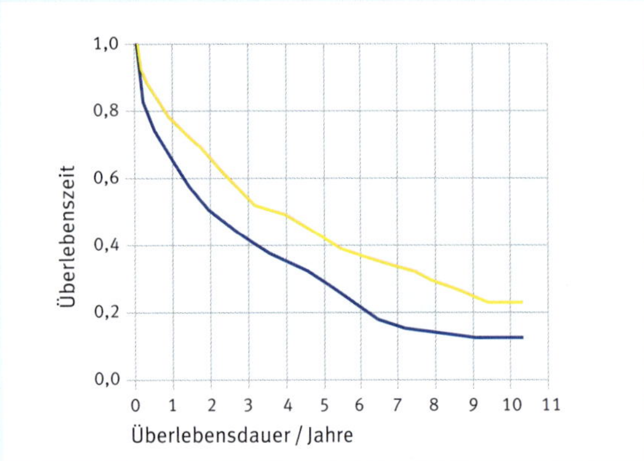

neurologische/internistische Allgemeinstation

Stroke Units

2 **Was wissen Sie über Stroke Units? Sprechen Sie in kleinen Gruppen.**

3 **a** **Lesen Sie den Text. Formulieren Sie Überschriften zu den einzelnen Abschnitten. Vergleichen Sie Ihre Vorschläge.**

○ ______________________________

Die Skandinavier haben es vorgemacht. Dort gab es bereits in den 80er-Jahren Spezialstationen zur Behandlung von Schlaganfallpatienten, sogenannte Stroke Units. In Deutschland gibt es sie seit 1996. In der Zwischenzeit konnten 140 derartige Behandlungseinheiten in Deutschland aufgebaut werden, in Österreich sind es 36 und in der Schweiz gibt es 8 zertifizierte Stroke Units.

○ ______________________________

Stroke Units verfügen über die geeigneten technischen und personellen Voraussetzungen, um eine Akutversorgung von Schlaganfallpatienten zu gewährleisten. Angefangen von der Initialdiagnostik der Ursache über die Überwachung der vitalen Parameter bis hin zur speziellen Therapie.
Die dort arbeitenden Ärztinnen und Ärzte sind besonders in der Schlaganfallbehandlung ausgebildet und arbeiten mit speziell geschultem Pflegepersonal zusammen.

○ ______________________________

Eine der wichtigsten Therapieformen in Stroke Units ist die Fibrinolyse-Behandlung. Bei der Lysetherapie nach akutem Schlaganfall kommt es meist zu einer zügigen Wiederherstellung des Durchflusses der verstopften Hirnarterie, sodass die Schädigungen, die durch die Ischämie entstanden sind, teilweise bis vollständig reversibel sein können. Dabei ist natürlich entscheidend, dass ein Zeitfenster von 4,5 Stunden eingehalten wird.

b **Unterstreichen Sie alle fachsprachlichen Begriffe im Text. Umschreiben Sie jeweils einen Fachausdruck mit anderen Worten. Ihre Lernpartnerin / Ihr Lernpartner muss raten, welcher Begriff gemeint ist. Wechseln Sie sich ab.**

Ein Ort, wo spezielle Therapien durchgeführt werden.

Behandlungseinheit

Wortschatz / Kommunikation

Patienten mit eingeschränkter Kooperationsfähigkeit

der Doppler-Ultraschall (Sg.)
das Gefäß, -e
die Gesichtsfeldbestimmung, -en
der Harndrang (Sg.)
die Kooperationsfähigkeit (Sg.)
der Krampfanfall, -fälle
die Lähmung, -en
die Pupillenreaktion, -en
die Seitendifferenz (Sg.)
das Sodbrennen (Sg.)
das Taubheitsgefühl (Sg.)
das Zuckerkoma (Sg.)

einschränken
hängen (hing, hat gehangen): *hängender Mundwinkel*
kneifen
lallen
platzen

ischämisch

Zu prognostischen Fragen Stellung nehmen

die Herausforderung, -en
der Krankheitsverlauf, -verläufe

Ein Fachgespräch zu einem Untersuchungsgang verstehen

die Diagnoseerhebung, -en
die Distanziertheit (Sg.)
die HWS-Beschwerden (Pl.)

austauschen
belasten: *die belastende Situation*

starr
teilnahmslos

Stroke Units

die Akutversorgung (Sg.)
das Behandlungskonzept, -e
die Hirnarterie, -n
die Sterblichkeitsrate, -n
die Überwachung (Sg.)
die Zwischenzeit, -en

verstopfen

Kommunikation

Eine neurologische Untersuchung durchführen

Herr / Frau ..., können Sie mich verstehen?
Versuchen Sie ganz ruhig zu bleiben!
Es kann sein, dass Sie etwas sagen möchten, aber dass es nicht geht.
Es reicht auch aus, wenn Sie mit dem Kopf nicken.
Spüren Sie das, wenn ich ... kneife?
Können Sie das Bein / den Arm / ... heben?
Drücken Sie jetzt mal kräftig mit der rechten / linken Hand zu.
Schauen Sie mich mal an.
Versuchen Sie zu lächeln.
Folgen Sie meinem Finger und sagen Sie, wenn Sie ihn nicht mehr sehen.
Der Patient hat eine Lähmung / Gefühlsstörung / Sprechstörung.

Fremdanamnese

Ich möchte Ihnen ein paar Fragen zu Ihrem Mann / Onkel / Ihrer Frau ... stellen.
Könnten Sie mir bitte ein paar Fragen zu Ihrem / Ihrer ... beantworten?
Wann haben denn diese Sehstörungen / Sprechstörungen / ... angefangen?
Haben Sie sonst noch etwas bei Ihrem Mann / Kind ... beobachtet?
Sind Ihnen in der letzten Zeit irgendwelche Besonderheiten aufgefallen?
Hat Ihre Partnerin / Freundin / Ihr Partner in der letzten Zeit über etwas geklagt?
Sind Ihnen Vorerkrankungen bei Ihrem Partner / Vater ... bekannt?

Mit Angehörigen sprechen

Ich kann Ihre Sorge sehr gut verstehen ...
Ich kann Ihnen zu dem weiteren Verlauf noch nichts sagen, solange wir / ich ...
Ich habe Verständnis für Ihre Ängste in dieser Situation!
Im Augenblick ist der Zustand Ihres / Ihrer ... stabil.
Ja, natürlich können Sie zu Ihrem / Ihrer ...
Solange wir die anderen Ergebnisse nicht vorliegen haben, können wir / kann ich nichts ...
Was ich sagen kann, ist, dass ...
Ich weiß nicht, wie der weitere Verlauf ...
Wir müssen jetzt noch die anderen Untersuchungen abwarten.
Wir werden Ihren / Ihre ... zur Sicherheit auf Intensiv legen, um ...
Ich gebe Ihnen jetzt eine Notfalltelefonnummer, unter der Sie immer jemanden auf unserer Station erreichen können.

„Guck mal Mama, rote Punkte!“

A Umgangssprachliche Bezeichnungen von Kinderkrankheiten verstehen

A1 a **Sehen Sie sich die Bilder an. Überlegen Sie. Welche Kinderkrankheiten / -beschwerden verbergen sich hinter diesen Bilderrätseln? Unter welcher Bezeichnung sind Ihnen diese Erkrankungen bekannt?**

-fieber

-peter

-pocken

-nässen

> **Lerntipp:** *Für viele Krankheiten gibt es im Deutschen umgangssprachliche Bezeichnungen, die von Patienten benutzt und verstanden werden. Dies gilt besonders für Kinderkrankheiten. Legen Sie sich ein entsprechendes Glossar an, das Sie ggf. erweitern können.*

b **Arbeiten Sie zu zweit. Welche anderen deutschen Bezeichnungen für typische Erkrankungen im Kindesalter kennen Sie noch?**

Röteln, Masern, Keuchhusten, ...

c **Wählen Sie eine der Krankheiten aus und schreiben Sie die klassischen Symptome auf einen Zettel. Geben Sie den Zettel einem anderen Paar. Dieses muss raten, um welche Krankheit es sich handelt.**

A2 **Lesen Sie den Text. Sprechen Sie in kleinen Gruppen. Wie ist das in Ihren Ländern mit Impfempfehlungen? Was halten Sie persönlich von Impfungen?**

In Deutschland werden für Kleinkinder zwölf Impfungen gegen ansteckende Krankheiten empfohlen – wobei die Impfungen gegen Mumps, Masern und Röteln (MMR) zu einer zusammengefasst werden. Tuberkulose-Impfungen werden in Deutschland nicht mehr durchgeführt. Die Impfungen werden in Deutschland routinemäßig im Rahmen der Vorsorgeuntersuchungen (Baby U1–U9) für jedes Kind angeboten. In Österreich sieht das Gratis-Kinderimpfprogramm neun Impfungen vor, der schweizerische Impfplan enthält für Kleinkinder sieben Impfungen.

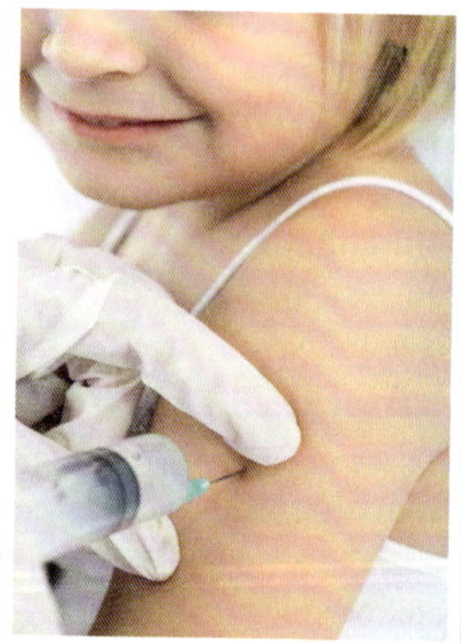

A3 a **Scharlach ist eine der klassischen Kinderkrankheiten. Über welche Beschwerden klagen die kleinen Patienten? Sammeln Sie.**

Halsschmerzen, ...

b **Was bedeuten die Ausdrücke? Ordnen Sie zu.**

1 eine kratzige Stimme haben
2 Mandelentzündung
3 geschwollene Drüsen
4 rote Punkte
5 feuerrote Zunge haben

A Tonsilitis
B allergischer Hautausschlag
C Himbeerzunge haben
D Heiserkeit
E Lymphknoten

▶ 048 c **Hören Sie nun das Gespräch, vergleichen Sie mit Ihren Notizen und ergänzen Sie weitere Beschwerden und Symptome.** Heiserkeit, Schluckbeschwerden, ...

B Besonderheiten bei der Kinderuntersuchung

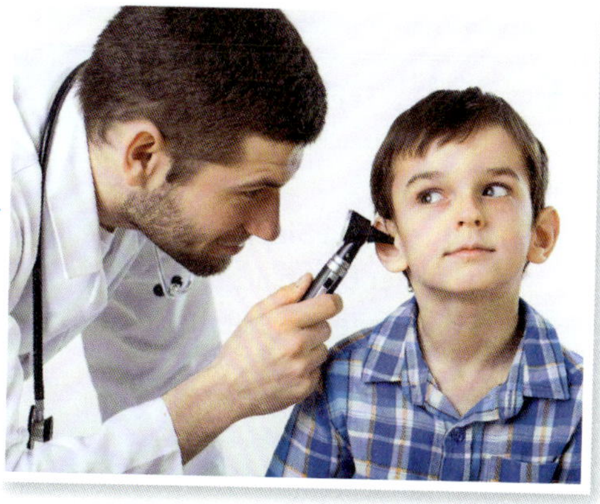

B1 **Worauf muss man bei der Untersuchung von Kindern besonders achten? Sammeln Sie im Kurs.**

eine versierte Assistentin mit im Untersuchungsraum haben, …

▶ 049 **B2** a **Hören Sie den ersten Abschnitt eines Gesprächs. Um welche Art von Gespräch handelt es sich?**

◯ Dienstbesprechung ◯ Podiumsdiskussion ◯ Informelles Gespräch

▶ 050 b **Hören Sie weiter. Wie grenzt Frau Dr. Müller die Personengruppe ein? Notieren Sie.**

Frühgeborene, Neugeborene, …

▶ 051 c **Hören Sie weiter und notieren Sie Stichpunkte.**

Untersuchungsraum: *warm* ______

Personal: ______

Ausstattung des Behandlungsraumes: ______

Gesprächspartner: ______

Untersuchungsablauf: ______

Blutentnahme: ______

Untersuchungsende: ______

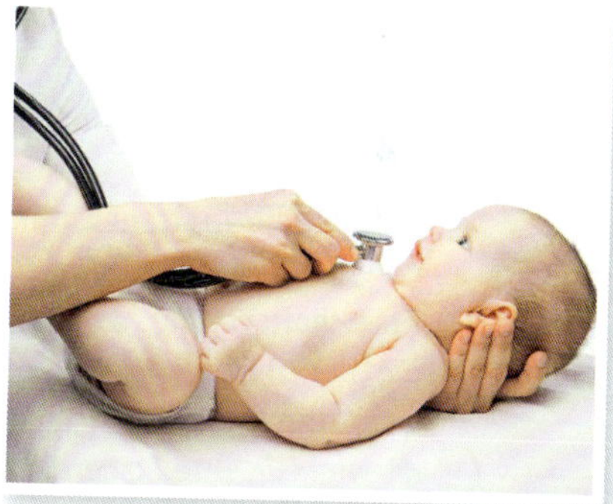

▶ 051 d **Lesen Sie die Fragen. Hören Sie noch einmal und notieren Sie die Antworten in Stichpunkten.**

Warum empfiehlt die Kollegin, die Punktionsstelle zu betäuben?
Wie bereitet die Kollegin die Abhöruntersuchung vor?
Welche generellen Maßnahmen sind bei Kinderuntersuchungen zu beachten?

B3 **Sie haben für Ihre Abteilung diese Podiumsdiskussion besucht. Fassen Sie nun die wichtigsten Tipps zur Kinderuntersuchung, die Sie dort gehört haben, schriftlich zusammen.**

1. Das Untersuchungszimmer sollte warm sein. Sonst kühlen die Kinder aus.
…

B4 **Lesen Sie den Gesprächsausschnitt. Was meint Dr. Müller mit ihrer Aussage? Sprechen Sie in kleinen Gruppen.**

Das setzt natürlich voraus, dass die Schritte in der kindlichen Entwicklung geläufig sind. Früher hatten wir ja alle selbst Kinder zu Hause und wussten automatisch, was ein Dreijähriger so konnte oder können sollte. Das ist heute anders!

C Mit den kleinen Patienten sprechen

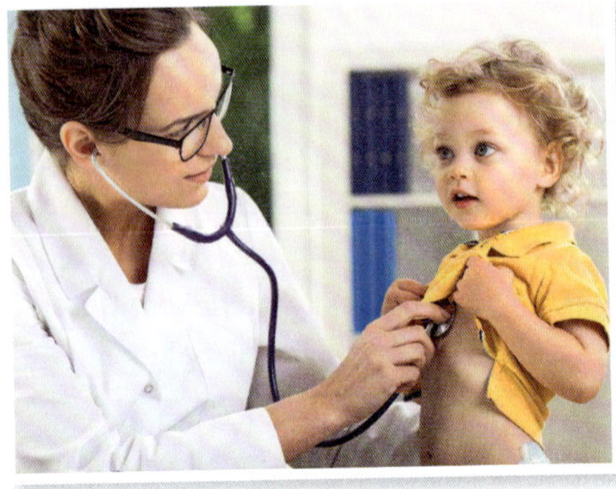

C1 a **Überlegen Sie. Gibt es besondere Gesprächsstrategien bei der Untersuchung von Kindern? Wie motivieren Sie die Kinder zur Mitarbeit?**

einfache Sprache, spielerischer Wettkampf, sie nach Kindergartengruppe oder Schule fragen, …

b **Sprechen Sie in kleinen Gruppen. Welche Ideen haben die anderen?**

C2 **Lesen Sie den Text und notieren Sie die vorgeschlagenen Gesprächsstrategien.**

Kinder als Patienten ernst nehmen

Häufig spielen Kinder im Aufklärungsgespräch oder bei der Anamneseerhebung nur eine Nebenrolle. Dabei ist es sehr wichtig, sich ihnen direkt zuzuwenden und sie während der Untersuchung und des Anschlussgesprächs immer wieder in das Gespräch einzubinden. Sprachwissenschaftliche Studien ergaben, dass nicht einmal ein Drittel der Kinder sich trauten, ihrem Arzt Fragen zu stellen. Zwar wenden die Ärztinnen und Ärzte sich am Anfang des Gesprächs noch den Kindern zu, um das Eis zu brechen und Vertrauen aufzubauen. Geht es aber um die Diagnose, den Therapieansatz oder den Krankheitsverlauf, so sind fast ausnahmslos die Eltern oder Erziehungsberechtigten die Gesprächspartner. Dabei möchten Kinder ernst genommen werden. Sie fordern Ehrlichkeit, denn sie spüren, wenn ihnen etwas verheimlicht wird. Sie finden es gut, wenn sie wissen, was auf sie zukommt. Es ist wichtig, ihre Fragen kindgerecht zu beantworten.

Wie kann man nun Vertrauen zu den kleinen Patienten aufbauen? Kinder im Vorschulalter leben teilweise noch in einer magischen Welt. Den Teddy vorher mit dem Stethoskop abzuhören, kann hier schon Ängste nehmen. Kinder fürchten sich häufig vor Spritzen und Nadeln. Ihnen zu sagen, dass es nicht wehtut, wäre nicht ehrlich. Besser man sagt, das pikt jetzt mal ein wenig, als ihnen etwas vorzumachen. Bei kleineren Kindern in der Trotzphase sollte man fragende Aufforderungen vermeiden. Also nicht: „Lukas, könntest du mal bitte auf einem Bein hüpfen, ja?“ Sondern: „Lukas, hüpf mal bitte auf einem Bein!“ Schulkinder lassen sich, je nach Typ, manchmal mit einem gespielten Wettkampf aus der Reserve locken.

sich den Kindern direkt zuwenden, …

▶ 052–053 **C3** **Hören Sie zwei kurze Untersuchungsgespräche. Welche Strategien wenden die Ärzte an ?**

spielerischer Wettkampf, …

C4 **Arbeiten Sie zu zweit. Überlegen Sie sich schwierige Untersuchungssituationen mit Kindern. Wie kann man darauf reagieren?**

Kind will sich kein Blut abnehmen lassen.
Kind will sich nicht in die Ohren schauen lassen.

D Einen Kindernotfall aufnehmen und dokumentieren

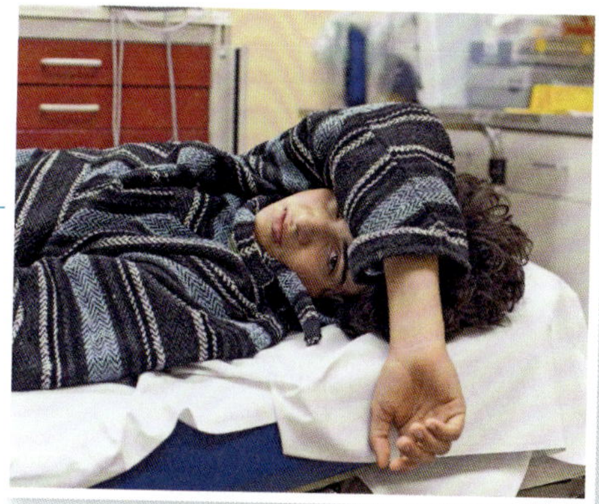

D1 **Sehen Sie sich das Foto an. Was könnte hier geschehen sein?**

Der Junge ist vielleicht …

▶ 054 **D2** a **Hören Sie den Ausschnitt eines Aufnahmegesprächs. Was ist richtig? Kreuzen Sie an.**

1 Er hat Drogen genommen. ◯
2 Seine Eltern sind verreist. ◯
3 Er wehrt sich gegen die Blutabnahme. ◯
4 Er ist sehr stark betrunken. ◯
5 Er ist 16 Jahre alt. ◯

b **Sprechen Sie in kleinen Gruppen. Wie sind Ihre Erfahrungen im Dienst mit alkoholisierten Kindern und Jugendlichen? Gibt es dieses Problem auch in Ihrem Herkunftsland?**

D3 **Lesen Sie den kurzen Aufnahmebericht und füllen Sie das Aufnahmeformular aus.**

Wir haben gestern Abend gegen 22:00 Uhr den zwölfjährigen Markus Dombrowski wegen akuter Alkoholintoxikation aufgenommen. Der Junge hatte laut Angaben von Freunden eine Flasche Wodka auf ex getrunken. Er war nur auf starken Schmerzreiz hin erweckbar, reagierte dann aber mit gezieltem, aggressivem Abwehrverhalten. Er konnte Angaben zu seiner Person machen, war aber zeitlich und räumlich nicht orientiert. Nach Aufforderung öffnete er die Augen, die Pupillomotorik war regelrecht. Die weiteren Vitalparameter wie Atmung, Hautfarbe, Atemgeräusche und die Kreislaufsituation waren unauffällig. Die Sauerstoffsättigung lag unter Raumluft bei 96 %, bei einer durchschnittlichen Herzfrequenz von 80 pro Minute. Der Blutzucker lag bei 96 mg/dl und die Temperatur bei 36,3° C. Nach Anlage eines i.v. Zugangs, was sich etwas schwierig gestaltete, da sich der Junge enorm gewehrt hat, haben wir ihn zur weiteren Überwachung auf die Wachstation verlegt. Der Blutalkoholgehalt lag bei 2,6 Promille. Das weitere Drogenscreening ergab keinen Hinweis darauf, dass der Junge noch andere Substanzen zu sich genommen hatte.

AUFNAHMEFORMULAR

Patient: ~~weiblich~~/männlich
Alter: ____________
Verbale Kommunikation: ____________
O2-Sättigung in %: ____________
BZ in mg/dl: ____________
Drogenscreening auf Benzodiazepine: positiv/negativ

Transkulturelle Pädiatrie

1 **Überlegen Sie zunächst für sich allein. Was ist mit dem Begriff *Transkulturelle Pädiatrie* gemeint? Tauschen Sie sich anschließend mit einer Lernpartnerin / einem Lernpartner aus.**

2 **Lesen Sie den Text und überprüfen Sie Ihre Hypothesen. Welche Informationen entsprechen Ihren Vermutungen? Welche Informationen sind neu?**

Transkulturalität? Eine sozialwissenschaftliche Modeerscheinung? Ein Gegenkonzept zur Interkulturalität? Mitnichten. Das Konzept der Transkulturalität soll der Realität pluraler Einwanderungsgesellschaften gerecht werden. Kulturelle Identität ist mehr als das Herkunftsland oder die religiöse Orientierung. In den heutigen Gesellschaften leben Menschen mit sogenannten pluralen Identitäten. Sie haben eine italienische Mutter und einen polnischen Vater, werden in Deutschland geboren, gehen hier in eine internationale Schule, haben türkische Freunde.

Auch Kinder und Jugendliche, die nicht in Deutschland geboren wurden, sondern erst kürzlich vielleicht als Flüchtlinge ins Land gekommen sind, bringen sehr unterschiedliche Vorerfahrungen, familiäre und psychosoziale Voraussetzungen mit. Bei der gesundheitlichen Versorgung gerade dieser Gruppe der nicht in Deutschland Geborenen besteht in vielen Bereichen keine Chancengleichheit. Das brachte der Gesundheitssurvey (KiGGS) 2003–2006 des Robert-Koch-Instituts an den Tag.

Hier sind in besonderem Maße die Kinder- und Jugendärzte gefordert, die aktive Teilhabe von Kindern mit Migrationshintergrund an Früherkennungsuntersuchungen, Schutzimpfungen, Aufklärung zu Adipositasrisiken oder Kariesprophylaxe zu fördern. Wenn sie bei dieser so wichtigen Arbeit über transkulturelle Kompetenzen verfügen, wird dies ihren jungen Patienten und deren Familien zugutekommen.

Die drei Kernkompetenzen im transkulturellen Konzept sind die Fähigkeit zur Selbstreflexion („Bewerte ich gerade so, weil ich ein Stereotyp im Kopf habe?“), Hintergrundwissen („Welche migrationsspezifischen Lebensbedingungen und Lebenswelten gibt es in dieser Familie?“) und Kommunikationskompetenz (z. B. „Müsste ich vielleicht einen Dolmetscher hinzuziehen?“).

3 **Arbeiten Sie zu zweit. Klären Sie die Begriffe *plurale Identitäten* und *transkulturelle Kompetenz*.**

4 **Projekt: Recherchieren Sie weiter zu diesem Thema. Welche Empfehlungen im Zusammenhang mit Transkulturalität finden Sie zum Thema *Pädiatrie*? Gibt es auch noch andere medizinische Fachgebiete, bei denen das Thema *Transkulturalität* eine Rolle spielt oder thematisiert wird? Welche Links und Veröffentlichungen finden Sie interessant und würden Sie Ihren Kollegen und Kolleginnen empfehlen? Bereiten Sie eine kurze Präsentation vor.**

Wortschatz / Kommunikation

Kinderkrankheiten

das Bettnässen (Sg.)
das Drei-Tage-Fieber (Sg.)
die Drüse, -n
der Hautausschlag, -schläge
die Heiserkeit (Sg.)
die Himbeerzunge, -n
die Impfempfehlung, -en
die Impfung, -en
der Keuchhusten (Sg.)
der Lymphknoten, –
die Mandelentzündung, -en
der Mumps (Sg.)
die Röteln (Pl.)
der Scharlach (Sg.)
die Vorsorgeuntersuchung, -en
die Windpocken (Pl.)
der Ziegenpeter (Sg.)

durchführen
zusammenfassen

ansteckend
geschwollen
kratzig
routinemäßig
versiert

Dienstbesprechung

die Abhöruntersuchung, -en
der / die / das Frühgeborene, -n
der / die / das Neugeborene, -n
die Podiumsdiskussion, -en
die Punktionsstelle, -n

betäuben

geläufig

Mit kleinen Patienten sprechen

die Ehrlichkeit (Sg.)
die Kindergartengruppe, -n
die Trotzphase, -n
das Vorschulalter (Sg.)
der Wettkampf, -kämpfe

aufbauen: *Vertrauen aufbauen*
brechen (brach, hat gebrochen): *das Eis brechen*
einbinden (band ein, hat eingebunden): *ins Gespräch einbinden*
ernst nehmen (nahm ernst, hat ernst genommen)
fürchten
hüpfen
locken: *aus der Reserve locken*
piken / piksen
sich trauen
verheimlichen
zukommen (kam zu, ist zugekommen): *es kommt etwas auf mich zu*
sich jemandem zuwenden (wandte sich zu, hat sich zugewandt)

Kindernotfall

das Abwehrverhalten (Sg.)
Angabe, -n: *laut Angaben von Freunden*
der Blutalkoholgehalt (Sg.)
die Raumluft (Sg.)
der Schmerzreiz, -e

sich betrinken (betrank sich, hat sich betrunken)
sich gestalten: *etwas gestaltete sich als etwas schwierig*

sich wehren
erweckbar
gezielt

Transkulturelle Pädiatrie

die Modeerscheinung, -en
das Gegenkonzept, -e
die Teilhabe (Sg.)
die Kernkompetenz, -en
die Fähigkeit, -en
die Selbstreflexion, -en
das Hintergrundwissen (Sg.)

gefordert sein
mitnichten
plural: *plurale Einwanderungsgesellschaften / Identitäten*
sozialwissenschaftlich

Kommunikation

Aufnahmebericht

Wir haben [wann?] [wen?] wegen [Grund] aufgenommen.
Er / Sie hatte laut / nach eigenen Angaben / Angaben von ...
Der ...wert lag bei ...
Er / Sie war ... und reagierte mit ...
Er / Sie konnte (keine) Angaben zu seiner / ihrer Person machen.
Er / Sie war zeitlich und räumlich (nicht) orientiert.
Nach Aufforderung ...
... war regelrecht.
Die weiteren Vitalparameter wie ... waren unauffällig.
Die Sauerstoffsättigung lag unter Raumluft bei 96 % bei einer durchschnittlichen Herzfrequenz von 80 pro Minute.
Der Blutzucker lag bei 96 mg / dl und die Temperatur bei 36,3° C.
Nach ... haben wir ihn / sie zur ... auf ... verlegt.
... ergab keinen Hinweis darauf, dass ...

Impfen

1 **Lesen Sie den Text und beantworten Sie die folgenden Fragen.**

1 Wovor haben impfkritische Eltern Angst?
2 Wodurch wurde die Studie widerlegt?

Falsche Impfstudie sorgte für Impfskepsis in der Bevölkerung

Im Jahr 1998 veröffentlichten britische Wissenschaftler in der renommierten medizinischen Fachzeitschrift „The Lancet" eine Studie, die einen Zusammenhang mit der seit 1974 in Deutschland routinemäßig durchgeführten MMR-Schutzimpfung (Mumps, Masern, Röteln) bei Kindern und Autismus behauptete.

Obwohl sich relativ schnell herausstellte, dass die Ergebnisse dieser Studie nicht haltbar waren – zu kleine Testgruppe, Wissenschaftler waren von Anwälten impfkritischer Eltern bezahlt worden –, hielt sich viele Jahre bei impfkritischen Eltern in England und auch in Deutschland dieses Gerücht, das in bestimmten Kreisen dazu führte, Kinder überhaupt nicht mehr zu impfen. Doch es gibt auch andere Argumente für Eltern, ihre Kinder nicht impfen zu lassen. So vertreten die Anthroposophen die Theorie, dass das Masernfieber gut für die Persönlichkeitsentwicklung der Kinder sei.

Doch nicht nur in Europa, auch in den USA scheint die Zahl der Impfgegner in den letzten Jahren zugenommen zu haben. Dort glaubte man, die Masern seit dem Jahr 2000 besiegt zu haben. Der Grund: eine Impfpflicht für alle Kinder ab drei Jahren. Es gibt jedoch Bundesstaaten, in denen diese Impfpflicht nicht gilt. Im Jahr 2014 verzeichnete man in 17 US-Staaten 644 Masernerkrankungen.

Auch hier berufen sich viele Impfgegner auf die erwähnte Studie im „Lancet", deren Wahrheitsgehalt längst widerlegt ist. Ein republikanischer Abgeordneter, der selbst Arzt ist, schreckt vor der öffentlichen Behauptung nicht zurück, dass Impfen möglicherweise zu geistigen Behinderungen führen könne.

2 **Was könnte die *Europäische Impfwoche* sein? Was ihre Zielsetzung? Lesen Sie die Stichworte. Sprechen Sie in kleinen Gruppen.**

Europäische Impfwoche (EIW) • Motto „Vorbeugen. Schützen. Impfen." • Sensibilisierung von Eltern und Betreuern, Gesundheitsberufen, politischen Entscheidungsträgern und Medien • höhere Durchimpfungsraten

3 **Recherchieren Sie im Netz zur Europäischen Impfwoche und bereiten Sie eine kleine Präsentation vor.**

10 Jahre
Europäische Impfwoche
Vorbeugen. Schützen. Impfen.

4 **Lesen Sie die Sätze. Ordnen Sie sie dem passenden Schaubild zu.**

1 Sind nur wenige Menschen geimpft, können sich viele Ungeschützte anstecken. Der Erreger kann sich leichter von Mensch zu Mensch verbreiten.
2 Menschen, die sich nicht impfen lassen können, werden durch die Geimpften in ihrer Umgebung geschützt. Man spricht dann von Herdenimmunität.
3 Lassen sich viele Menschen impfen, können sich die Erreger nur begrenzt ausbreiten.
4 Nur ein Teil der Bevölkerung ist durch Impfung gegen den Erreger geschützt.

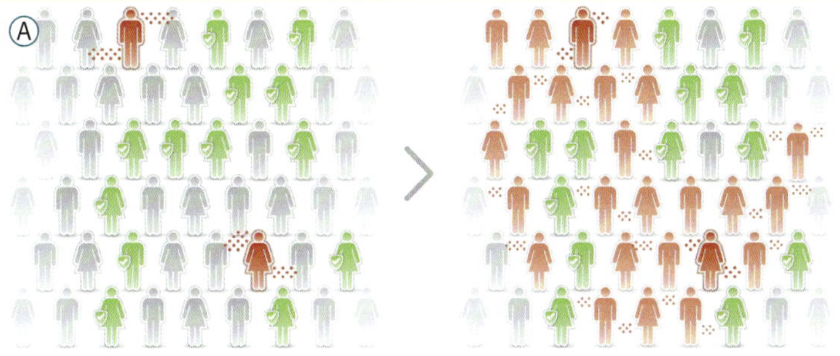

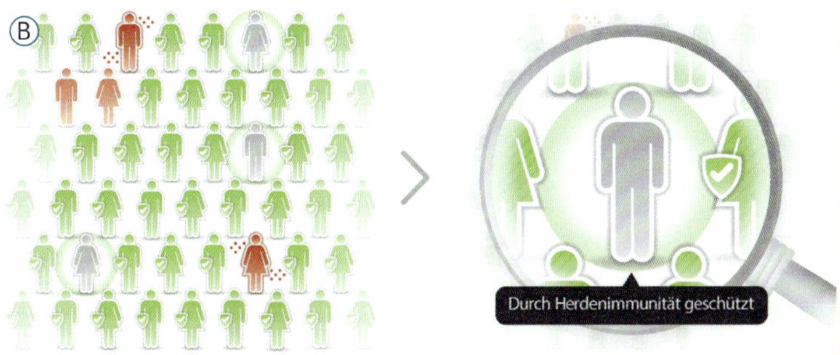

5 a **Stellen Sie sich vor, Sie müssten das Thema *Herdenimmunität* einer Gruppe Medizinstudenten erklären. Nutzen Sie das Schaubild.**

b **Versuchen Sie, das Thema *Herdenimmunität* einem Laienpublikum zu erklären. Auch hier können Sie das Schaubild zu Hilfe nehmen.**

Die Bundeszentrale für gesundheitliche Aufklärung hat eine Initiative mit dem Slogan *Deutschland sucht den Impfpass!* gestartet.

6 **Schauen Sie sich das Video der BZgA an.**

http://www.impfen-info.de/impfpass/masern-impfcheck/#video_35

Sprechen Sie in kleinen Gruppen.
1 Welche Informationen vermittelt das Video?
2 Finden Sie die Informationen nützlich?
3 Wie gefällt Ihnen die Aufmachung des Videos?

7 **Sprechen Sie im Plenum. Wie ist das in Ihrem Herkunftsland? Gibt es derartige Aufklärungsinitiativen vonseiten des Staates? Wie sind die Erfahrungen damit?**

„Irgendwas Besonderes?“

A Zustand eines Patienten vor der Visite beschreiben

A1 a **Sprechen Sie zu zweit. Wer sind diese Personen? Wie ist die Aufgabenverteilung bei einer Visite?**

Der Assistenzarzt informiert die Oberärztin / den Oberarzt über den aktuellen Zustand der Patientin / des Patienten, ...

b **Arbeiten Sie in kleinen Gruppen. Machen Sie eine Liste. Welche wesentlichen Informationen werden vor dem Betreten des Patientenzimmers bei einer Visite ausgetauscht?**

Name des Patienten, Alter, Diagnose rsp. Verdachtsdiagnose, ...

▶ 055 **A2** a **Hören Sie den Anfang eines Gesprächs. Wer ist an diesem Gespräch beteiligt? Kreuzen Sie an.**

○ 
Oberärztin

○ 
Assistenzarzt

○ 
PJ-lerin

○ 
Krankenschwester

▶ 056 b **Hören Sie. Wer sagt was? Ordnen Sie zu: Oberärztin (OÄ), Assistent (AA), Pflegedienst (Pfl) oder Ärztin im praktischen Jahr (PJ-lerin)?**

	OÄ	AA	Pfl	PJ-lerin
1 Thorax-CT ist gelaufen?	○	○	○	○
2 Und Frau Steffens, kennen Sie typische klinische Zeichen bei einer tiefen Beinvenenthrombose?	○	○	○	○
3 Also das betroffene Bein ist geschwollen und schmerzt auch. Manchmal haben die Patienten ein Spannungsgefühl zum Beispiel im Unterschenkel.	○	○	○	○
4 Umstellung auf Marcumar läuft.	○	○	○	○
5 Er soll ja heute noch in die Endoskopie. Wegen der Magenbeschwerden.	○	○	○	○
6 Dem ging es gar nicht gut.	○	○	○	○
7 Herr Knoll ist ein 83-jähriger Patient. Vor einer Woche hatte er laut Pflegedienst eine Gastroenteritis. Seit gestern leichte Verwirrtheit und Tachykardie. Klinisch typische Zeichen der Dehydration, Oligurie, Elektrolyte im Normbereich bei erhöhtem Hämatokrit von 53 %.	○	○	○	○
8 Ja, Frequenz ist schon runtergegangen. Aber er braucht noch etwas Zeit.	○	○	○	○

A3 a Lesen Sie den Text. Welche technischen und organisatorischen Vereinfachungen verspricht der Visitenwagen?

Der digitale Visitenwagen wird zunehmend in Kliniken und Krankenhäusern eingesetzt und wohl in den nächsten Jahren die Patientenakte aus Papier abgelöst haben. Patientendaten, Labor- oder andere diagnostische Werte erscheinen auf dem Bildschirm, Röntgenaufnahmen sind jederzeit abruf- und einsehbar. Der gemeinsame Blick auf den Bildschirm erleichtert Ärztinnen und Ärzten die Arbeit. Das ist sehr zeitsparend. Den kollegialen Austausch zu Diagnose und Therapie der Patienten kann und soll auch die digitale Version der Patientenakte nicht ersetzen. Es ist weiterhin erforderlich, die dokumentierten Abkürzungen oder Laborwerte im Gespräch mit den Kolleginnen und Kollegen zu bewerten und Schlüsse für die weitere Diagnostik und Therapie daraus zu ziehen.

Name, Vorname	Gebhardt, Maria
Diagnose	OSG-Fraktur
Operation	Osteosynthese
gepl. Anästhesie	SPA — ASA ☐ RSI ☐ PONV-P ☐ I ☐ II ☐ III ☐ IV
Cave!	Penicillin-Allergie Skoliose: schwierige Punkt.
Anamnese	1989 Tonsilektonomie PTN o.B. 1999 Schilddrüsen OP PTN PONV Notfall 7:00 Sturz Kellertreppe, Erstversorgung Notarzt
Herz-Kreislauf	☐ o.B. ☐ Herzinsuffizienz ☐ KHK ☐ Rhythmusstörungen ☒ Hypertonie ☐ pAVK ☐ sonstiges

b Sprechen Sie im Plenum. Haben Sie bereits Erfahrung mit dem digitalen Visitenwagen gemacht? Welche Vor- oder Nachteile sehen Sie in dieser Art der Dokumentation?

erleichterte Erstellung von Arztbriefen • Vernetzung mit anderen Fachgebieten • Erhöhung der Patientensicherheit • schnellerer Informationsfluss • ...

▶ 057 **A4 a** Welcher Satz passt zu welcher Abkürzung? Hören Sie und ordnen Sie zu.

1 ___ Anstieg mPAP
2 ___ TE 1973
3 ___ TVT
4 ___ PPI
5 ___ HF
6 ___ OAK
7 ___ VHF
8 ___ DK

b Welche Phrase passt zu den Abkürzungen? Ordnen Sie zu.

1 Der Anstieg der Entzündungsparameter passt in das vorliegende Krankheitsbild.
2 Subfebrile Temperaturen können häufig als Begleitbefund auftreten.
3 Wir sollten bei Verdacht auf einen ausgeprägten Volumenmangel den zentralen Venendruck messen!
4 Wo würden Sie den Hauptschmerzpunkt lokalisieren?
5 Das Herzgeräusch war im dritten Intercostalraum parasternal deutlich zu hören.

PM
ZVD
Erb
37,5° C
CRP

A5 a Machen Sie sich Notizen für ein Visitengespräch. Was fragt die Oberärztin / der Oberarzt? Welche Informationen geben Assistenzärztin / Assistenzarzt und die Pflegekraft?

b Rollenspiel. Arbeiten Sie nun zu dritt mit verteilten Rollen (1. OÄ / OA, 2. AA / AÄ, 3. Pflegekraft). Führen Sie ein Gespräch wie in A2. Nutzen Sie Ihre Notizen.

Lerntipp: *Patientenvorstellungen erfordern sehr kurze Informationssätze, ähnlich einem Arztbrief. Notieren Sie sich die wichtigsten Nominalisierungen und Verkürzungen und üben Sie auch allein im Selbstgespräch, wie Sie Ihren Kollegen Zustand, Therapieverlauf etc. einer Patientin /eines Patienten beschreiben.*

B Ein Visitengespräch führen (1)

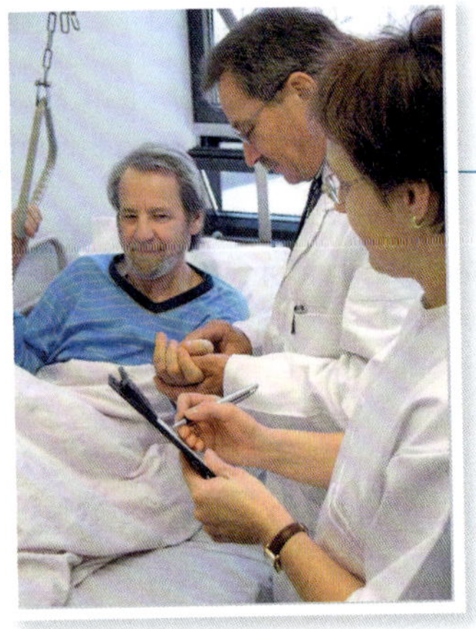

B1 a Was vermuten Sie? Kreuzen Sie an.

1 Wie lange dauert eine durchschnittliche Stationsvisite?
○ 5 Min ○ 7,5 Min ○ 2,5 Min
2 Wie hoch ist der Redezeitanteil der Patienten?
○ 45 % ○ 30 % ○ 10 %
3 Wie viele Fragen stellt die Ärztin / der Arzt im Durchschnitt?
○ 11 ○ 8 ○ 15

▶ 058 **b Hören Sie den Ausschnitt aus einem Radiofeature und überprüfen Sie Ihre Vermutungen.**

c Sprechen Sie zu zweit. Wie sind Ihre Erfahrungen bei der Visite bezogen auf die Informationen oben?

B2 a Sprechen Sie zu zweit. Sammeln Sie. Wie kann man ein Visitengespräch eröffnen?

▶ 059 **b Hören Sie und kreuzen Sie an.**

	richtig	falsch
1 Herrn Trabitz war zu Hause die Ernsthaftigkeit seiner Erkrankung nicht bewusst.	○	○
2 Herr Trabitz hatte keine Probleme, die Treppen zu laufen.	○	○
3 Dyspnoe bei Herrn Trabitz verschlechtert.	○	○
4 Herr Knoll ist insgesamt räumlich und zeitlich orientiert.	○	○

c Im Patientenzimmer. Sortieren Sie die Redemittel.

Und ... Frau / Herr ..., was machen die Schmerzen heute? • Da wissen wir morgen schon mehr. • Sie bekommen heute noch zusätzlich Flüssigkeit über diese Infusionen. • Es ist wichtig, dass Sie weiterhin genug trinken. • Die Magentabletten nehmen Sie ja? • Guten Morgen, Herr Trabitz. Ich heiße Howe und bin Oberärztin. Der Doktor Lange hat mir schon einiges über Sie erzählt. • Wie geht es Ihnen denn heute? • Wir warten das Labor noch ab. • Der Blutdruck war stabil in den letzten Stunden, oder? • Haben Sie heute schon von dem Tee getrunken? • Guten Morgen Frau / Herr ..., wie haben Sie denn heute geschlafen?

Begrüßung und einleitende anamnestische Fragen	*Reaktion auf Patientenfragen / Erklärung zur weiteren Therapie*

B3 Rollenspiel. Arbeiten Sie zu zweit und üben Sie den Einstieg in ein Visitegespräch. Einer ist Patient, die / der andere Ärztin oder Arzt. Tauschen Sie die Rollen.

C Das weitere Vorgehen besprechen (1)

C1 a Notieren Sie. Welche Tätigkeiten führt das Pflegepersonal (P) normalerweise aus, welche Tätigkeiten werden nur von Ärztinnen und Ärzten (Ä) durchgeführt?

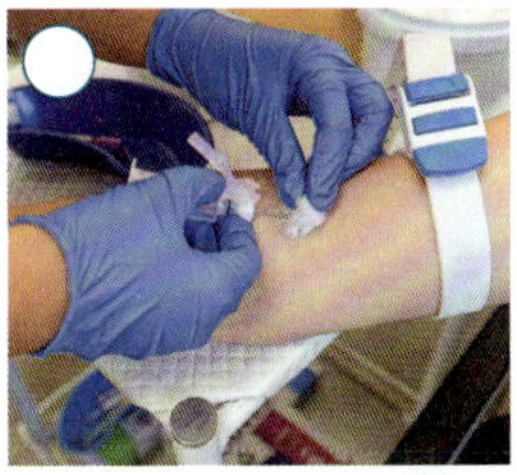
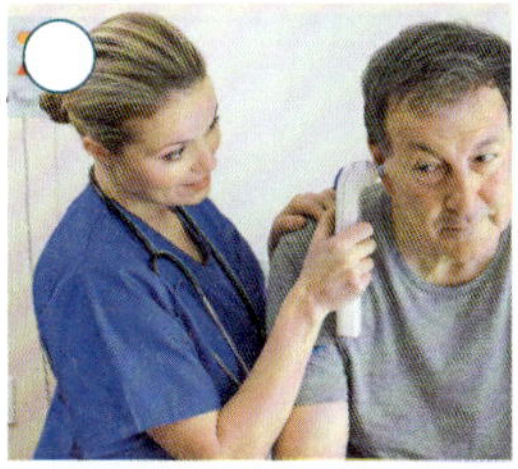
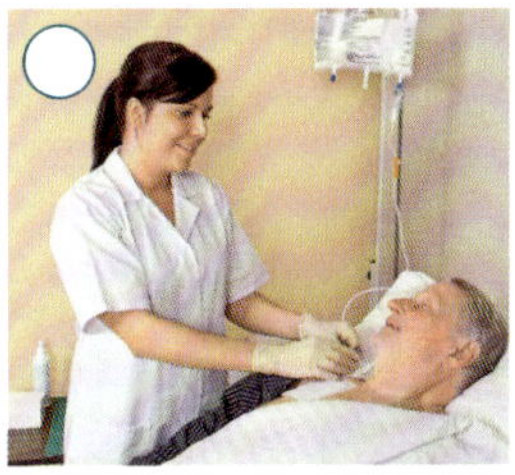
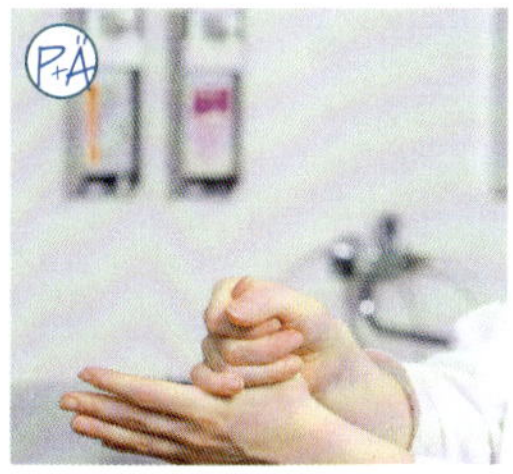

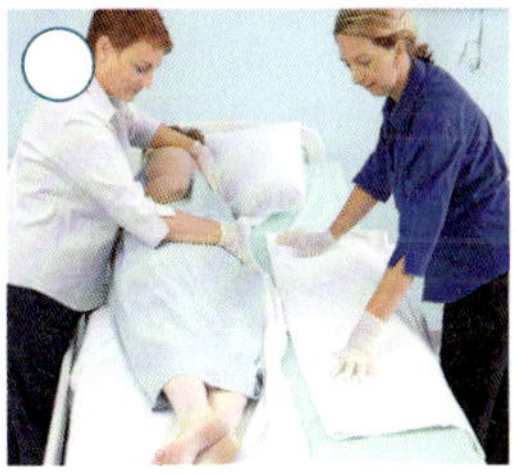
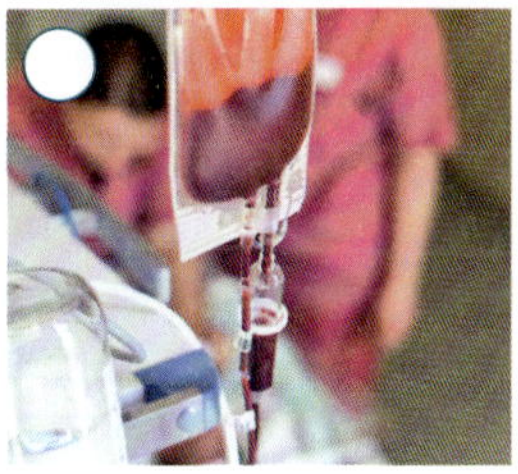
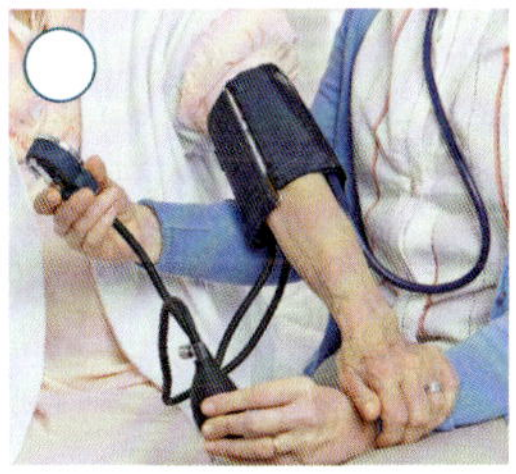
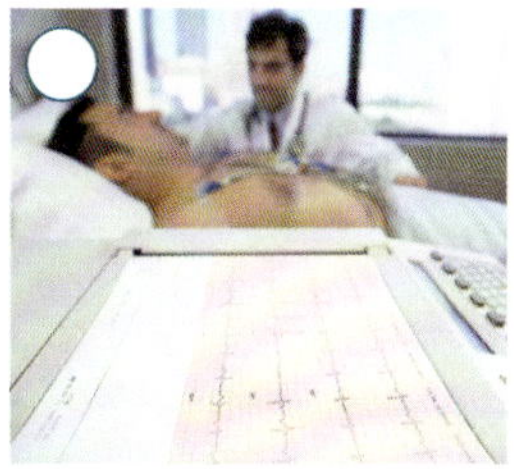

b Sprechen Sie. Was macht das Pflegepersonal, was das ärztliche Personal? Wie ist das in Ihrem Herkunftsland? Welche Erfahrungen haben Sie in Deutschland / Österreich / der Schweiz gemacht?

▶ 060 **C2 a Hören Sie den Anfang eines Gesprächs. In welcher Phase der Visite findet dieses Gespräch statt? Wo findet das Gespräch statt?**

▶ 061 **b Hören Sie nun das ganze Gespräch und ergänzen Sie die medizinischen Informationen zu den Patienten.**

Herr Trabitz	Frau Gundlach	Herr Sammer	Herr Welter
Tumordiagnostik			*Koloskopie*
Herr Knoll	**Herr Zumplik**	**Frau Stingl**	**Herr Müller**
			Blutdruck 110 diastolisch

C3 Lesen Sie den Gesprächsausschnitt. Sprechen Sie dann zu zweit. Was ist hier die medizinische Fragestellung? Wie ist die Rollenverteilung zwischen Arzt und Pflegepersonal?

■ Schwester Sigrid. Meinen Sie, man hätte ihm einen ZVK legen sollen?
▲ ... und dann auf die Intensivstation?
■ Ja, schon. Die Oberärztin hat so komisch geguckt.
▲ Die schaut öfter mal so ernst. Aber der Herr Knoll war doch die ganze Zeit stabil. Sie wollte, glaube ich, dass er selbst mehr trinkt ...
■ ... aber ein wenig verwirrt war er schon bei der Aufnahme.
▲ Wenn Sie jeden, der ein bisschen verwirrt ist, auf die Intensivstation legen wollen, herzlichen Glückwunsch, Herr Doktor Müller.
■ So eine Exsikkose kann man leicht unterschätzen. Ich wollte ja nur wissen, wie Sie das einschätzen.

Der Arzt möchte die Meinung der Stationsschwester hören, ...

Aufbau eines Krankenhauses – Organigramm

1 Die Wörter sind durcheinandergeraten. Schreiben Sie die Wörter.

~~Ver~~ Gehalts dienst Pflege kauf Not Ein ~~waltung~~ Ärzt Funktions licher bereiche abrechnung Patienten Direktor versorgung Hygiene Haus Stati Personal Öffentlichkeits aufnahme wirtschaft arbeit beauftragter onen bedarf

Verwaltung

2 Ordnen Sie die fehlenden Begriffe aus 1 in das Organigramm.

KRANKENHAUSLEITUNG					
Verwaltung		Pflegedirektion		______	
Personalabteilung	______ ______ ______	______	______ ______ ZNA, ANÄ, OP, EKG Endoskopie etc. Transportdienst	Kliniken	Innere, Chirurgie, Anästhesie, Orthopädie Gynäkologie, Radiologie, Pädiatrie etc.
				Labor	
Management Belegung	Station OP-Bereich	Case Management	Stationen und ______	Apotheke	Zentralapotheke
				Hygiene	______
Wirtschaft	______ Logistik Abfall ______ Wäscherei	Sozialdienst		Besondere Bereiche	Physiotherapie, Notarztdienst, PJ Studenten, Fort- und Weiterbildung, MVZ, Betriebsarzt
		Schule	Gesundheits- und Krankenpflegeschule	Kommissionen	Arzneimittel, QM, Transfusion, Ethik, Arbeitsschutz,
		Kirchlicher Dienst	evang. / kathol. / musl. Dienst	Ambulanzen	Onkologie, Kardiologie, Endoskopie, Zentrale ______ ______ (ZNA)
Finanzen	Abrechnung Controlling				
Technik	Haustechnik Versorgung Medizintechnik EDV				
Spezielle Kooperationen	Dialysezentrum Diabetesinstitut Zentrum für Kinder-/ Jugendpsychiatrie				

3 Sind Aufbau und Zuständigkeiten in Krankenhäusern Ihres Herkunftslandes identisch oder anders? Sprechen Sie in kleinen Gruppen.

4 Ist die Struktur der Krankenhäuser in Ihrem Land anders? Bereiten Sie dann zu Hause eine kleine Präsentation für Ihre Kollegen und Kolleginnen vor.

Wortschatz / Kommunikation

9

Visite

der Arzt / die Ärztin im praktischen Jahr (PJ-ler / -in)

der Begleitbefund, -e

die tiefe Beinvenenthrombose, -n

der Dauerkatheter, – (DK)

der Entzündungsparameter, –

die Ernsthaftigkeit (Sg.)

der Hauptschmerzpunkt, -e: *den Hauptschmerzpunkt lokalisieren*

die Herzfrequenz (Sg.) (HF)

das Herzgeräusch, -e

die Infusion, -en: *die Infusion wechseln*

der Intercostalraum, -räume

das Krankheitsbild, -er

die Kreuzprobe, -n: *die Kreuzprobe machen*

die Magenbeschwerden (Pl.)

der Normbereich, -e

die Oberärztin, -nen / der Oberarzt, -ärzte

die Patientenakte, -n

die Patientensicherheit (Sg.)

die Patientenvorstellung, -en

der Protonenpumpenhemmer, – / der Protonenpumpen-Inhibitor, -en (PPI)

das Spannungsgefühl (Sg.)

der Therapieverlauf, -verläufe

die Umstellung, -en: *die Umstellung läuft*

der Venendruck (Sg.)

die Verdachtsdiagnose, -n

die Vereinfachung, -en

die Vernetzung, -en

die Verwirrtheit (Sg.)

der Visitenwagen, –

der Volumenmangel (Sg.)

das Vorhofflimmern (Sg.)

das klinische Zeichen, –

ablösen

anhängen: *die Blutkonserve anhängen*

einschätzen

erhöhen: *Betablocker erhöhen*

unterschätzen

ausgeprägt

einleitend

einsehbar

geschwollen

zunehmend

Struktur einer Klinik

die Abrechnung (Sg.)

der Arbeitsschutz (Sg.)

das Arzneimittel, –

die ärztliche Direktorin, -nen / der ärztliche Direktor, -en

die Belegung (Sg.)

das Controlling (Sg.)

die elektronische Datenverarbeitung (Sg.) (EDV)

der Einkauf (Sg.)

die Finanzen (Pl.)

die Fort- und Weiterbildung (Sg.)

der Funktionsbereich, -e

die Gehaltsabrechnung (Sg.)

die Gesundheits- und Krankenpflegeschule, -n

die Haustechnik (Sg.)

die Hauswirtschaft (Sg.)

der / die Hygienebeauftragte, -n

die Innere (Abteilung, -en)

der kirchliche Dienst, -e

die Krankenhausleitung, -en

die Logistik (Sg.)

die Medizintechnik (Sg.)

die zentrale Notaufnahme, -n (ZNA)

die Öffentlichkeitsarbeit (Sg.)

die Patientenversorgung (Sg.)

die Personalabteilung, -en

der Personalbedarf (Sg.)

die Pflegedirektion, -en

der Sozialdienst, -e

die Technik (Sg.)

der Transportdienst, -e

die Versorgung (Sg.)

die Wäscherei, -en

das Zentrum, Zentren für Kinder- und Jugendpsychiatrie

die Zuständigkeit, -en

Kommunikation

Visitengespräch

Da wissen wir morgen schon mehr.

Der Blutdruck war stabil in den letzten Stunden, oder?

Die Magentabletten nehmen Sie ja?

Es ist wichtig, dass Sie weiterhin genug trinken.

Guten Morgen Herr / Frau ... Ich heiße ... und bin Oberärztin / Stationsärztin / Assistenzärztin.

Doktor ... hat mir schon einiges über Sie erzählt.

Guten Morgen Herr / Frau ..., wie haben Sie denn heute geschlafen?

Haben Sie heute schon von dem Tee / von dem Wasser getrunken?

Wie geht es Ihnen denn heute?

Sie bekommen heute noch zusätzlich Flüssigkeit über diese Infusionen.

Herr / Frau ..., was machen die Schmerzen heute?

Diagnosen und Diagnostik

Der Anstieg der Entzündungsparameter passt zum Krankheitsbild.

Das betroffene Bein ist geschwollen.

Die Elektrolyte liegen im Normbereich.

Subfebrile Temperaturen treten häufig als Begleitbefund auf.

Typische Zeichen bei einer tiefen Beinvenenthrombose sind ...

Therapie

Den Blutdruck alle x Stunden kontrollieren.

Die Umstellung auf Marcumar läuft.

Auf Station ist viel los. Wie immer!

A Tagesroutinen auf Station (1)

A1 a Sprechen Sie zu zweit. Wer nimmt normalerweise an der Frühbesprechung teil? Was wird dort besprochen?

Was in der Nacht passiert ist und …

b Wer könnte das sagen? Das Pflegepersonal (P) oder das ärztliche Personal (Ä)? Kreuzen Sie an.

		P	Ä
1	Schaut doch bitte mal nach, ob wir ein Vor-EKG von Frau Minter haben!	○	○
2	Der ZVK ist nicht mehr durchgängig.	○	○
3	Guten Morgen zusammen, alles so weit in Ordnung, oder liegt etwas Dringliches an?	○	○
4	Frau Sammer hat sich ihren Zugang gezogen.	○	○
5	Ok, dann richten Sie mir bitte alles. Kann jemand von euch mitkommen?	○	○
6	Das Kalium ist immer noch nicht angestiegen.	○	○
7	Er sollte doch kontinuierlich Flüssigkeit über den ZVK bekommen!	○	○
8	Der Sohn von Frau Stingl hat eben angerufen. Er kommt um 13 Uhr.	○	○
9	Dann erhöhen wir die Dosierung.	○	○
10	Ich sehe auch keinen Grund, den Blasenkatheter weiter liegen zu lassen.	○	○
11	Stimmt. Legen Sie mir doch bitte den Schein hin.	○	○

c Überlegen Sie und sprechen Sie anschließend zu zweit. Welche der Aussagen in A1b sind Aufforderungen? Was sollen die Angesprochenen machen?

▶ 062 **A2 a Hören Sie das Gespräch und vergleichen Sie.**

▶ 062 **b Hören Sie ein zweites Mal und notieren Sie sich, was dort zu tun ist.**

Frau Sammer: neuen Zugang legen, … *Frau Schachtow: …*
Herr Brandt: … *Frau Minter: …*

c Vergleichen Sie Ihre Ergebnisse in kleinen Gruppen und ergänzen Sie.

A3 Rollenspiel. Arbeiten Sie zu zweit (Ärztin / Arzt und Pflegekraft). Die Pflegekraft berichtet über die Patienten. Reagieren Sie. Nutzen Sie die passenden Redemittel unten. Tauschen Sie dann die Rollen. Finden Sie weitere Beispiele.

Da muss ich sofort hin! • Wir behalten die Medikation bei. • Wie war der Urinstatus? • Wann habt ihr das festgestellt? • Ist der Urinstatus unauffällig ? • Ich weiß, da fehlen noch ein paar Befunde. • Hervorragend, wir ändern nichts an der Medikation. • Sehr gut. Blutdruck ist gut eingestellt! • Suchen Sie mir bitte schon mal alles raus!

– Herr Gökdal geht heute in Reha. Der Arztbrief fehlt.
– Blutdruckkontrolle bei Frau Fahrenschön war heute Morgen 120 zu 80.
– Frau Krabbe klagt über Brennen beim Wasserlassen.
– Bei Herrn Gennes ist der Puls arrythmisch und schnell.

Den schreib ich gleich nach der Visite.

B Das weitere Vorgehen besprechen (2)

B1 a Arbeiten Sie zu zweit. Welche Darreichungsformen kennen Sie? Nutzen Sie das Wörterbuch.

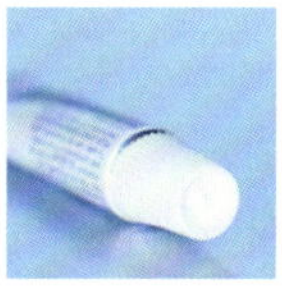
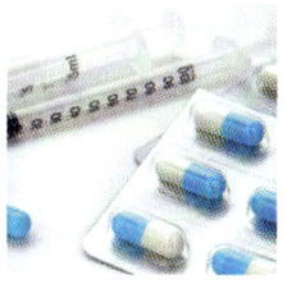
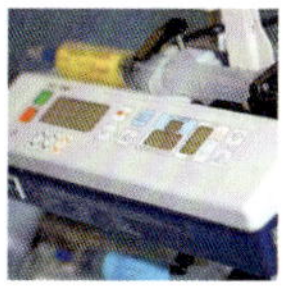

Saft
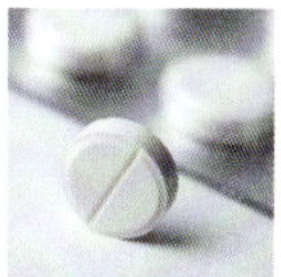
Tabletten
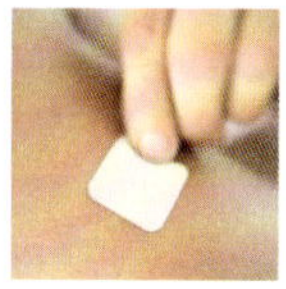

b Vergleichen Sie Ihre Ergebnisse mit einem anderen Lernpaar und ergänzen Sie, wo nötig. Sammeln Sie anschließend alle Wörter an der Tafel.

B2 a Ordnen Sie die Aussagen unten den Fotos zu. Mehrere Zuordnungen pro Foto sind möglich.

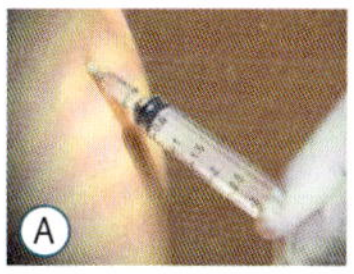
A
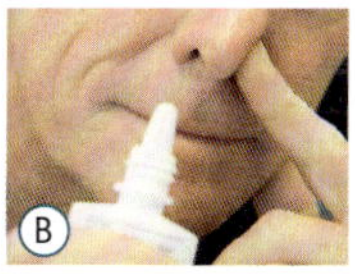
B
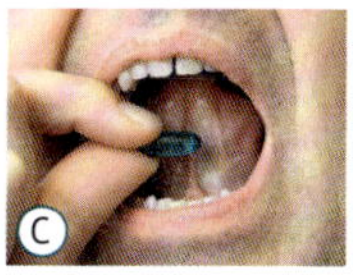
C

D

1 Sie soll warten, bis sich die Brausetablette aufgelöst hat. _____
2 Wo ist der Applikator für die intranasale Gabe? _____
3 Denken Sie daran, dass das Heparin subkutan gespritzt wird. _____
4 Sagen Sie dem Patienten, dass er die Tablette unter die Zunge legen muss. _____
5 Desinfizieren Sie bitte die Injektionsstelle vor der subkutanen Injektion! _____
6 Empfehlen Sie dem Patienten, die Lösung schluckweise zu den Mahlzeiten zu trinken. _____

▶ 063 **b Hören Sie die Anweisungen und ordnen Sie sie den Fotos zu. Es gibt mehrere Möglichkeiten.**

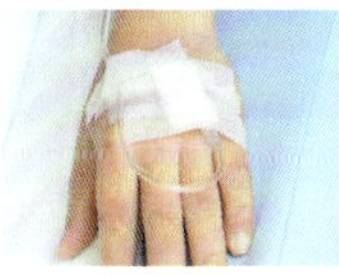
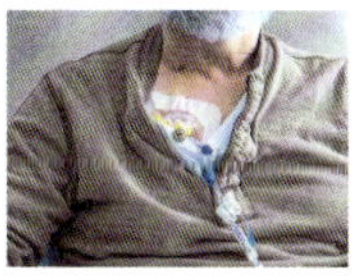
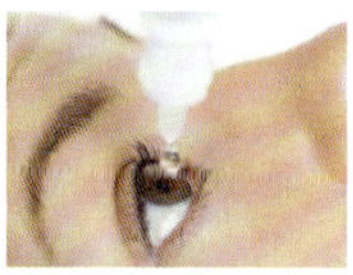
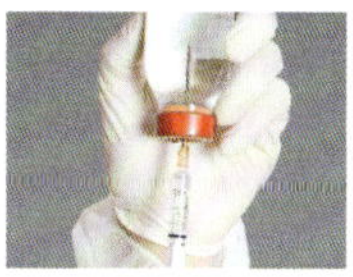
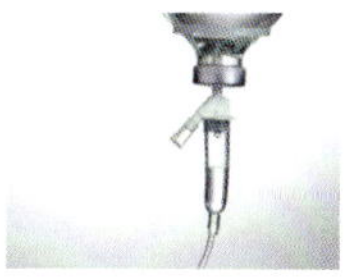

_____ _____ _____ _____ _____

▶ 063 **c Hören Sie noch einmal. Eine der Anweisungen richtet sich an die Patientin. Welche ist das?**

B3 a Sortieren Sie die Redemittel.

1 Ist die Akte vollständig? • **2** Wählt da bitte die niedrigste Dosierung! • **3** Kann mir jemand sagen, wo die aktuellen Laborwerte sind? • **4** Gebt dem Patienten alle Befunde mit. • **5** Wie lange kann ich das Antibiotikum nach dem Auflösen stehen lassen? • **6** Hier sollten wir die Thromboseprophylaxe konsequent einhalten. • **7** Dieses Medikament sollte nur in verdünnter Form verwendet werden. • **8** Ist der Reha-Antrag schon bearbeitet? • **9** Macht bitte alles für die Verlegung fertig. • **10** Wenn es mit der Überwachung von Frau / Herrn ... zu aufwendig ist, müsst ihr das sagen. • **11** Wenn ihr nur zu zweit auf Station seid, muss ich das wissen. • **12** Das Clonidin bitte nicht unverdünnt aufziehen!

Dokumentation	*Medikation / Darreichungsform*	*Personal*
1		

b Sprechen Sie in kleinen Gruppen und vergleichen Sie.

Also ich finde, dass der Satz mit der Verlegung eindeutig zu „Dokumentation" gehört.

C Ein Visitengespräch führen (2)

C1 a **Diskutieren Sie in kleinen Gruppen. Welcher Aussage stimmen Sie zu, welcher nicht? Erklären Sie, warum.**

Kommunikation ist nicht erlernbar!
Kommunikation ist umso besser, je länger sie dauert!
Erfolgreiche Kommunikation benötigt einen passenden Rahmen.

b **Überlegen Sie. Welche Gesprächstechniken gibt es in der patientenorientierten Kommunikation? Wenn Sie nicht mehr alle in Erinnerung haben, schauen Sie auf Seite 32/33 (Intermezzo 1) nach. Sammeln Sie an der Tafel.**

C2 a **Überlegen Sie. Wo sind diese Personen? Wer sind diese Personen? Worüber sprechen sie vielleicht?**

▶ 064 b **Hören Sie den Anfang des Gesprächs. Worum geht es?**

c **Sprechen Sie zu zweit. Was meint die Patientin damit, als sie fragt, ob die Therapie so sinnvoll sei?**

▶ 065 d **Hören Sie die Fortsetzung des Gesprächs und notieren Sie.**

1 Welche Ängste hat die Patientin? ____________________
2 Was empfiehlt der Arzt? ____________________
3 Was möchte der Sohn? ____________________
4 Welche Gesprächstechniken wendet der Arzt an? Spiegeln von Emotionen, ____________________

▶ 065 e **Hören Sie noch einmal und finden Sie je ein Beispiel für die angewendeten Gesprächstechniken.**

C3 **Rollenspiel. Arbeiten Sie zu dritt. Wählen Sie eine Erkrankung und eine entsprechende Therapie. Übernehmen Sie im Wechsel die Rollen Ärztin / Patientin / Angehöriger. Nutzen Sie die Redemittel.**

Arzt / Ärztin	*Patient / Patientin*	*Angehöriger / Angehörige*
Sie denken an ...	*Ich habe Angst, dass ...*	*Mein/e ... denkt, dass ...*
Ich kann Ihre Ängste gut verstehen.	*Ich bin unsicher, ob ...*	*Ich habe hier die Patientenverfügung von ...*
Ich empfehle Ihnen, ...	*Können Sie mir das noch mal erklären?*	*Wir sind uns einig, dass ...*
Ich halte es für sinnvoll, wenn ...	*Wie kann ich mich vorbereiten?*	*Wie kann ich meine/n ... unterstützen?*
Zum Schluss möchte ich ...	*Wann kann ich nach Hause?*	

D Tagesroutinen auf Station (2)

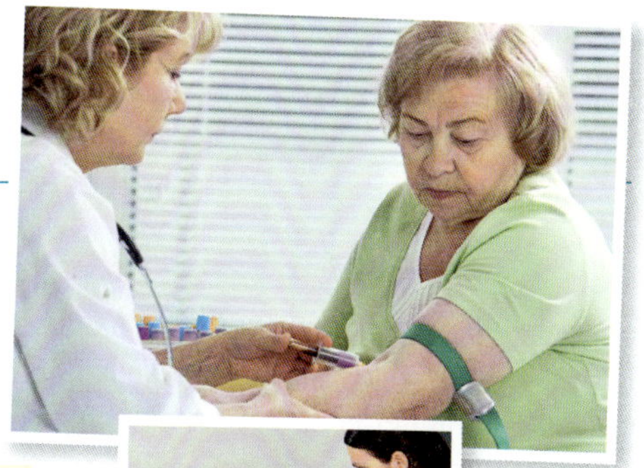

D1 a Was gehört nicht zu den alltäglichen Aufgaben des ärztlichen Personals? Streichen Sie.

tägliche Visite • Fieber messen • Aufnahmeuntersuchung • Festlegung des Therapieplans • Patienten waschen • Erläuterung der Diagnose • Patientenaufnahme • Blutentnahme • Ausfüllen der Patientenakte • Ultraschalluntersuchung • Befunddokumentation • Arztbriefe schreiben • zentralen Venenkatheter legen • Konsilgespräche führen

b Arbeiten Sie allein. Wählen Sie eine der Tätigkeiten aus und notieren Sie die genauen Handlungsabläufe.

Bei der Blutentnahme legt man sich einen Stauschlauch und Blutröhrchen zurecht. Dann muss man die Punktionsstelle desinfizieren.

c Tragen Sie Ihre Notizen im Plenum vor. Die anderen stellen Verständnisfragen.

Was ist denn ein Stauschlauch?

D2 a Notieren Sie. Wie ist der Ablauf beim Legen eines Zugangs?

Zuerst die Patientin / den Patienten darüber aufklären, was man vorhat. Dann ...

▶ 066 **b Hören Sie und vergleichen Sie mit Ihren Notizen. Haben Sie etwas vergessen?**

D3 a Sprechen Sie zu zweit. Kennen Sie das SOAP-Schema?

Ich glaube, das ist so eine Art Dokumentationssystem, das ...

So baut man einen Arztbrief auf ...

b Ordnen Sie zu.

Subjektiv	aktuelle Entscheidungen / Therapie
Objektiv	Beschwerden
Analyse	Untersuchung / Befundung / Labor
Plan	Einschätzung / Beurteilung

D4 a Lesen Sie den Verlaufseintrag. Hier ist die Reihenfolge des SOAP-Schemas durcheinander geraten. Bringen Sie die Abschnitte in die richtige Reihenfolge.

__ Proc.: Heute Abd.Sono, ggf. CT. Pat. nüchtern lassen. Infusionstherapie und Schmerztherapie nach Plan, Temp.-Kontrolle, bei Nekroseinfektion Feinnadelpunktion.

__ Herr T. klagt seit gestern Morgen über starke Schmerzen im re.OB. und in den Rücken ziehend. Ausgeprägte Übelkeit und heute Morgen erbrochen.

__ Beurtlg. V.a. erneuten Schub der Pankreatitis bei bek. chron. Pankreatitis und Alkoholabusus

__ Bef. Herz und Lunge o.B., Abd. gebläht, leichter DS im mittleren Oberbauch, verminderte DG, Labor: CRP 10,1 mg/dl, Amylase: 298 U/l, Lipase: 433 U/l, Glukose 201 mg/dl, HK: 36%

b Wählen Sie einen Fall aus A2 und konstruieren Sie einen möglichen Verlaufseintrag nach dem SOAP-Schema. Schreiben Sie wie in D4a. Hören Sie das Gespräch dafür noch einmal an.

Lerntipp: *In dieser Patientendokumentation gibt es wieder viele Abkürzungen. Ergänzen Sie Ihr Glossar entsprechend – DS = Druckschmerz, V.a. = Verdacht auf usw.*

Ein chronischer Konflikt

„Wenn die Akademiker die Krankenakten brauchen,
dann sollen sie die doch selbst anfordern!"
„Bekommt er eine Wundinfektion, sind wir schuld."
„Die meisten haben doch noch nie eine Portnadel in der Hand gehabt!"
„Fragt man sie, ob die Antibiose gelaufen ist, sind sie dafür nicht zuständig!"

1 **Überlegen Sie. Wer sagt das? Das ärztliche Personal oder Gesundheits- und Pflegekräfte? Um welche Tätigkeiten und Arbeitsabläufe geht es hier? Diskutieren Sie in kleinen Gruppen.**

2 **Arbeiten Sie zu zweit. Lesen Sie die Stichworte und notieren Sie Ihre Gedanken zum Thema *Verhältnis Ärzteschaft – Pflegepersonal*.**

Zusammenarbeit • Schnittstellen • interprofessionelle Kommunikation verbessern • Aufgabenverteilung • Wertschätzung • Erfahrung • Haftungsprobleme • Arbeit am Patienten • Konflikte

3 **Sehen Sie sich das Foto an und diskutieren Sie im Plenum. Ist Ihnen diese Konstellation bekannt? Wie sind Ihre Erfahrungen damit? Wie ist die Situation heutzutage? Was hat sich verändert?**

Das war die klassische Situation:
Pflegekraft (Schwester) dienend – Arzt (männlich) entscheidend

Zunahme des Anteils der Frauen in der Ärzteschaft, ...

4 **Lesen Sie den Ausschnitt aus einem Artikel und ergänzen Sie fehlende Begriffe aus 2.**

Die ____________________ von Ärzteschaft und Pflegekräften gestaltet sich nicht immer reibungslos. Dabei wäre es zum Wohl der Patienten, wenn diese beiden Berufsgruppen Hand in Hand und ohne Stress arbeiteten. Die Ursachen für die ____________ sind vielfältig, sind aber nach Auffassung der Psychologin Dr. Andrea Wittig vor allem darin zu suchen, dass die ________________________ an den Schnittstellen nicht klar abgesprochen ist. So falle das Abheften der Labor- oder Röntgenbefunde nicht in den Zuständigkeitsbereich der Pflegekräfte, meint Heike K., die in einem kleinen Haus in Norddeutschland als Stationsschwester arbeitet. Das sei keine pflegerische Arbeit. Sie beklagt auch die oft nicht vorhandene ___________________ ihrer Arbeit. Damit bestätigt sie die Ergebnisse einer Umfrage der Fachhochschule Münster zur Berufszufriedenheit der Pflegekräfte. Hier steht die mangelnde Wertschätzung des Pflegepersonals an erster Stelle der Negativskala. Dabei profitieren gerade junge Ärztinnen und Ärzte von der ____________ mancher Pflegekraft. Diese zu nutzen und auch schon mal über deren Vorschläge nachzudenken oder diese zu befolgen, könnte eine Arbeitserleichterung sein. Erhielten die Pflegekräfte dann auch noch entsprechendes Feedback, könnte sich die Situation in Bezug auf die _______________________ ________________________ verbessern.

5 **Sprechen Sie in kleinen Gruppen. Was ist Ihre persönliche Meinung zu diesem Thema?**

6 **Kennen Sie den Begriff *Doctor-Nurse Game*? Recherchieren Sie und berichten Sie im Kurs.**

Wortschatz / Kommunikation

Tagesroutinen

der Alkoholabusus (Sg.)
die Befundung, -en
der Blasenkatheder, –:
den Blasenkatheder liegen lassen
die Blutkulturen (Pl.)
das Blutröhrchen, –
die Einschätzung, -en
die Feinnadelpunktion, -en
die Frühbesprechung, -en
die Injektionsstelle, -n
die Nekroseinfektion, -en
der Schub, Schübe: *erneuter Schub*
das SOAP-Schema, -ta
der Stauschlauch, -schläuche
der Verlaufseintrag, -einträge:
einen Verlaufseintrag verfassen
das Wasserlassen (Sg.)

einstellen
richten
ziehen (zog, hat gezogen): *Sie hat sich ihren Zugang gezogen.*

arrhythmisch
durchgängig
gebläht
vermindert

Abkürzungen

Abd.Sono: Abdomen-Sonographie
Abd. gebläht:
Abdomen gebläht
Beurtlg.: Beurteilung, die
Bef.: Befund, der
Bei bek. chr. Pankreatitis: bei bekannter chronischer Pankreatitis
CRP: C-reaktives Protein
D.S.: Druckschmerz, der
DG: Darmgeräusche, die
ggf.: gegebenenfalls
o.B.: ohne Besonderheiten
O.B.: Oberbauch
Proc.: weiteres Vorgehen
V.a.: Verdacht auf

Weiteres Vorgehen

die Brausetablette, -n
die Darreichungsform, -en
die Gabe, -n: *intranasale Gabe*
die Kapsel, -n
der Pflasterwechsel, –
die Verlegung, -en

aufziehen (zog auf, hat aufgezogen)
verdünnen

Konflikt

die Arbeitserleichterung, -en
die Berufszufriedenheit (Sg.)
das Feedback, -s
das Haftungsproblem, -e
die Negativskala, -skalen
die Portnadel, -n
die Schnittstelle, -n
die Wertschätzung (Sg.)

Hand in Hand arbeiten
sich gestalten

Kommunikation

Tagesroutinen

Wir müssen die Dosierung erhöhen / anpassen / erniedrigen.
Haben wir ein Vor-EKG / EKG / die Laborwerte von Frau / Herrn ...?
Legen Sie mir doch bitte den Schein / das Formular hin!
Liegt etwas Dringliches an?
Richten Sie mir bitte alles. (Zugang legen)

Mit dem Pflegepersonal weiteres Vorgehen besprechen

Beim nächsten Pflasterwechsel erhöhen / erniedrigen wir die Dosis.
Blutdruck ist gut eingestellt!
Das ... bitte nicht unverdünnt aufziehen!
Da muss ich sofort hin!
Denken Sie daran, dass ...
Desinfizieren Sie bitte die Injektionsstelle!
Empfehlen Sie dem Patienten, das Medikament schluckweise / unter die Zunge zu nehmen.
Geben Sie / Gebt dem Patienten / der Patientin alle Befunde mit.
Hier sollten wir die Thromboseprophylaxe / den Therapieplan / die Hygienemaßnahmen konsequent einhalten.
Ist der Rehaantrag schon bearbeitet / genehmigt / geschrieben?
Ist die Akte vollständig?
Ist der Urinstatus unauffällig?
Wann habt ihr / haben Sie das festgestellt?
Wir behalten die Medikation bei.
Wir ändern nichts an der Medikation.
Wie war der Urinstatus?
Suchen Sie mir bitte schon mal alles raus!
Wo sind die aktuellen Laborwerte?

Mit Patienten und Angehörigen über eine Therapie sprechen

Das ist grundsätzlich eine gute Idee.
Ich kann Ihre Ängste verstehen.
Ich empfehle Ihnen, ...
Ich halte es für sinnvoll, wenn ...
Wir besprechen uns mit allen Fachkliniken, bevor wir ...
Wir können gern ein paar Aspekte zu der Patientenverfügung besprechen.
Zum Schluss möchte ich noch ...

„Die Welt retten“

A Blog und Protokoll eines Nachtdienstes verstehen

A1 a **Sprechen Sie in kleinen Gruppen. Was hat diese Figur mit der Arbeit im Nachtdienst zu tun?**

b **Kennen Sie die deutschen Bezeichnungen für diese Gegenstände? Arbeiten Sie mit dem Wörterbuch.**

c **Welche Assoziationen haben Sie noch zum Thema *Nachtdienst*? Was sind typische Situationen? Ergänzen Sie.**

NACHTDIENST
- Anrufe von Angehörigen
- Anrufe von anderen Stationen
- Notfallintubationen

d **Diese Wörter sind durcheinandergeraten. Schreiben Sie sie richtig.**

Nriotpsary – Evrsetrgronusg – kliesrufatbsail – Ügbearbe – Znagung – Hretinwnadniarfkt – Nsntaepmnoade – Kkinliteilfdaen

A2 a **Lesen Sie zuerst nur den Titel des Blogs. Stellen Sie Vermutungen über den Inhalt an. Wer schreibt das?**

b **Lesen Sie nun den Anfang des Textes. Wie fühlt sich der Autor?**

21.07.20.. #1

Mein erster Nachtdienst

Sollte dir jemand erzählen, er habe die Nächte vor seinem ersten Dienst gut geschlafen, der lügt. Ich habe davor bestimmt zwei Polytraumen und drei Reanimationen durchlebt. Obwohl es gar nicht so warm ist, erscheine ich schon leicht verschwitzt zum Dienst. Angstschweiß? Und dann geht's los: In der Kitteltasche sind alle notwendigen Utensilien verstaut, die man benötigt, um die Welt zu retten: Untersuchungslampe, Stethoskop, Piepser, im Smartphone der Klinikleitfaden für Notfälle und alle wichtigen Nummern abgespeichert.

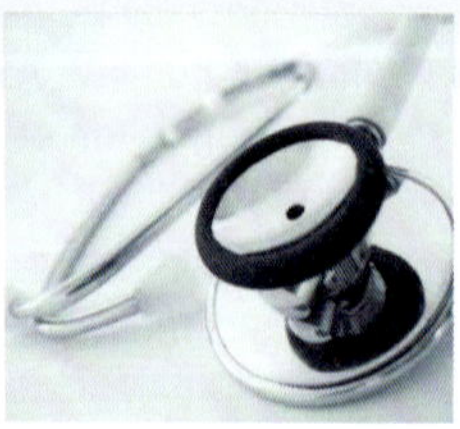

c **Sprechen Sie zu zweit. Wozu braucht der Autor die abgebildeten Gegenstände?**

Also der Piepser ist ganz wichtig, damit können die Schwestern dich anfunken …

A3 a **Ordnen Sie die Begriffe den Textteilen zu.**

1 Ungerechte Kritik • **2** Erfahrenes Pflegepersonal • **3** Ein Erfolgserlebnis

21.07.20.. #1

◯ Mein erster Patient. Ein 69-jähriger Patient mit Verdacht auf Hinterwandinfarkt. 12-Kanal-EKG: Die ST-Hebungen sind eindeutig. Die arrogante Notärztin motzt rum, warum die Kardiologie nicht da ist. Läuft irgendwie alles an mir vorbei. Ich fühle mich wie vor den Kopf geschlagen. Was soll ich dazu sagen? Da hatte es keine Meldung gegeben. Später rief die Notärztin an, es täte ihr leid. Die Meldung sei wirklich nicht abgesetzt worden. Fand ich doch kollegial, oder?

◯ Der nächste Fall. Ein 14-jähriger Junge, begleitet von seinem total aufgeregten Vater. Der sagte, dem Kind sei so übel und es habe eben auch Durchfall gehabt. Er tippe bestimmt auf eine Lebensmittelvergiftung. Und ich hab mich nicht aus der Ruhe bringen lassen. Hab mir erst mal den Jungen angeschaut, fiebrig, rotfleckiger Kopf, brettharter Bauch, Blumberg und McBurney ausgelöst. Ich hab dann völlig unaufgeregt erklärt, dass ich hier eine Blinddarmentzündung für möglich halte! Wahrscheinlich verschwindet nach neun Stunden Dienst jede Aufregung!? Und ich hatte recht! Meine erste eigene richtige Diagnose im ersten Dienst!

◯ Ich frag euch: Wer hat schon mal Nasentamponaden gelegt, oder so eine Bellocq-Tamponade? Und wie die Oma aussah: Das ganze Blut! Ich habe nur gedacht, das geht in die Hose. Fängst du erst mal an, oder rufst du - wen? HNO oder meinen Oberarzt? Schwester Sigrid hat mir die Tamponade in die Hand gedrückt. Mach schon! Ein wenig tiefer, genau. Sitzt. War ich das? Eigentlich habe ich überhaupt keine Ahnung von den einfachsten Dingen. Hätte ich mal besser ein Praktikum in der HNO gemacht.

b **Arbeiten Sie zu zweit. Überlegen Sie. Für welche Leser ist dieser Blog geschrieben? Begründen Sie Ihre Meinung.**

A4 a **Lesen Sie den Ausschnitt aus einem Nachtdienstprotokoll. Vergleichen Sie das Protokoll mit dem Blogtext. Welche Unterschiede stellen Sie fest? Wer sind hier die Adressaten? Notieren Sie.**

20:17 Die Notärztin bringt einen kreislaufstabilen 69-jährigen Patienten mit Verdacht auf Hinterwandinfarkt. 12-Kanal-EKG: Die ST-Hebungen sind eindeutig. STEMI. Die Erstversorgung war optimal: Zugang liegt, Nitro-Spray, ASS und Opiat gegeben. Man habe die Info an das Herzkatheterlabor schon durchgegeben. Ist mir nicht bekannt. Schwester Margit regelt das Weitere. Die Kardiologen sind noch im Haus. Übergabe des Patienten an OA Mittermeier.

23:10 Ein 14-Jähriger mit akutem Abdomen kommt in die Notaufnahme. Deutlich gespannte Bauchdecke, Loslassschmerz (Blumberg) positiv, rechter Unterbauch McBurney starker Druckschmerz, Temperatur 39,2° C, Leukozytose 18,600. Diensthabende Chirurgin verständigt. Appendektomie noch in der Nacht.

Sehr knapp, viel Fachterminologie, ...

b **Schreiben Sie zu dem dritten Fall aus A3a ein formelles Protokoll.**

A5 **Sprechen Sie in kleinen Gruppen über Ihre ersten Nachtdiensterfahrungen. Wenn Sie noch nie einen Nachtdienst gemacht haben: Was sind Ihre Erwartungen, Ängste? Wen würden Sie fragen?**

B Telefonate verstehen und darauf reagieren

Welchen Tipp kannst du mir geben, wenn ich im Nachtdienst von den Stationen angerufen werde? Wie reagiere ich am besten?

Ganz entscheidend ist, dass du herausfindest, wie es dem Patienten geht und wie dringlich die Lage ist. Das schaffst du am besten durch Nachfragen!

▶ 067 **B1** a **Hören Sie einige isolierte Äußerungen. Welche Situation ist dringlich? Kreuzen Sie an.**

○ 1 ○ 3 ○ 5 ○ 7 ○ 9 ○ 11 ○ 13 ○ 15 ○ 17
○ 2 ○ 4 ○ 6 ○ 8 ○ 10 ○ 12 ○ 14 ○ 16 ○ 18

b **Vergleichen Sie und diskutieren Sie im Plenum.**

B2 **Sprechen Sie im Plenum. Welche Nachfragen können helfen, die Dringlichkeit einer Situation zu erfassen?**

Ist der Patient noch ansprechbar?
Was meinen Sie mit ...?

B3 a **Wie können Sie auf diese Anrufe reagieren? Überlegen Sie und notieren Sie.**

1 Die Patientin / der Patient, wegen der / dem Sie angerufen werden, ist Ihnen unbekannt.
2 Sie verstehen die Anruferin / den Anrufer nicht sofort.
3 Die Angaben sind Ihnen zu knapp.
4 Sie wollen herausfinden, wie die Medikation der Patientin / des Patienten ist.

b **Vergleichen Sie Ihre Notizen in kleinen Gruppen und ergänzen Sie diese.**

▶ 068–071 **B4** a **Hören Sie vier Gespräche und ordnen Sie sie den Fotos zu.**

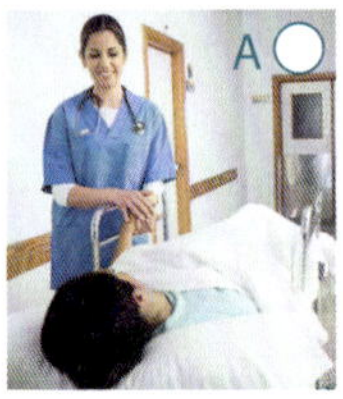

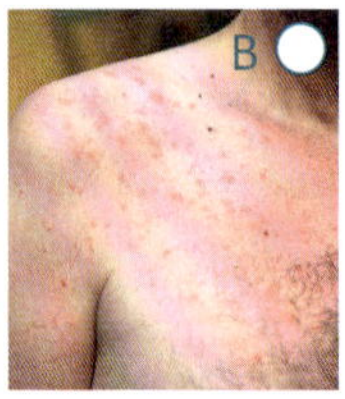

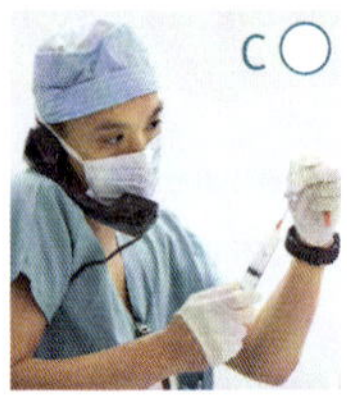

▶ 068–071 b **Was passt zu welchem Gespräch? Kreuzen Sie an. Es sind auch mehrere Lösungen möglich.**

	Gespräch 1	2	3	4
1 Der Arzt bittet darum, dass etwas langsamer gesprochen wird.	○	○	○	○
2 Der Arzt fragt nach der bisherigen Medikation des Patienten.	○	○	○	○
3 Der Patient ist dem Arzt unbekannt.	○	○	○	○
4 Die Ärztin fragt nach den durchgeführten diagnostischen Maßnahmen.	○	○	○	○
5 Der Arzt fordert die Pflegekraft auf, konkretere Angaben zu machen.	○	○	○	○

▶ 068–071 c **Hören Sie nun die Gespräche ein drittes Mal und notieren Sie sich möglichst viele nachfragende Äußerungen der Ärztin / des Arztes. Vergleichen Sie mit Ihren eigenen Ideen aus B3.**

Ich kenne Herrn Mäder leider nicht. Können Sie mir kurz etwas über den Patienten sagen?

B5 **Arbeiten Sie zu zweit. Überlegen Sie sich ähnliche Anrufsituationen wie in B1 und reagieren Sie entsprechend. Nutzen Sie Ihre Notizen.**

Lerntipp: *Legen Sie sich ein Glossar an, in dem Sie möglichst viele nachfragende Äußerungen notieren wie:* Habe ich das richtig verstanden, dass ...? Was meinen Sie mit ...? Können Sie mir das etwas konkreter schildern ...? Sprechen Sie bitte etwas langsamer! *Das ist besonders beim Telefonieren sehr hilfreich.*

C Einen Patienten verlegen

C1 a Überlegen Sie: Welche Gründe oder Indikationen können eine Verlegung von Patienten in eine andere Klinik nötig machen? Sprechen Sie in kleinen Gruppen. Arbeiten Sie mit dem Wörterbuch. Fassen Sie dann alle Ergebnisse an der Tafel zusammen.

b Verlegungen kann man nach den Dringlichkeiten einteilen, auch wenn die Übergänge manchmal fließend sind. Sortieren Sie die gesammelten Indikationen nach diesem Schema.

Vital	Dringlich	Planbar
noch nicht operativ versorgtes Polytrauma	*akutes Koronarsyndrom*	*spezielle operative Versorgung wie Orthopädie*

C2 Stellen Sie sich vor, Sie müssten eine Patientin / einen Patienten in ein anderes Haus verlegen. Wie gehen Sie vor? Streichen Sie die Schritte, die nicht notwendig sind.

einen Arztbrief anfertigen und mitgeben – mit der Patientin / dem Patienten über die Verlegung sprechen – ggf. die Angehörigen informieren – die Hausärztin / den Hausarzt informieren – den Transport organisieren – den medizinischen Dienst informieren – mit den Kollegen der Fachabteilung sprechen, in die die Patientin / der Patient verlegt wird – das Gesundheitsamt verständigen

▶ 072 **C3 a Hören Sie das Gespräch und antworten Sie.**

1 In welcher Einrichtung ist der Patient?
2 Was ist mit seinem Knie?
3 Wann wird er verlegt?

b Lesen Sie die Informationen. Welche Indikation zur Verlegung liegt hier wohl vor? Sprechen Sie mit Ihrer Lernpartnerin / Ihrem Lernpartner.

Knie TEP rechts – Leukos bei knapp 10.000 – CRP 8,5

▶ 073 **c Hören Sie das Telefonat und beantworten Sie die Fragen.**

1 Wo hat sich die Wunddehiszenz entwickelt?
2 Worum bittet Dr. Wagner die Kollegin?
3 Nach welchem Wert fragt Dr. Wagner am Ende des Telefonats?

C4 a Ergänzen Sie die fehlenden Angaben in dem Verlegungsbericht.

Hermann Scherer, * 21.3.1956.
65421 Goldbach, Dinglerstraße 2.
Stark geschwollene Lymphknoten im Halsbereich mit vergrößerter rechter Tonsille, fieberhafter Bronchialeffekt, EKG, SR 71 LT/Min; V.a. Lymphom, Verlegung zur Diagnostik und evtl. Tonsillektomie / Lymphknotenextirpation. Ärztlicher Ansprechpartner: Dr. Sven Fiethe, HNO, Uniklinikum Eppenheim

VERLEGUNGSBERICHT

Von: *Petunia-Krankenhaus* Nach: ____________
Patient: ____________
Befunde: ____________
____
Diagnose: ____________
Verlegungsgrund: ____________
Zuständiger Arzt des aufnehmenden Hauses: ____________
____

b Arbeiten Sie zu zweit. Konstruieren Sie einen eigenen Fall. Ihr/e Lernpartner/in schreibt dazu einen Verlegungsbericht.

MRSA-Fortbildung

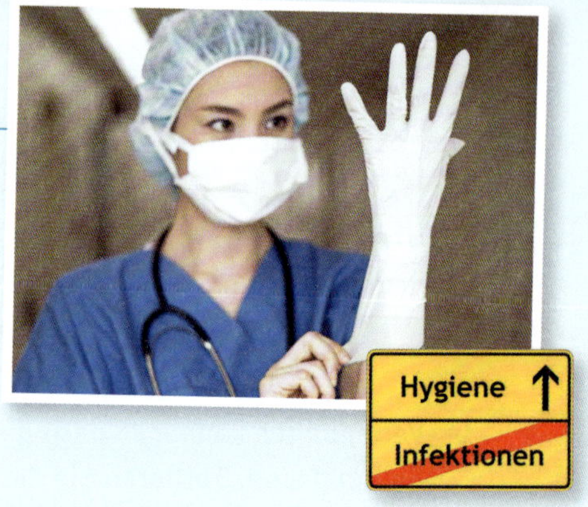

1 Sehen Sie das Foto an. Welche Begriffe passen? Kreuzen Sie an.

- ◯ Schutzmaßnahmen
- ◯ Hysterie
- ◯ Resistenzen
- ◯ Isolation

2 a Sie lesen im Intranet Ihrer Klinik von einer Mitarbeiterfortbildung. Was erwarten Sie von einer solchen Fortbildung? Sprechen Sie mit Ihrer Lernpartnerin / Ihrem Lernpartner.

Multiresistente Keime – Wie gehen wir in unserem Haus damit um?

b Lesen Sie den Anfang eines Vortrags und unterstreichen Sie alle Handlungsanweisungen.

Guten Tag, liebe Kolleginnen und Kollegen! Sie hatten mich gebeten, einen kurzen Einführungsvortrag zum Thema *Unterbringung und Schutzmaßnahmen bei MRSA-Patienten* zu halten.

Kurz zur Einführung sei gesagt, dass die gegen Methicillin-resistente Infektion mit Staphylococcus aureus sehr häufig vom Nasen-Rachen-Raum aus übertragen wird. Weitere wichtige Infektionsquellen sind alle intertriginösen Hautbereiche, wie Achselhöhlen, die Leistenregion oder die Gesäßfalte, und selbstverständlich alle vorhandenen Wundbereiche, Ulcera oder ekzematöse Areale der Haut. Nicht zu vergessen zum Beispiel die Eintrittsstellen von PEG-Sonden.

In erster Linie, und dies kann nicht oft genug wiederholt werden, ist die Übertragung von MRSA über die Hände der bedeutsamste Infektionsweg. Und zwar die Hände des medizinischen Personals! Also heißt es, hier auf eine konsequente Händehygiene zu achten!

Hinzu kommt, dass der Erreger eine sehr hohe Widerstandsfähigkeit gegenüber Trockenheit und Wärme besitzt. Das sollte Ihnen unbedingt bekannt sein. Staphylococcus aureus kann an Oberflächen von Geräten, Monitoren, Pflegeartikeln oder an der Kleidung monatelang überleben.

Bei Vorliegen einer MRSA-Infektion oder -kolonisation auf Ihrer Station muss die zuständige Krankenhaushygiene verständigt werden. Alle weiteren Abläufe werden auf dem „MRSA-Therapieplan" dokumentiert.

Der Patient ist umgehend zu isolieren, das heißt, diese Patienten müssen von anderen Patienten räumlich getrennt untergebracht werden. Bei uns haben die Zimmer eine eigene Toilette und einen Vorraum mit der Möglichkeit, sich ein- und auszuschleusen.

Bei Aufnahme von bekannten MSRA-Patienten, oder bei dringendem Verdacht einer Besiedlung oder Infektion wird der Patient so lange isoliert, bis dies ausgeschlossen ist. An dieser Stelle sei auf unser Merkblatt „MRSA-Screening" verwiesen, welches im Hygieneplan der Klinik hinterlegt ist.

Bei Betreten des Patientenzimmers müssen ein Schutzkittel, Schutzhandschuhe und ein Mund-Nasen-Schutz angelegt werden.

3 Arbeiten Sie zu zweit. Welche Informationen waren neu für Sie? Welche Informationen erwarten Sie noch?

▶ 074 **4** Hören Sie nun den Rest des Vortrags und beantworten Sie die Fragen.

1 Worauf muss man besonders bei Besuchern von MRSA-Patienten achten?
2 Wie ist das Vorgehen auf der Intensivstation?
3 Wie ist das Vorgehen bei der Verlegung eines MRSA-Patienten?

5 Schreiben Sie nun ein kurzes Merkblatt für Ihre Kollegen, das die wichtigsten Informationen zum Thema *Umgang mit MRSA auf Station* beinhaltet.

Wortschatz / Kommunikation

Nachtdienst

der Angstschweiß (Sg.)
die Ahnung (Sg.): *Ahnung haben*
die Bauchdecke, -n
die Blinddarmentzündung, -en
der Durchfall (Sg.)
die Fachterminologie, -n
die Hals-Nasen-Ohren-Station, -en (HNO)
die Hebung, -en: *ST-Hebungen*
der Herzhinterwandinfarkt, -e
das Herzkatheterlabor, -e
die Kitteltasche, -n
der Klinikleitfaden, -fäden
die Lebensmittelvergiftung, -en
der Loslassschmerz, -en
die Nasentamponade, -n: *eine Nasentamponade legen*
der Piepser, –
das Utensil, -ien

abspeichern
anfunken: *jemanden mit dem Piepser anfunken*
verstauen

bretthart
übernächtigt
verschwitzt

Telefonate

die Dringlichkeit (Sg.)
die Maßnahme, -n
das Schmerzprotokoll, -e
die Verständnissicherung (Sg.)

durchführen

ansprechbar
diagnostisch
dringlich

Verlegung

das Gesundheitsamt, -ämter
die Hautoberfläche, -n
der Hubschrauber, –
der Lymphknoten, –
die OP-Naht, -Nähte
der / die Schwerbrandverletzte, -n
die Verbrühung, -en

geschwollen
planbar

MRSA-Fortbildung

die Achselhöhle, -n
die Besiedlung, -en
die Gesäßfalte, -n
die Händehygiene (Sg.)
der Keim, -e
die Kolonisation (Sg.)
die Krankenhaushygiene (Sg.)
die Leistenregion (Sg.)
der Mund-Nasen-Schutz (Sg.)
der Nasen-Rachen-Raum (Sg.)
die PEG-Sonde, -n
der Schutzhandschuh, -e
der Schutzkittel, –
die Schutzmaßnahme, -n
die Trockenheit (sg.)
die Unterbringung (Sg.)
der Vorraum, -räume
die Widerstandsfähigkeit (Sg.)

sich ein- und ausschleusen
unterbringen (brachte unter, hat untergebracht)

bedeutsam
räumlich getrennt

Kommunikation

Über eine Verlegung sprechen

einen Arztbrief schreiben / verfassen / mitgeben / anfertigen
einen Patienten verlegen (innerhalb der Klinik und in eine andere Klinik)
die Verlegung mit dem Hubschrauber
eine Verlegung anordnen / besprechen / organisieren
einen Verlegungsbericht schreiben

Verständnis sichern

Habe ich das richtig verstanden, dass ...?
Was meinen Sie mit ...?
Können Sie mir das etwas konkreter schildern?
Sprechen Sie bitte etwas langsamer.
Was meinen Sie mit „Er verträgt das nicht"?

Das Surren der Maschinen

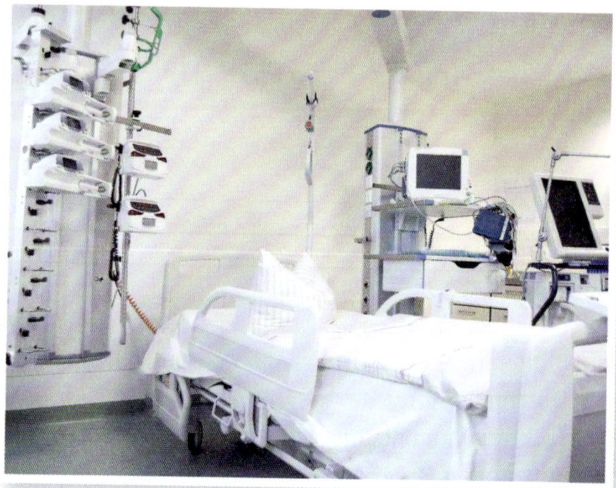

A Mit dem Pflegepersonal auf der ITS kommunizieren

A1 a **Was ist die Funktion einer Intensivstation? Sprechen Sie in kleinen Gruppen.**

▶ 075 b **Hören Sie und vergleichen Sie mit Ihren Ergebnissen aus A1a.**

A2 a **Ordnen Sie die Begriffe der Abbildung oben rechts zu.**

1 Infusomat/Perfusor • **2** Intensivbett • **3** Galgen • **4** Überwachungsmonitor • **5** Infusionshalter

b **Sprechen Sie in kleinen Gruppen. Welche anderen Geräte und Apparaturen sehen Sie? Ist die Geräteausstattung in Ihrem Herkunftsland ähnlich?**

A3 a **Schauen Sie die Fotos an. Welchen Eingriff kann man mit den abgebildeten Gegenständen vornehmen?**

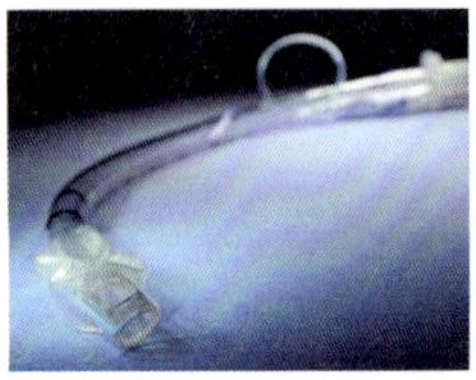

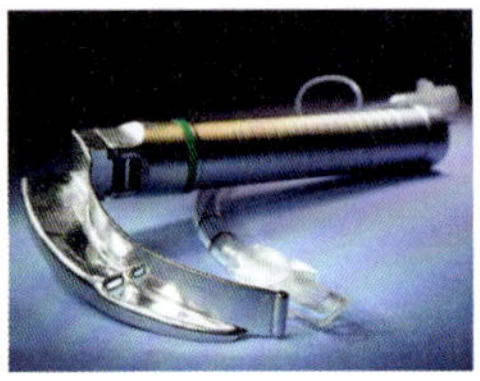

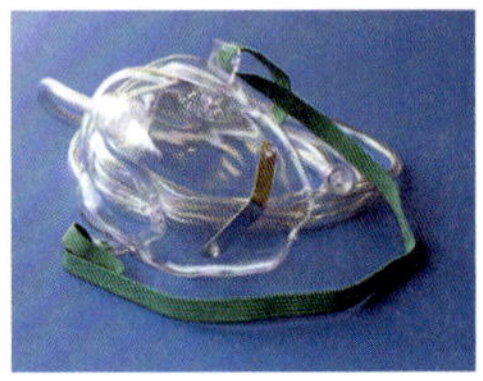

b **Lesen Sie die Äußerungen und kreuzen Sie an. Wer sagt was?**

	Ärztin	Pflegekraft
1 Frau Tiegel, Sie werden gleich einschlafen. Ich halte Ihnen eine Maske vor den Mund. Nicht erschrecken.	○	○
2 Gabi, stell den Flow auf 15 Liter und 100 % Sauerstoff.	○	○
3 Willst du den Tubus in Golfschlägerposition?	○	○
4 Ja, ich hab Succi, Ketamin und Disoprivan.	○	○
5 Versuchen Sie, ganz normal ein- und auszuatmen!	○	○
6 Habt ihr den Klappspatel da?	○	○
7 Ok, Frau Tiegel, Sie schlafen jetzt ein!	○	○
8 Ja, liegt bereit.	○	○

▶ 076 c **Hören Sie jetzt und vergleichen Sie.**

d **Arbeiten Sie zu zweit. Beschreiben Sie die Arbeitsschritte. Wann kann es nötig sein, diesen Eingriff bei Patienten auf der Intensivstation durchzuführen?**

▶ 076 **A4** a **Hören Sie noch einmal. Wie ist hier das Verhältnis von Ärztin und Pflegekraft? Kameradschaftlich oder eher distanziert? Sprechen Sie dann zu zweit und begründen Sie.**

b **Diskutieren Sie in kleinen Gruppen. Stimmen Sie dieser Aussage zu? Begründen Sie Ihre Meinung. Beziehen Sie auch die Gepflogenheiten in Ihrem Herkunftsland ein.**

1 Wir sind als Ärzte dem Pflegepersonal weisungsbefugt. Deshalb ist es auch notwendig, diese professionelle Distanz durch den Gebrauch der Sie-Form zu unterstreichen.

2 Wir arbeiten mit dem Pflegepersonal gemeinsam zum Wohle der Patienten und sind ein Team. Deshalb ist es mir lieber, wenn ich die Schwestern und Pfleger auch duzen darf, wenn sie das akzeptieren.

A5 a Ordnen Sie die passenden Begriffe den Erklärungen zu.

1 Überwachungspatienten • **2** Verweildauer • **3** funktionsorientiertes Teamkonzept

- ◯ Die Ärztin / der Arzt akzeptiert die Kompetenz des Pflegepersonals z. B. bei der Dekubitusprophylaxe und trägt deren Vorschläge mit. Auf der anderen Seite beziehen die Ärzte die Erfahrungen der Pflegekräfte in den Therapieplan mit ein.
- ◯ Patienten, die rund um die Uhr mittels spezieller Apparaturen und vom medizinischen Personal beobachtet werden.
- ◯ Die Zeit, die Patienten auf einer Station / in einem Krankenhaus verbringen.

▶ 077 **b Hören Sie und notieren Sie. Was sagt Dr. Yousefi zum Thema *Kommunikation Ärzteteam und Pflegeteam*?**

Eine optimale Kommunikation zwischen diesen beiden Berufsgruppen ist auf der ITS noch wichtiger als auf Normalstation.

c Vergleichen Sie Ihre Notizen mit Ihrer Lernpartnerin / Ihrem Lernpartner.

A6 a Arbeiten Sie zu zweit. Klären Sie gemeinsam die Begriffe.

1 Entwöhnungsprozess der Beatmung 2 Mobilisation 3 Lagerungstechniken

▶ 078–080 **b Hören Sie die drei Gespräche und machen Sie Notizen zu den folgenden Fragen: Um welche Therapie geht es? Welches Gespräch ist teamorientiert, welches eher hierarchieorientiert?**

	Therapie	Gespräch	
Gespräch 1	______	◯ teamorientiert	◯ hierarchieorientiert
Gespräch 2	______	◯ teamorientiert	◯ hierarchieorientiert
Gespräch 3	______	◯ teamorientiert	◯ hierarchieorientiert

c Wer sagt was? Sortieren Sie die Redemittel. Manche Redemittel passen für beide.

Ich möchte mit euch klären, wie ihr ... • Ich finde, dass es noch zu früh ist, ... • Ich glaube, er braucht noch mehr Zeit. • Schwester Bettina, ich muss mit Ihnen über die Lagerung von Frau ... reden. • Dann schauen Sie sich das doch an. • Tim, wie ist die Lage? • Ich denke, die aktuelle Schmerzmedikation bei Frau ... ist nicht ausreichend. • Ja, eine tolle Idee. • Meint ihr, dass sie dehydriert ist? • Ich habe ihr eben Entspannungsmusik angemacht. • Ich schlage vor, wir gehen jetzt ...

Ärztin / Arzt	*Pflegekräfte / Therapeuten*

d Welche Unterschiede gibt es zwischen den Redemitteln der Ärzte und der Pflegekräfte?

A7 Rollenspiel. Arbeiten Sie in kleinen Gruppen. Spielen Sie Gespräche zu intensivmedizinischen Therapieabläufen wie zum Beispiel Dekubitusprophylaxe, Lagerung ... Bemühen Sie sich in der Ärztinnen-/Arztrolle um teamorientiertes Sprechen. Die Redemittel oben können Ihnen dabei helfen.

Lerntipp: *Beim teamorientierten Sprechen ist es wichtig, in Wir-Botschaften zu sprechen. Wenn man Vorschläge macht, die nicht unbedingt apodiktisch klingen sollen, helfen die sogenannten Modalpartikeln „vielleicht, denn, ...“ oder der Einsatz des Konjunktiv II. Informieren Sie sich über den Einsatz dieser Redemittel und deren Funktion im Gespräch. Sie sind „das Salz in der Suppe“.*

B Schwierige Gespräche mit Angehörigen auf der ITS

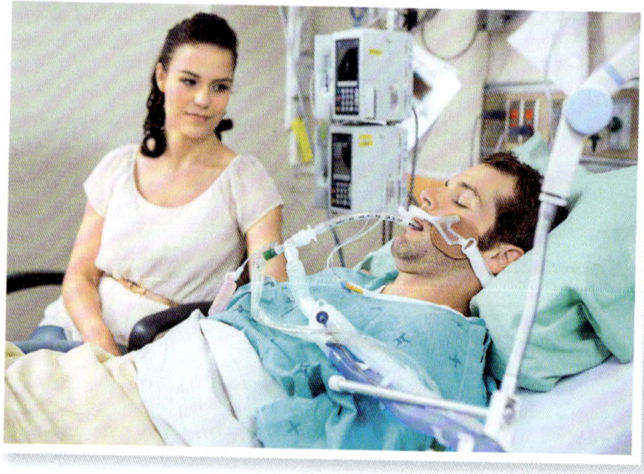

B1 a Sprechen Sie in kleinen Gruppen. Was fällt Ihnen zu diesem Bild ein?

b Überlegen Sie und kreuzen Sie an. Welche Fragen der Angehörigen dürfen Ihrer Meinung nach auch von Pflegekräften (P) beantwortet werden? Welche müssen vom ärztlichen Personal beantwortet werden (A)? Wie geht man in Ihrem Heimatland damit um?

	P	A
1 Können Sie mir sagen, wie es mit meinem Mann weitergeht?	○	○
2 Hat man noch mehr bösartige Zellen gefunden?	○	○
3 Wenn er wieder wach wird, ist er dann verändert?	○	○
4 Soll ich ein paar Bilder von zu Hause mitbringen?	○	○
5 Können Sie die Maschinen nicht abstellen?	○	○

c Arbeiten Sie zu zweit. Wie würden Sie auf die Fragen reagieren? Fallen Ihnen noch andere Fragen ein, die Angehörige stellen könnten? Machen Sie sich Notizen. Spielen Sie dann die Gespräche.

Können Sie die Maschinen nicht abstellen?
– Sie möchten, dass wir die Behandlung Ihrer Mutter beenden?
– Glauben Sie, dass das im Sinne Ihrer Mutter ist?

Glauben Sie, dass mein Freund mich noch wahrnimmt?
– Es wird Ihrem Freund bestimmt gut tun, wenn Sie in seiner Nähe sind.
– Wenn es für Sie o.k. ist, dann können Sie gern an seinem Bett sitzen und ihm vielleicht etwas vorlesen.

B2 a Was ist eine Patientenverfügung? Kreuzen Sie an.

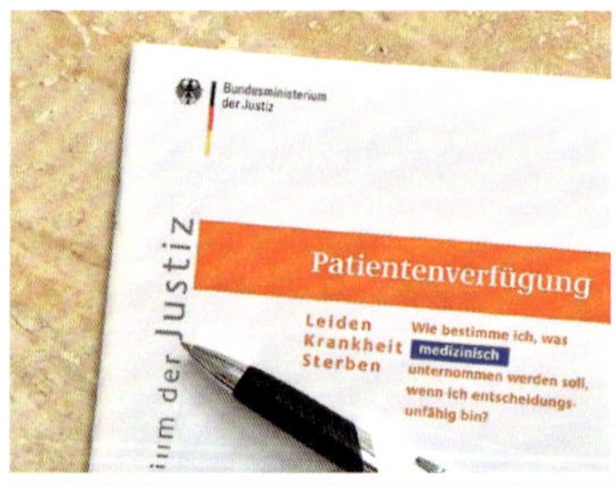

○ So eine Art Testament, das festlegt, wie man beerdigt werden will.
○ Eine schriftliche Vorausverfügung einer Person, für den Fall, dass diese ihren Willen nicht mehr frei erklären kann. Bezieht sich meistens auf ärztliche Heileingriffe.
○ Eine Vorsorgevollmacht für Familienangehörige oder andere Personen.

b Hören Sie ein Gespräch in Abschnitten. Ergänzen Sie die Aussagen.

▶ 081 Abschnitt 1

1 Die Angehörigen möchten die Behandlung ____________________
2 Die Ärztin bittet darum, ____________________
3 Herr Büttner liegt auf der ITS, weil ____________________

▶ 082 Abschnitt 2

4 Die Ärztin fragt die Angehörigen, ob ____________________
5 Die Ärztin stellt fest, dass ____________________
6 Die Ärztin sagt, dass sie versucht, ____________________

081–082 c **Hören Sie das Gespräch noch einmal ganz und notieren Sie: Wie reagiert die Ärztin auf die Angehörigenfragen?**

Emotionale Ebene: Sie fragt, was die Angehörigen befürchten. …
Medizinische Fachebene: Sie erklärt, dass er beatmet wird. …

B3 a **Arbeiten Sie mit dem Wörterbuch und klären Sie die Begriffe.**

der Tiefschlaf – die Würde – unweigerlich – quälen – umbringen

b **Lesen Sie den Gesprächsausschnitt. Wer könnte hier sprechen? Worum geht es? Sprechen Sie mit Ihrer Lernpartnerin / Ihrem Lernpartner.**

■ Wir lassen sie mit Medikamenten gezielt in einem Tiefschlaf.
▲ Aber das nützt ihr nichts. Sie hat Schläuche hier und da. Sie kann nicht sprechen. Wir wollen das nicht mehr.
■ Was wollen Sie nicht mehr?
▲ Ja, das Ganze.

▶ 083 c **Hören Sie nun das Gespräch. Sortieren Sie die Sätze.**

- ◯ Die Angehörigen möchten, dass die lebensverlängernden Maßnahmen bei der Mutter beendet werden.
- ◯ Die Ärztin will ihre Vorgesetzte einschalten.
- ◯ Die Ärztin lässt sich von den Angehörigen provozieren.
- ◯ Die Angehörigen empfinden die Behandlung der Mutter als unangemessen.
- ◯ Die Ärztin rechtfertigt ihr Behandlungskonzept.
- ◯ Die Angehörigen greifen die Ärztin persönlich an.

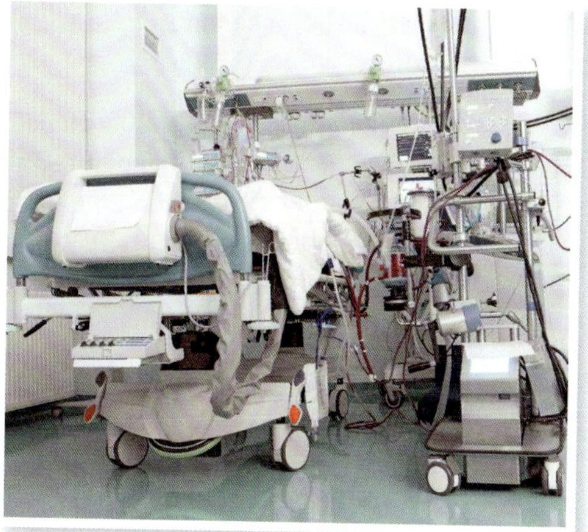

d **Sprechen Sie zu zweit. Was ist mit der Aussage gemeint?**

Sie ist noch nicht über den Berg.

▶ 083 **B4** **Arbeiten Sie in kleinen Gruppen. Sprechen Sie. Was hätte die Ärztin bei diesem Gespräch anders machen können? Denken Sie dabei an die Gesprächstechniken, die Sie bereits gelernt haben (vgl. Intermezzo 1, S. 32/33). Sie können das Gespräch zur Lösung dieser Aufgabe mehrmals hören.**

B5 **Rollenspiel: Arbeiten Sie zu zweit oder zu dritt. Einer ist Ärztin / Arzt. Die beiden anderen sind Angehörige. Wählen Sie einen der Fälle unten und führen Sie ein Gespräch. Hier sind die erarbeiteten Redemittel aus B1c hilfreich. Nutzen Sie auch die Redemittel aus Lektion 7, S. 51 (Mit Angehörigen sprechen).**

Fall 1: Patientin, 78 Jahre. Bisher immer fit. Klagt seit einigen Tagen über zunehmende Luftnot. Eine vorangegangene Antibiotikatherapie zeigte keine Besserung der Symptome. Die weitere Diagnostik (Rtg. Thorax, CT-Thorax, Sono und MRT Abdomen) ergibt ein fortgeschrittenes Bronchialkarzinom mit Lebermetastasierung. Sprechen Sie mit den beiden Kindern.

Fall 2: Patient, 37 Jahre: Z.n. Leitersturz mit Mehrfachfrakturen und abdomineller Pfählungsverletzung. Nach operativer Versorgung entwickelt sich eine Sepsis. Patient ist in kritischem Zustand. Sie müssen mit der Ehefrau sprechen.

Palliativversorgung

1 **Sprechen Sie zu zweit. Was wissen Sie über das Thema *Medizinische Versorgung von Patienten mit lebensbegrenzenden Erkrankungen*? Wie ist das in Ihrem Herkunftsland geregelt?**

2 **Lesen Sie einen Ausschnitt aus einer Veröffentlichung des deutschen Bundesgesundheitsministeriums und beantworten Sie die Fragen.**

a Wird palliativmedizinische Versorgung ambulant und / oder stationär durchgeführt?
b Wem steht diese gesetzlich garantierte Palliativversorgung zu?

Palliativversorgung

Unter Palliativversorgung versteht man die Versorgung schwerstkranker und sterbender Menschen. Hierzu gehört auch die Schmerztherapie im ambulanten und stationären Bereich. Patientinnen und Patienten werden insbesondere durch Vertragsärzte, Pflegedienste und stationäre Einrichtungen palliativmedizinisch versorgt.

Zudem haben schwerstkranke Menschen und Sterbende unter bestimmten Voraussetzungen Anspruch auf eine spezialisierte ambulante Palliativversorgung (SAPV). Die Leistung zielt darauf ab, dem Wunsch schwerstkranker Menschen zu entsprechen, möglichst in der eigenen häuslichen Umgebung in Würde zu sterben. Die Leistung steht Palliativpatienten zu mit einer nicht heilbaren, fortschreitenden und so weit fortgeschrittenen Erkrankung, dass hierdurch ihre Lebenserwartung begrenzt ist und sie eine besonders aufwendige Versorgung benötigen. Ambulante Teams (sogenannte Palliative-Care-Teams aus ärztlichem und pflegerischem Personal) versorgen die Versicherten. Sie arbeiten dabei eng mit Hospizdiensten zusammen. Voraussetzung für die Leistungsgewährung ist die Verordnung durch einen Vertragsarzt oder Krankenhausarzt.

Der Anspruch auf Leistungen der spezialisierten ambulanten Palliativversorgung steht auch Patientinnen und Patienten in stationären Pflegeeinrichtungen, in Einrichtungen der Eingliederungshilfe für Menschen mit Behinderung, in Einrichtungen der Kinder- und Jugendhilfe und in stationären Hospizen zu.

3 **Lesen Sie die Überschrift zu einer Pressemitteilung der deutschen Gesellschaft für Palliativmedizin (DGP). Was könnte damit gemeint sein? Sprechen Sie in kleinen Gruppen.**

DGP fordert: Qualität vor Quantität in der Hospiz- und Palliativversorgung!

4 **Lesen Sie den Anfang eines Telefongesprächs. Mit wem telefoniert Herr Meurer wohl?**

- Meurer, ich bin Hausarzt und möchte wegen Herrn Wagner, einem meiner Patienten, mit Ihnen sprechen. Er ist 64 Jahre alt und hat ein metastasierendes kleinzelliges Bronchialkarzinom, welches primär inoperabel war. Er hat bereits eine palliative Chemotherapie erhalten. Aber seit einer Woche geht es ihm zusehends schlechter.

▶ 084 **5** **Hören Sie nun das Gespräch und notieren Sie.**

Welche Beschwerden und Zusatzdiagnosen hat Herr Wagner?
Wo wird Herr Wagner am nächsten Tag aufgenommen?

6 **Bilden Sie Ländergruppen (Deutschland, Österreich und Schweiz). Recherchieren Sie zum Thema *Palliativ- und Hospizversorgung* in den jeweiligen Ländern. Berücksichtigen Sie die folgenden Aspekte: Gesetze, Verbände, Akteure, Strukturen. Präsentieren Sie Ihre Ergebnisse dann im Plenum.**

Wortschatz / Kommunikation

Mit dem Pflegepersonal auf der ITS kommunizieren

die Apparatur, -en
das Blutgasanalysegerät, -e
der Entwöhnungsprozess, -e
die Gepflogenheit, -en
die Geräteausstattung, -en
die Golfschlägerposition (Sg.)
der Klappspatel, –
die Lagerungstechnik, -en
die Maske, -n
die Mobilisation (Sg.)
die Normalstation, -en
der Sauerstoffanschluss, -anschlüsse
das Teamkonzept, -e
der Tubus, Tuben
der Überwachungspatient, -en
die Verweildauer (Sg.)
die Wir-Botschaft, -en

surren

apodiktisch
distanziert
funktionsorientiert
kameradschaftlich
hierarchieorientiert
teamorientiert
weisungsbefugt

Schwierige Gespräche mit Angehörigen

die / der Familienangehörige, -n
der Heileingriff, -e
die Luftnot (Sg.)
die Maßnahme, -n
die Mehrfachfraktur, -en
die Pfählungsverletzung, -en
der Schlauch, Schläuche
das Testament, -e
der Tiefschlaf (Sg.)
die Vorausverfügung, -en
die Vorsorgevollmacht, -en
der Zustand, Zustände: *in kritischem Zustand*

abbrechen (brach ab, hat abgebrochen): *die Behandlung abbrechen*
angreifen (griff an, hat angegriffen): *jemanden persönlich angreifen*
einschalten: *den Vorgesetzten einschalten*
provozieren
quälen
rechtfertigen
umbringen (brachte um, hat umgebracht)

angemessen
lebensverlängernd: *lebensverlängernde Maßnahmen*

Palliativversorgung

das Bundesgesundheitsministerium, -ministerien
die Eingliederungshilfe, -n
die Leistungsgewährung (Sg.)
die Palliativversorgung (Sg.)
der Vertragsarzt, -ärzte
die Zusatzdiagnose, -n

fortgeschritten
kleinzellig
lebensbegrenzend: *eine lebensbegrenzende Erkrankung*
palliativmedizinisch
schwerstkrank
unweigerlich
vorangegangen

Kommunikation

Kommunikation mit dem Pflegepersonal
Wir sollten vielleicht …
Ich möchte mit Ihnen noch über …
Ich möchte mit euch klären, wie …
Ich finde / glaube / denke, (dass) …
Meint ihr, (dass) …?
Wie schätzt ihr … ein?
Was sagen Sie / sagst du / sagt ihr dazu?
Ich schlage vor, wir …
Wie ist die Lage?
Habt ihr den Klappspatel da?
Özlem, stell den Flow auf …

Kommunikation mit Angehörigen
Die Behandlung ist entwürdigend.
Jemand ist (noch nicht) über den Berg.
Sie möchten, dass …?
Sie glauben, dass …?
Es wird Ihrer / Ihrem … bestimmt guttun, wenn …
Wenn es für Sie o. k. ist, dann können Sie …

„Ich lehne Wiederbelebungsmaßnahmen ab ..."

Ein leeres Wort ist's, wenn ein Greis den Tod sich wünscht,
das Alter lästert und die lange Lebenszeil:
Erscheint die Todesstunde, dann will keiner mehr
verscheiden und das Alter ist ihm keine Last.

Das Zitat stammt aus der Tragödie *Alkestis* des klassischen griechischen Dramatikers Euripides (ca. 480 bis 406 v. Chr.). Übersetzung von J. A. Hartung, 1848.

1 **Diskutieren Sie im Plenum. Welche Bedeutung hat dieser Satz des griechischen Tragödiendichters vor dem Hintergrund der medizinischen Möglichkeiten und der Lebenserwartung heutzutage?**

2 **Arbeiten Sie in kleinen Gruppen. Was wissen Sie schon zum Thema *Patientenverfügung*? Die Stichwörter können Ihnen dabei helfen. Arbeiten Sie ggf. mit dem Wörterbuch.**

Selbstbestimmungsrecht – Vorausverfügung – rechtliche Klarheit – lebensverlängernde Maßnahmen

3 **Lesen Sie den Text. Notieren Sie die Unterschiede zwischen den verschiedenen Verfügungen bzw. Vollmachten:**

Patientenverfügung ______________________________

____

Betreuungsverfügung ______________________________

____

Vorsorgevollmacht ______________________________

____

Drei Instrumente stehen zur Verfügung, um in gesunden Tagen im Sinne der Selbstbestimmung schriftliche Willenserklärungen für den Fall einer späteren Einwilligungsunfähigkeit abgeben zu können:

Eine **Patientenverfügung** ist eine schriftliche Vorausverfügung einer Person für den Fall, dass sie ihren Willen nicht mehr (wirksam) erklären kann. Sie bezieht sich auf medizinische Maßnahmen wie ärztliche Heileingriffe und steht meist im Zusammenhang mit der Verweigerung lebensverlängernder Maßnahmen. In Deutschland stellt neben anderen Institutionen das Bundesjustizministerium Textbausteine zum Verfassen einer schriftlichen Patientenverfügung bereit.

Die **Betreuungsverfügung** ist eine Möglichkeit der persönlichen und selbstbestimmten Vorsorge für den Fall, dass man selbst nicht mehr in der Lage ist, seine eigenen Angelegenheiten zu erledigen. Ihr Vorteil ist, dass sie nur dann Wirkung entfaltet, wenn es tatsächlich erforderlich wird. Dann wird ein Betreuungsgericht die in der Verfügung genannte Person beauftragen. Dieser Person ist es aber nicht erlaubt, die direkte Vertretung bei Rechtsgeschäften zu übernehmen.

Anstelle der Betreuungsverfügung kann auch eine **Vorsorgevollmacht** ausgestellt werden. Damit bevollmächtigt eine Person eine andere Person, im Falle einer Notsituation alle oder bestimmte Aufgaben für den Vollmachtgeber zu erledigen. Mit der Vorsorgevollmacht wird der Bevollmächtigte zum Vertreter im Willen, d. h., er entscheidet anstelle des nicht mehr entscheidungsfähigen Vollmachtgebers und ist auch in rechtlichen Belangen vertretungsberechtigt.

4 **Lesen Sie die beiden Standpunkte. Diskutieren Sie in kleinen Gruppen. Welcher Auffassung stimmen Sie zu?**

Also mir hilft eine klar und eindeutig formulierte Patientenverfügung im Ernstfall. Da muss ich keine Vermutungen über den Patientenwillen anstellen und stehe auch nicht zwischen möglichen Fronten der Angehörigen, die vielleicht kontroverse Meinungen vertreten.

Mir wird mit so einer Patientenverfügung ein Teil meines professionellen ärztlichen Handlungsspielraums genommen. Weiß ich denn, ob der Patient in dieser lebensbedrohlichen Situation immer noch so denkt wie zu dem Zeitpunkt, als er die Patientenverfügung verfasst hat?

5 **Sehen Sie sich die Karikatur an. Sprechen Sie: Was bedeuten Patientenverfügungen für das ärztliche Handeln? Welche Pflichten ergeben sich daraus und welche juristischen Konsequenzen? Recherchieren Sie.**

6 **Lesen Sie den Ausschnitt aus einer Infobroschüre zu Patientenverfügungen. Formulieren Sie die Kernaussage in einem Satz.**

„Ich möchte keine ärztlichen Maßnahmen, die mein Leiden und Sterben verlängern …" Derartige Formulierungen in einer Patientenverfügung sind zu pauschal oder schwammig und müssen von der Ärztin / vom Arzt nicht zwingend beachtet werden. Formulierungen wie „unwürdig dahinvegetieren" oder „ich möchte nicht qualvoll leiden" helfen dem Arzt in der Behandlung nicht weiter. Um Missverständnisse zu vermeiden, muss man konkret formulieren, was genau man möchte, bzw. nicht möchte, also zum Beispiel die Organentnahme bei festgestelltem Hirntod. Eine aussagefähige Patientenverfügung beinhaltet die genaue, detaillierte und persönlich begründete Aufzählung von spezifischen Behandlungs- und Pflegewünschen bzw. deren Verzichtswunsch.

In einer detailliert und eindeutig formulierten Patientenverfügung werden etwa Fragen geklärt wie: Wann soll bzw. soll nicht reanimiert werden? Wann soll eine bzw. keine Schmerztherapie durchgeführt werden? Welche Folgen werden in Kauf genommen, welche nicht? Wann ist eine bzw. keine künstliche Beatmung gewünscht? Wann ist eine bzw. keine Krankenhauseinweisung erwünscht? usw.

▶ 085 **7** **Hören Sie ein Arzt-Patienten-Gespräch. Antworten Sie.**

Um welche Grunderkrankung, um welchen Eingriff geht es?
Wovon versucht die Ärztin die Patientin zu überzeugen?

8 **Sprechen Sie im Plenum. Haben Sie Erfahrungen mit dem Thema *Patientenverfügungen*? Wie wird mit diesem Thema in Ihrem Herkunftsland umgegangen?**

Wir berichten über ...

A Den Aufbau eines Arztbriefs verstehen

A1 Sprechen Sie zu zweit. Welche Situationen könnten hier dargestellt sein?

A2 a **Was ist die wesentliche Funktion eines Arztbriefs? Kreuzen Sie an.**

1 Informationsaustausch unter Kollegen ◯
2 Dokumentation des Ist-Zustandes eines Patienten ◯
3 Abrechnungsdokument für die Krankenkasse ◯
4 Selbstdarstellung einer Abteilung ◯

b **Vergleichen Sie mit Ihrem Ihrer Lernpartnerin / Ihrem Lernpartner.**

A3 a **Welche Informationen gehören unbedingt in einen Arztbrief? Kreuzen Sie an.**

1 ◯ Epikrise
2 ◯ Adressat
3 ◯ Diagnose
4 ◯ Anamnese
5 ◯ Medikation
6 ◯ Patientendaten
7 ◯ Therapieempfehlung
8 ◯ Befunde / Laborwerte
9 ◯ Namen der Familienangehörigen
10 ◯ Versicherungsstatus des Patienten
11 ◯ Religionszugehörigkeit des Patienten
12 ◯ Einkommensverhältnisse des Patienten

▶ 086 b **Hören Sie den Anfang eines Gesprächs. Welches Problem hat Farhan?**

▶ 087 c **Hören Sie weiter. Welche Begriffe kann man synonym verwenden? Ordnen Sie zu.**

1 zusammenfassende Beurteilung — A führende Diagnose
2 Procedere — B Epikrise
3 Hauptdiagnose — C Therapievorschlag

A4 **Arbeiten Sie zu zweit. Was gehört alles zu den Befunden? Tauschen Sie sich anschließend mit einem anderen Lernpaar aus. Sammeln Sie Ihre Ergebnisse anschließend im Plenum.**

EKG, Labor, ...

A5 a **Dieser Arztbriefentwurf ist durcheinandergeraten. Ordnen Sie die Oberbegriffe zu.**

1 Patientendaten • **2** Diagnosen • **3** Anamnese • **4** Epikrise • **5** Procedere • **6** Befunde

◯ Osteosynthese offene OSG Fraktur links, Diabetes mellitus, Bronchopneumonie
◯ Wir bitten um Entfernung der Hautnaht am ...
◯ Bei Aufnahme war der Patient wach und ansprechbar. Er gab an, ...
◯ Rtg. Thorax: großflächige Verschattung im Bereich ...; EKG: SR; Indiff. Typ, 75 / min, 1 VES
◯ Am dritten postoperativen Tag entwickelte der Patient eine fieberhafte Bronchopneumonie, die antibiotisch mit ...
◯ Wir berichten über Felix Neusäss, geb. 12.3.1967, wohnhaft in ..., der sich vom 12.3.20.. bis 18.3.20.. in unserer stationären Behandlung befand.

b Vergleichen Sie mit Ihrer Lernpartnerin / Ihrem Lernpartner.

A6 a Überlegen Sie. Was wissen Sie über Struktur und Inhalt von Arztbriefen?

Absender und Empfänger müssen klar sein.

▶ 088 b Hören Sie das Gespräch und antworten Sie.

Aufbau? Patientendaten, ______

Welche Zeitform? ______

Welche Personalform? ______

Was muss in die Anamnese? ______

Umfang? kurz, ______

c Vergleichen Sie Ihre Antworten mit Ihrem Lernpartner / Ihrer Lernpartnerin.

A7 a Schreiben Sie eine Checkliste für Farhan, in der steht, wie ein Arztbrief aufgebaut ist und worauf man beim Schreiben achten muss. Nutzen Sie alle Informationen aus A2, A3 und A6.

b Arbeiten Sie in kleinen Gruppen. Tauschen Sie Ihre Notizen aus und ergänzen Sie ggf.

A8 a Lesen Sie den Anfang eines Arztbriefes. Was fällt Ihnen in Bezug auf Stil und Aufbau auf? Was ist richtig? Was ist falsch oder unpassend?

> Sehr geehrte Hausärztin Frau Dr. Michaela Böttcher,
>
> der Zustand, in dem Herr Wagner, Ihr Patient, zu uns kam, war, gelinde gesagt, katastrophal. Nicht nur sein Äußeres, auch sein Körper war insgesamt eher desolat. Unrasiert, ungewaschen und unangenehm fordernd bis aggressiv. Dabei wog er gerade mal 53 kg bei einem Meter dreiundsiebzig Körpergröße. Also eine Ernährungssituation, die viel zu wünschen übrig ließ.
>
> Es sei angemerkt, dass Herr Wagner am 03.06.1978 geboren wurde und laut Auskunft seiner Lebensgefährtin in der Sturmgasse 6 in 78901 Hepating wohnt.
>
> Der Patient hatte seit über 24 Stunden abdominelle Schmerzen. Seit den frühen Morgenstunden gesellten sich Übelkeit und Erbrechen hinzu. Er erklärte sich sein Unwohlsein durch die Aufnahme einer verdorbenen Salatsoße. Eine Messung der Körpertemperatur durch die Lebensgefährtin zeigte eine fieberhafte Erhöhung auf 38,9° C, was sie veranlasste, das Krankenhaus aufzusuchen ...

b Begründen Sie Ihre Entscheidung. Diskutieren Sie in kleinen Gruppen.

B Einen Arztbrief schreiben (1)

B1 **Lesen Sie nun den Arztbrief in der standardisierten Form. Ordnen Sie die passenden Oberbegriffe zu.**

Anamnese • Epikrise • Therapievorschlag • Diagnose • Patientendaten

____

Wir berichten über Herrn Bernhard Wagner, geb. 3.06.1978, wohnhaft Sturmgasse 6, 78901 Hepating, der sich vom 3.04.20.. bis 10.04. 20.. in unserer stationären Behandlung befand.

__________: Akute Appendizitis
Hepatitis B
Z.n. Drogenabusus

____

Die stationäre Aufnahme erfolgte aufgrund massiver Beschwerden im rechten unteren Quadranten.
Der Patient war in deutlich reduziertem EZ (1,73 m/53 kg), BMI 16,7. Die anschließende Diagnostik bestätigte den Anfangsverdacht einer akuten Appendizitis.

____

Nach entsprechender präoperativer Vorbereitung (EKG und Labor) wurde eine Appendektomie in Vollnarkose durchgeführt. Intraoperativ bestätigte sich die akute Entzündung des Appendix. Der postoperative Verlauf war unkompliziert. Bei reizlosen Wundverhältnissen und subjektiver wie objektiver (VAS Skala 1) Beschwerdefreiheit konnte der Patient am 10.4.20.. entlassen werden.

____

Wir bitten höflichst, die Fäden der Hauptnaht am zehnten postop. Tag zu entfernen. Sollten sich Komplikationen entwickeln, kann sich Herr Wagner jederzeit in unserer chirurgischen Ambulanz vorstellen.

Für Rückfragen stehen wir gern zur Verfügung.
Mit freundlichen Grüßen

B2 a **In Arztbriefen tauchen immer wieder ähnliche Formulierungen auf. Was passt? Kreuzen Sie an.**

1 Wir berichten ◯ über ◯ um ◯ aus Herrn ...
2 In der erweiterten Diagnostik ◯ zeigte sich ◯ ergab sich ◯ bedankte sich ...
3 Der weitere Verlauf ◯ gestaltete sich ◯ verlief ◯ ging ...
4 Die stationäre Aufnahme erfolgte ◯ aufgrund ◯ deswegen ◯ außerhalb ...
5 Der Patient war ◯ ansprechbar ◯ orientiert ◯ fröhlich.
6 In den HWS-Funktionsaufnahmen kein ◯ Tipp ◯ Hinweis ◯ Vorschlag ...
7 Wir entlassen Frau / Herrn ... in ◯ Ihre guten Hände ◯ Ihre Weiterbehandlung ◯ Ihre Praxis.

b **Arztbriefe sollten kurz und präzise sein. Deshalb finden sich oft Wortbildungen, die Nebensätze oder Verbalisierungen ersetzen. Ordnen Sie zu.**

A Nach entsprechender präoperativer Vorbereitung • **B** feststellbar • **C** tastbar • **D** altersentsprechender AZ • **E** Im Falle eines / einer ... • **F** beschwerdefrei • **G** nach durchgeführter Labordiagnostik • **H** wohnhaft • **I** Bei der stationären Aufnahme

1 ◯ Der Patient wohnt in ...
2 ◯ man kann etwas tasten
3 ◯ keine Beschwerden haben
4 ◯ man kann etwas feststellen
5 ◯ Wenn etwas Bestimmtes passieren sollte, ...
6 ◯ Als wir den Patienten stationär aufnahmen, ...
7 ◯ eine bestimmte Laboruntersuchung wurde gemacht
8 ◯ Sie / Er sieht so aus, wie es ihrem / seinem Alter entspricht
9 ◯ Wir haben den Patienten standardmäßig auf die OP vorbereitet

B3 Ordnen Sie zu.

1 Patientendaten • 2 Diagnose • 3 Anamnese • 4 Epikrise • 5 Therapievorschlag

- (5) Wir empfehlen die Fortführung der Medikation ...
- ◯ Die stationäre Aufnahme erfolgte aufgrund ...
- ◯ Postoperativ erfolgte / zeigte sich / entwickelte sich ...
- ◯ Wir berichten über ...
- ◯ Der weitere Verlauf gestaltete sich ...
- ◯ Eine Antibiose wurde durchgeführt.
- ◯ Die durchgeführte Diagnostik zeigte dann ...
- ◯ Unter der Antibiose besserte sich ...
- ◯ Typisches isthmusabhängiges Flattern (CHADS-VASc=2) ...
- ◯ In der Vorgeschichte häufige ...
- ◯ Exazerbierte COPD ...
- ◯ Wir begannen neben der antiobstruktiven Therapie mit ...
- ◯ Der weitere stationäre Verlauf gestaltete sich ...
- ◯ Im Falle einer / eines ... bitten wir um Wiedervorstellung ...
- ◯ Wir bedanken uns für die Überweisung der / des ...
- ◯ Bei der stationären Übernahme war der Patient / die Patientin beschwerdefrei / stabil / ...
- ◯ Es ergab sich kein Hinweis auf ...
- ◯ Wir bitten um Fortführung der oralen Antikoagulation.
- ◯ Als vorherrschendes Leitsymptom beschreibt Herr / Frau ...
- ◯ Bewusstseinsklare, zu allen Qualitäten orientierte/r Patient/in in gutem AZ.
- ◯ ..., geb. 23.4.1954, wohnhaft Erlenbacherstraße 3, 32416 Gingermühle, die / der sich vom ... bis ... in unserer stationären ... befand ...

B4 a **Wählen Sie einen der beiden Fälle und schreiben Sie einen Arztbrief. Erfinden Sie ggf. fehlende Informationen wie Patientendaten etc.**

Fall 1: Herr Wächter aus Lektion 2 (vgl. die Informationen auf S. 14–15) hat rechts sein neues Knie bekommen. Er ist 81 Jahre, trägt einen Herzschrittmacher bei AV-Block III. Grades. Postoperativ: Lobärpneumonie Antibiose / bekannte COPD (Gold 2) Atemtherapie, Physiotherapie, verzögerte Mobilisation / Entlassung in Reha am 12. postoperativen Tag.

Fall 2: Ein 69-jähriger Patient wird mit Hinterwandinfarkt (HWI) eingeliefert und in die Kardiologie verlegt (vgl. S. 73). Dort wurde dann eine primäre perkutane Koronarintervention (PCI) des RCA mit Stentimplantation durchgeführt. Bekannter Diabetes mellitus Typ 2. Therapie: Metformin, Fettstoffwechselstörung Adipositas (BMI 36,5) Ernährungsberatung, für 48 Stunden auf der IST. Entlassung in Reha 6. stationärer Tag, Medikation: ASS, Clopidogrel, Simvastatin, Ramipril, Bisoprolol, Metformin

b **Arbeiten Sie zu zweit. Finden Sie jemanden, die / der einen anderen Fall gewählt hat als Sie. Stellen Sie Ihren Patienten anhand der Anamnese und Epikrise vor. Versuchen Sie, möglichst frei zu sprechen und nicht vorzulesen. Tauschen Sie dann die Rollen.**

> **Lerntipp:** *Anamnese und Epikrise im Arztbrief sind inhaltlich mit einer Patientenvorstellung vergleichbar. Üben Sie Anamnesen und Epikrisen, also Behandlungsverläufe in mündlicher und schriftlicher Form. Haben Sie einen Arztbrief geschrieben, so üben Sie, Aufnahmebefund und Therapieverlauf frei vorzutragen. Im Falle einer Patientenvorstellung verfahren Sie umgekehrt. Trainieren Sie, das Gesprochene in eine geschriebene Form zu bringen.*

Der Arztbrief – eine ungeliebte Notwendigkeit?!

1 Diskutieren Sie die folgende Aussage in kleinen Gruppen.

„Der Arztbrief gehört zu unserem ärztlichen Beruf wie das Atmen zum Menschsein!"
(Zitat: Dr. Bernd Zimmer, Wuppertal, Vizepräsident der Ärztekammer Nordrhein, Workshop 2010)

2 Lesen Sie Ausschnitte aus verschiedenen Arztbriefen und markieren Sie die Textstellen, in denen Äußerungen der Patienten wiedergegeben werden.

wir berichten im Folgenden über die Patientin Friederike Meier, geb. am 28.5.1966, wohnhaft in 43921 Drulshagen, An der Sichel 10, die sich vom 12.3.20.. bis zum 14.3.20.. in unserer stationären Behandlung befand.

Frau Meier gibt an, von ihrem Partner gegen die Tischkante gestoßen worden zu sein. Dabei habe sie sich die Verletzung am Hinterkopf zugezogen ...

... Der Patient sagt, er habe am Vorabend noch ganz normal gegessen und sei ohne besondere Beschwerden aufgewacht ...

Frau Klausweide stellte sich am 4.5.20.. in unserer Schmerzambulanz vor und klagte über starke ziehende Schmerzen im rechten unteren LWS-Bereich. Bis gestern Abend seien sie noch auf den Lendenwirbelsäulenbereich beschränkt gewesen. Seit heute morgen würden sie über den Oberschenkel bis in die Großzehe ziehen.

3 Lesen Sie einen Ausschnitt aus einem Ratgeber zum richtigen Schreiben eines Arztbriefes. Warum spielt die indirekte Rede im Arztbrief so eine große Rolle?

Das, was bis zur ärztlichen Befunderhebung passiert, was Ihnen erzählt wird, MUSS auch als solches so markiert werden. Wenn Ihnen zum Beispiel ein Patient erzählt, dass ihm schwindelig geworden ist und er dann auf die Steinplatte gestürzt ist, sollte es im Arztbrief heißen: „Der Patient berichtet, es sei ihm schwindelig geworden und er sei dann auf eine Steinplatte gestürzt!" Wenn Sie das nicht in der indirekten Rede, also im Konjunktiv I wiedergeben, sondern stattdessen im Indikativ: „Dem Patienten ist schwindelig geworden und er ist in der Folge auf eine Steinplatte gestürzt", dann erhält diese Aussage faktischen Charakter. Damit ist gemeint, dass eine dritte Person nicht unterscheiden kann, ob Sie als Arzt dabei gewesen sind, also wie ein Zeuge agieren, oder ob der Patient dies Ihnen nur erzählt hat. Das kann auch in bestimmten Fällen (Gutachten, Gerichtsverfahren, Versicherungsfälle) juristische Konsequenzen haben.
Darum ist es ganz wichtig, dass Sie lernen, die Informationen, die Ihnen andere (hier: Patienten) erzählen, in der indirekten Rede wiederzugeben. Alternativ dazu können Sie durch die Wortwahl deutlich machen, dass es sich um Patientenangaben handelt: „Der Patient berichtet über rezidivierend auftretende Kopfschmerzen seit zwei Jahren".

4 Arbeiten Sie zu zweit. Recherchieren Sie im Netz: Welche Tipps zum richtigen Verfassen von Arztbriefen gibt es?

5 Sprechen Sie im Plenum. Was fällt Ihnen beim Verfassen von Arztbriefen leicht? Was bereitet Ihnen noch Schwierigkeiten?

6 Was müssen Sie lernen, um Arztbriefe schreiben zu können? Erarbeiten Sie gemeinsam eine Liste.

Konjunktiv I, ...

Lerntipp: *Üben Sie die indirekte Redewiedergabe (Konjunktiv I bzw. II), sooft Sie Gelegenheit dazu haben. Eventuell auch als inneren Monolog, wenn Ihnen eine Patientin / ein Patient etwas erzählt. Beispiel: „Heute morgen hatte ich noch keine Beschwerden." Herr X. gibt an, dass er am Morgen noch keine Beschwerden gehabt habe.*

Wortschatz / Kommunikation

13

Arztbrief

das Abrechnungsdokument, -e
der Absender, –
der Adressat, -en
die Anamnese, -n
der Aufnahmebefund, -e
die Befunderhebung, -en
der Behandlungsverlauf, -verläufe
die Beschwerdefreiheit (Sg.)
die Beurteilung, -en: *die zusammenfassende Beurteilung*
die Diagnose, -n: *die führende Diagnose*
die Dokumentation, -en
der Drogenabusus (Sg.)
die Einkommensverhältnisse (Pl.)
der Empfänger, –
die Epikrise, -n
die Ernährungsberatung (Sg.)
die Fettstoffwechselstörung, -en
die Fortführung, -en
die Funktionsaufnahme, -n
das Gutachten, –
die Hauptdiagnose, -n
der Hausarzt, -ärzte / die Hausärztin, -nen
die Hautnaht, -nähte
der Hinterwandinfarkt, -e
der Ist-Zustand, -Zustände
das Leitsymptom, -e
die Medikation, -en
der Oberschenkel, –
die Patientendaten (Pl.)
das Procedere (Sg.)
der Quadrant, -en
die Religionszugehörigkeit, -en
die Rückfrage, -n
die Selbstdarstellung, -en
die Therapieempfehlung, -en
der Therapievorschlag, -vorschläge
das Unwohlsein (Sg.)
die Verfügung (Sg.): *zur Verfügung stehen*
die Verschattung, -en
der Versicherungsfall, -fälle
der Versicherungsstatus (Sg.)
die Weiterbehandlung, -en
die Wundverhältnisse (Pl.)
der Zustand (Sg.): *Z.n. = Zustand nach*

erweitern: *die erweiterte Diagnostik*
tasten
vorherrschen: *das vorherrschende Leitsymptom*
zusammenfassen: *die zusammenfassende Beurteilung*

altersentsprechend
antibiotisch
aufgrund
beschwerdefrei
desolat
fieberhaft
gelinde gesagt
juristisch
reizlos: *reizlose Wundverhältnisse*
standardmäßig

Kommunikation

Einleitung

Wir berichten über ...
Wir bedanken uns für die Überweisung der Patientin/ des Patienten (+ vollständiger Name).
geb. (+ Datum)
wohnhaft in (+ Adresse)
... die / der sich vom ... bis ... in unserer stationären Behandlung befand

Anamnese

Bei Aufnahme war der Patient wach und ansprechbar.
Die stationäre Aufnahme erfolgte aufgrund ...
Es ergab sich kein Hinweis auf ...
In der Vorgeschichte häufige ...
Die Patientin / Der Patient war in altersgerechtem EZ / AZ / in deutlich reduziertem Ernährungszustand ... / zu allen Qualitäten orientiert
... ließ zu wünschen übrig.

Epikrise

Am dritten postoperativen Tag entwickelte ...
Bei der stationären Übernahme war der Patient / die Patientin beschwerdefrei.
Der weitere (stationäre) Verlauf gestaltete sich ...
Die durchgeführte Diagnostik zeigte dann ...
Eine Antibiose wurde durchgeführt.
Postoperativ erfolgte / zeigte sich / entwickelte sich ...
Wir begannen neben der ...therapie mit ...

Therapievorschlag

Wir empfehlen die Fortführung der Medikation.
Wir bitten um Entfernung der Hautnaht am ...
Im Falle eines / einer ... bitten wir um Wiedervorstellung ...

„Nun lass ihn doch mal ausreden!“

A Ein Aufklärungsgespräch strukturieren

A1 a **Was gehört zu einem Aufklärungsgespräch? Sprechen Sie in kleinen Gruppen.**

b **Warum werden Aufklärungsgespräche geführt? Markieren Sie in den drei Erklärungen die Schlüsselwörter. Welche der drei Definitionen beantwortet die Frage Ihrer Meinung nach am besten?**

1 Viele Patienten fürchten sich vor bestimmten Eingriffen und Therapien. Deshalb ist es wichtig, vorher mit ihnen darüber zu sprechen.
2 Weil jeder ärztliche Eingriff nur mit der Zustimmung der Patientin / des Patienten durchgeführt werden darf, ist der behandelnde Arzt verpflichtet, mit der Patientin / dem Patienten den Nutzen und die Risiken des bevorstehenden Eingriffs durchzusprechen.
3 Als Ärztin / Arzt ist man per Gesetz dazu verpflichtet, die Patienten im Detail über alle Risiken aufzuklären.

A2 a **In einem Leitfaden wurden sechs Schritte zu einem gelungenen Aufklärungsgespräch skizziert. Bringen Sie die Schritte in eine logische Reihenfolge.**

- ② Vorwissen und Einstellung der Patientin / des Patienten in Erfahrung bringen
- ◯ Informationsbedarf der Patientin / des Patienten klären
- ◯ Planung des weiteren Vorgehens
- ◯ Vorbereitung und Gesprächsbeginn
- ◯ Emotionen zulassen und weitere Informationen mitteilen
- ◯ Mitteilen der Information

b **Lesen Sie und ordnen Sie die sechs Schritte aus A2a zu.**

- ◯ Empathisch auf Gefühlsausbrüche wie Trauer, Wut oder Schock reagieren. Raum für Schweigen und Pausen geben. Wenn nötig, Informationen per Skizzen erläutern. Nachfragen, ob alles verstanden ist.
- ② Was weiß die Patientin / der Patient schon über den geplanten Eingriff / die Erkrankung?
- ◯ Befunde sollten alle vorhanden sein. Geeigneter Ort für Besprechung, ungestörte Atmosphäre. Klären, wer beim Gespräch noch dabei sein soll.
- ◯ Das vorher Gesagte zusammenfassen und die weiteren Schritte erklären. Nächsten Termin vereinbaren.
- ◯ Worüber und wie detailliert möchte die Patientin / der Patient aufgeklärt werden? Möchte sie / er über die Konsequenzen der Therapie etc. informiert werden?
- ◯ Die Diagnose / Therapie / Behandlung mitteilen und möglichst an den Sprachgebrauch der Patientin / des Patienten anpassen.

A3 **Lesen Sie die Redemittel. Ordnen Sie die Schritte aus A2a zu.**

- ◯ So, Frau Hein, die Laborbefunde sind alle in Ordnung, fehlen nur noch die Röntgenaufnahmen.
- ◯ Dr. Oblawa hat ja schon mit Ihnen den geplanten Eingriff besprochen: Haben Sie dazu noch Fragen?
- ◯ Sie hatten ja darum gebeten, nicht bis ins letzte Detail aufgeklärt zu werden.
- ◯ Können Sie meinen Ausführungen folgen oder soll ich es noch mal erklären?
- ◯ Man legt diesen Schmerzkatheter in den Bereich der unteren Brustwirbelsäule.
- ◯ Dann werden wir uns morgen früh um 8:00 Uhr im OP sehen.

B Ein Aufklärungsgespräch verstehen

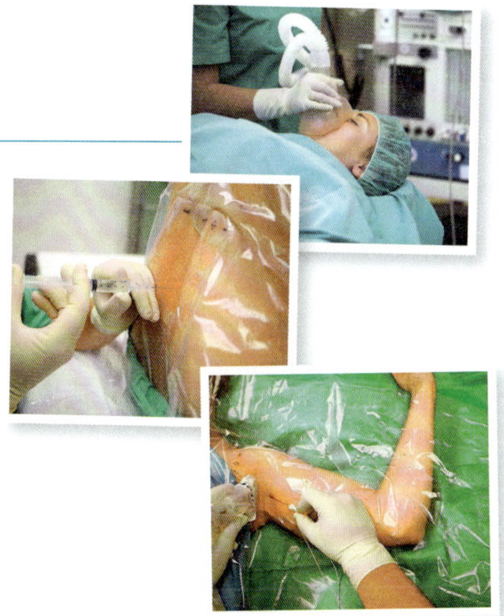

B1 a Welche Anästhesieformen sehen Sie auf den Fotos? Ordnen Sie zu.

Teilnarkose • Vollnarkose • Spinalanästhesie

b Arbeiten Sie zu zweit. Sprechen Sie: Wie würden Sie die Patienten über eine Vollnarkose aufklären?

▶ 089 **c Hören Sie das Gespräch. Wie geht der Arzt im Gespräch vor? Vergleichen Sie mit Ihren Überlegungen.**

B2 a Ordnen Sie die Fachbegriffe zu.

1 Tubus • **2** untere BWS • **3** Allen-Test • **4** Aspirationspneumonie • **5** Hemikolektomie • **6** postoperative Nausea • **7** PDK (Periduralkatheter) • **8** anaphylaktischer Schock • **9** Anästhesie

Narkose (9)	Beatmungsschlauch ◯	Übelkeit nach der Narkose ◯
Darmentfernung ◯	allergische Reaktion ◯	Schmerzkatheter im Rückenmarkskanal ◯
Durchblutungstest ◯	untere Brustwirbelsäule ◯	Mageninhalt gelangt über Speiseröhre in die Lunge ◯

b Arbeiten Sie zu zweit. Wählen Sie einen der Begriffe 1–9 aus B2a. Erklären Sie sich gegenseitig die Begriffe in patientengerechter Sprache.

Lerntipp: *Bei Aufklärungsgesprächen ist es äußerst wichtig, dass die Patienten verstehen, was Sie ihnen mitteilen möchten. Vermeiden Sie also Fachwortschatz!*

▶ 090 **B3 a Hören Sie ein Aufklärungsgespräch und beantworten Sie die Fragen.**

1 Welches zweites Narkoseverfahren empfiehlt der Anästhesist?
2 Worum bittet die Patientin den Arzt?
3 Welches Narkoseverfahren beschreibt der Arzt?
4 Welche Vorteile sieht er in diesem Verfahren für die Patientin?

b Beschreibt der Arzt die Verfahren patientengerecht? Begründen Sie Ihre Meinung.

B4 a Sehen Sie sich die Bilder an. Für welche Komplikationen im Rahmen einer Narkose stehen sie?

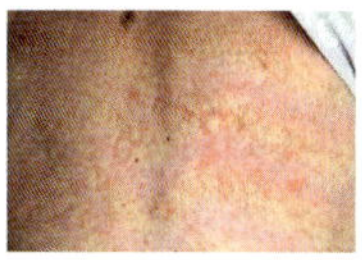
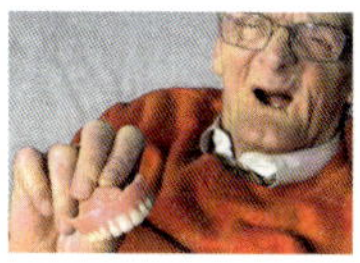

▶ 091–094 **b Bilden Sie vier Gruppen. Hören Sie nun den Rest des Aufklärungsgesprächs in vier Abschnitten. Jede Gruppe macht sich zu einem Abschnitt Notizen zu den folgenden Fragen. Anschließend trägt jede Gruppe ihre Ergebnisse vor, die anderen stellen Fragen dazu.**

Wie geht der Arzt mit der Fachterminologie um? Über welche Komplikationen wird aufgeklärt?

B5 Lesen Sie: Über welche Narkoseverfahren klärt die Ärztin / der Arzt gerade auf?

1 Dabei kann es sein, dass Sie nachher Schluckbeschwerden haben oder ein wenig heiser sind.
2 Sie werden einen leichten Druck spüren und eventuell ein Brennen an der Stelle. Lähmungen können in extrem seltenen Fällen auftreten.
3 Ab fünf Uhr müssen Sie nüchtern bleiben, weil sonst die Gefahr besteht, dass der Mageninhalt über die Speiseröhre zurückfließen kann.
4 Um Erbrechen zu vermeiden, geben wir spezielle Medikamente. Nebenwirkungen wie allergische Reaktionen treten bei den neuen Narkosemitteln nur noch selten auf.

C Ein Aufklärungsgespräch führen

C1 **Lesen Sie. Was könnten die Themen der einzelnen Aufklärungsgespräche sein?**

Auch wenn in vielen Publikationen die Begriffe *Behandlungsaufklärung, Risikoaufklärung, Diagnoseaufklärung* und *Sicherheitsaufklärung* als voneinander getrennte Gesprächsformen dargestellt werden, so beinhaltet zum Beispiel eine Behandlungsaufklärung zwangsläufig auch immer eine Risikoaufklärung.

C2 **Arbeiten Sie zu zweit. Was könnte mit der Aussage rechts gemeint sein?**

Je unwichtiger der Eingriff, desto mehr muss aufgeklärt werden!

C3 a **Über welche Risiken bei den folgenden Behandlungen / Diagnosen / Eingriffen müssen Sie aufklären?**

Chemotherapie • Magenspiegelung • Vollnarkose • Gallenblasenentfernung • Lungenentzündung • Röntgen

b **Arbeiten Sie zu zweit. Tauschen Sie Ihre Notizen aus und ergänzen Sie.**

C4 a **Lesen Sie die Formulierungen und überlegen Sie, worüber hier aufgeklärt wird. Notieren Sie *A (= MRT-Untersuchung)* oder *B (= allgemeines Risiko eines operativen Eingriffs).***

1 (B) Es kann grundsätzlich zu einer Verletzung von Gefäßen oder Nerven kommen.
2 ◯ Es besteht die Möglichkeit einer Blutung / Nachblutung oder auch die Notwendigkeit einer Bluttransfusion.
3 ◯ Überall, wo man hineinschneidet, kann es in einzelnen Fällen zu einer Entzündung / Entzündung der Wunde / Wundinfektion kommen.
4 ◯ Bei Tatoos mit viel schwarzen Farbanteilen kann es zu Verbrennungen kommen.
5 ◯ Eventuell ist die Gabe von Fremdblut notwendig.
6 ◯ Es könnte zu einer lebensbedrohlichen Funktionsstörung Ihres Schrittmachers kommen.
7 ◯ Die Wundnaht schließt sich eventuell nicht richtig und es kann zu einer Undichtigkeit oder zum Aufklaffen der Wunde führen.
8 ◯ Bei Gabe eines Kontrastmittels kommt es hin und wieder zu allergischen Reaktionen.
9 ◯ Niemals auszuschließen sind Verstopfungen von Gefäßen durch Blutgerinnsel oder die Entstehung einer Embolie, wenn sich ein Gerinnsel ablöst und in die Lungen gelangt.
10 ◯ Die Nähte können sich gelegentlich wieder öffnen. Es kann zu einer Nahtinsuffizienz kommen.

b **Markieren Sie alle Ausdrücke, die eine Möglichkeit oder Wahrscheinlichkeit ausdrücken. Kennen Sie andere Formulierungen, die Möglichkeiten ausdrücken? Schreiben Sie.**

C5 **Sprechen Sie zu zweit darüber, welche der folgenden Häufigkeitsausdrücke Sie in einem Aufklärungsgespräch zu den Eingriffen und Komplikationen in C3 nutzen würden.**

nie • fast nie • extrem selten • vereinzelt • gelegentlich • hin und wieder • manchmal • häufig • oft • immer

C6 **Rollenspiel. Arbeiten Sie zu zweit. Wählen Sie eine Indikation / Therapie aus C3 und klären Sie den Patienten auf. Tauschen Sie dann die Rollen. Nutzen Sie die Redemittel aus B5, C4 und C5.**

D Einen medicolegalen Text verstehen

D1 **Medizin und Jura – zwei Fachgebiete, die sehr stark miteinander verzahnt sind. Es gibt viele Begriffe im medizinischen Alltag, die dies belegen. Finden Sie das richtige Wort zu den Erklärungen.**

gesetz • delikt • Einwilligung

1 Der Eingriff in die körperliche Unversehrtheit einer Person: das Körperverletzungs________

2 Regelt die Rechte der Patienten in Bezug auf ihre medizinische Versorgung: das Patientenrechte________

3 Patienten müssen den Eingriffen nach vorheriger Aufklärung ausdrücklich zustimmen: eigenverantwortliche ____________

D2 a **Bilden Sie drei Gruppen (A / B / C) und bearbeiten Sie die Aufgaben zu den entsprechenden Textausschnitten.**

Aufgabe Gruppe A: Klären Sie das Wort *eingedrungen*. Welche anderen Verben fallen Ihnen dazu ein? Was ist hier mit dem Ausdruck *rechtfertigender Notstand* gemeint? Finden Sie ein Beispiel.
Aufgabe Gruppe B: Was bedeutet die Abkürzung *BGB*? Was ist damit gemeint, dass das Selbstbestimmungsrecht im *Grundgesetz verankert* ist? Finden Sie ein Beispiel.
Aufgabe Gruppe C: Überlegen Sie sich eine Diagnose mit dazugehöriger Therapie, zu der es möglicherweise auch alternative Therapien gibt. Stellen Sie diese dann in Form einer Aufklärung dar.

Ⓐ Auch jede ärztliche Behandlung zu Heilzwecken, bei der auf irgendeine Weise in den Körper des Patienten eingedrungen wird, ist nach geltender Meinung eine Körperverletzung, die nur dann nicht rechtswidrig ist, wenn in sie eingewilligt wird oder ein rechtfertigender Notstand vorliegt. Man spricht in diesem Zusammenhang auch von der eigenverantwortlichen Zustimmung des Patienten.

Ⓑ Laut Patientenrechtegesetz § 630 a ff. BGB aus dem Jahr 2013 bezieht sich die Aufklärungspflicht des Arztes auf das Selbstbestimmungsrecht der Patienten, das wiederum im Grundgesetz verankert ist. Arzt und Patient gehen einen Behandlungsvertrag ein, in dem sich der behandelnde Arzt verpflichtet, den Patienten über sämtliche für die Einwilligung wesentlichen Umstände aufzuklären. Die Inhalte eines Aufklärungsgesprächs müssen allerdings nicht immer schriftlich dokumentiert sein.

Ⓒ Zu einer vollständigen und ordnungsgemäßen Aufklärung gehört auch, dass der Patient über Behandlungsalternativen aufgeklärt wird, wenn mehrere medizinisch gleichermaßen indizierte und übliche Methoden zu wesentlich unterschiedlichen Belastungen, Risiken und Heilungschancen führen können.

b **Bilden Sie jetzt Dreier-Gruppen mit je einem Mitglied aus den A-, B-, C-Gruppen und berichten Sie einander über den Inhalt Ihres Textabschnittes, Ihre Aufgaben und Ergebnisse.**

D3 **Sprechen Sie dann im Plenum. Was wissen Sie noch über das Thema *Patientenrechtegesetz*? (Erinnern Sie sich noch an die Patientenverfügung?) Welchen Einfluss hat das auf Ihre ärztliche Tätigkeit? Wie ist das in Ihrem Herkunftsland geregelt?**

D4 **Lesen Sie und diskutieren Sie im Plenum. Welcher Auffassung stimmen Sie zu? Begründen Sie.**

■ Halte ich für völlig übertrieben! Manche fragen ja auch, ob sie unter der Narkose sterben können. Und dann sage ich ihnen, dass es wahrscheinlicher ist, dass gleich ein Flugzeug auf die Klinik stürzt! Aber deswegen kläre ich nicht über die Möglichkeit des Sterbens auf. Das ist ein allgemeines Risiko!

▲ So einfach ist das nicht. Schließlich ist das eine spezifische Komplikation der Anästhesie. Und über die musst du aufklären, auch wenn sie selten ist. Da gibt es auch Urteile. Ich glaube sogar vom BGH.

Dr. Google und der mündige Patient

1 Sprechen Sie in kleinen Gruppen. Was könnte mit dem Ausdruck *der mündige Patient* gemeint sein?

mündig: volljährig, noch nicht mündig: minderjährig; fähig, bestimmte Entscheidungen zu treffen.

2 Überlegen Sie. Wie könnte so eine Umfrage in Ihrem Herkunftsland ausfallen? Tauschen Sie sich im Plenum aus.

Umfrage: Patienten informieren sich immer besser

Eine Entwicklung, die auch von immer mehr Medizinern wahrgenommen wird. Als die Ärzte-Zeitung 2012 unter ihren Lesern eine Umfrage durchführte, gaben rund 62 Prozent an, dass die Patienten besser informiert seien als früher, zehn Jahre zuvor waren es noch rund 50 Prozent. Patienten möchten bei Therapieentscheidungen mitbestimmen (2002: rund 39 Prozent, 2012: rund 46 Prozent).

3 Lesen Sie den Artikel. Welche Überschrift passt am besten? Begründen Sie.

- ◯ **Dr. Google ist gefährlich**
- ◯ **Das Internet macht Patienten fit**
- ◯ **Besonders Frauen konsultieren Cyberdoc**

Das World Wide Web macht es möglich: Warum warten, bis man einen Arzttermin bekommt? Dr. Google und Professor Wikipedia helfen auch weiter. Symptome eingeben und auf entsprechenden Seiten surfen, in Foren mit anderen „Betroffenen" diskutieren, und schon steht die Diagnose. Viele Menschen suchen Rat beim Cyberdoc, googeln Symptome oder durchforsten diverse Gesundheitsseiten. Fündig geworden und mit der Selbstdiagnose als Gewissheit, wird auch schon mal mit rezeptfreien Arzneimitteln therapiert. Fehldiagnosen sind nicht selten das Ergebnis dieser virtuellen Selbstanamnese. Frauen scheinen Studien zufolge besonders häufig in Gesundheitsfragen im Netz unterwegs zu sein. Es gibt sogar schon eine Bezeichnung für Menschen, die häufig nach Krankheiten googeln: Cyberchonder! Und die Warnungen, den virtuellen Medizinmann lieber nicht zu befragen, werden immer lauter. Manche Ärzte geben zu bedenken, dass ein Laie seriöse von unseriösen Seiten nicht unterscheiden kann.

Doch ist nicht alles schlecht, was man im Netz zum Thema *Krankheit* googeln kann. So bewertet zum Beispiel die Stiftung Warentest bestimmte medizinische Expertenseiten hinsichtlich fachlicher Qualität und finanzieller Transparenz. Und auch die unabhängige Schweizer Stiftung *Health on the Net Foundation* vergibt Gütesiegel für Seriosität und Qualität. Eine Studie der Europäischen Kommission belegt, dass sechs von zehn Europäern im Internet nach Informationen zum Thema *Gesundheit und Krankheit* suchen. Die meisten von ihnen seien zufrieden mit den dort gefundenen Antworten. Sicherlich trägt das Internet zur Entwicklung der Patientenkompetenz bei und wird die Arzt-Patienten-Kommunikation auf Dauer verändern. Dass ein mündiger Patient, der die Entscheidung für eine Therapie mitgetragen hat, auch eine bessere Mitarbeit an der Therapie, also eine bessere Compliance zeigt, daran scheint in der Fachwelt kein Zweifel zu bestehen. Trotzdem

4 Schreiben Sie. Wie könnte der Artikel weitergehen? Welche Perspektive könnte noch beschrieben werden?

Aufklärungsgespräche

die Anästhesieform, -en
der Beatmungsschlauch, -schläuche
die Behandlungsaufklärung (Sg.)
die Brustwirbelsäule, -n
die Diagnoseaufklärung (Sg.)
der Durchblutungstest, -s
Erfahrung (hier Sg.): *in Erfahrung bringen*
der Folgeschaden, -schäden
die Funktionsstörung, -en
der Gefühlsausbruch, -brüche
die Narkose, -n: *Teilnarkose, Vollnarkose*
das Narkoseverfahren, –
die Risikoaufklärung (Sg.)
der Rückenmarkskanal, -kanäle
die Sicherheitsaufklärung (Sg.)
der Schmerzkatheter, –
postoperative Schmerztherapie, -n
der Schock, -s
die Speiseröhre, -n
der Sprachgebrauch, -gebräuche: *der Sprachgebrauch des Patienten*
die Trauer (Sg.)
der Umstand, Umstände
die Wut (Sg.)

aufklären
bevorstehen
durchsprechen

allgemeinsprachlich

Eingriffe / Behandlungen

die Brustwirbelsäule, -n
die Chemotherapie, -n
die Darmentfernung (Sg.)
die Gallenblasenentfernung (Sg.)
die Spinalanästhesie (Sg.)

Erkrankungen / Beschwerden / Komplikationen

das Aufklaffen (Sg.) der Wunde
das Brennen (Sg.)
das Blutgerinnsel, –
der Druck (Sg.)
das Erbrechen (Sg.)
das Gerinnsel, –
die Lungenentzündung, -en
die Nachblutung, -en
die Nahtinsuffizienz, -en
die Schluckbeschwerden (Pl.)
der Schrittmacher, –
die Undichtigkeit, -en
die Verletzung von Gefäßen
die Verstopfung von Gefäßen
die Wundinfektion (Sg.)
die Wundnaht, -nähte

heiser
lebensbedrohlich

Häufigkeit

gelegentlich
extrem selten
hin und wieder
vereinzelt

Medicolegales

die Aufklärungspflicht (Sg.)
der Bundesgerichtshof = BGH
der Behandlungsvertrag, -verträge
die Behandlungsalternative, -n
die Belastung, -en
das Bürgerliche Gesetzbuch (Sg.) = BGB
die Einwilligung (Sg.)
das Grundgesetz (Sg.)
der Heilzweck, -e
die Heilungschance, -n
die Körperverletzung, -en
das Körperverletzungsdelikt, -e
der Notstand, -stände
das Patientenrechtegesetz (Sg.)
das Selbstbestimmungsrecht (Sg.)
die Unversehrtheit (Sg.)

eindringen (drang ein, ist eingedrungen)

ausdrücklich: *ausdrücklich zustimmen*
eigenverantwortlich
gleichermaßen
indiziert
rechtfertigend
rechtswidrig
ordnungsgemäß
verankert

Mündige Patienten

die Selbstdiagnose, -n

durchforsten
fündig werden
googeln (er googelt, googelte, hat gegoogelt) (im Internet suchen)
konsultieren
wahrnehmen

minderjährig
mündig: *der mündige Patient*
volljährig

Kommunikation

Ein Aufklärungsgespräch strukturieren

So, Frau / Herr ..., die Laborbefunde sind in Ordnung. Es fehlen nur noch ...
Dr. ... hat den geplanten Eingriff mit Ihnen ja schon besprochen.
Haben Sie noch Fragen?
Sie hatten ja darum gebeten, ... zu ...
Dann werden wir uns ... sehen.

Über Risiken aufklären

Dabei kann es sein, dass Sie nachher Schluckbeschwerden haben.
Die Wundnaht schließt sich eventuell nicht richtig.
Die gesetzten Nähte können sich (gelegentlich) wieder öffnen.
Es kann zu ... kommen.
Es kann grundsätzlich zu einer Verletzung der Gefäße oder Nerven kommen.
Niemals auszuschließen sind ...
In extrem seltenen Fällen können Lähmungen auftreten.
Sie werden einen leichten Druck spüren.
Sonst besteht die Gefahr / die Möglichkeit, dass der Mageninhalt über die Speiseröhre zurückfließen kann.
Solche Nebenwirkungen treten nur noch selten / in extrem seltenen Fällen auf.
Überall, wo man reinschneidet, kann es zu einer Wundinfektion kommen.
Um das Erbrechen zu vermeiden, geben wir spezielle Medikamente.
Ab fünf müssen Sie nüchtern bleiben, weil sonst die Gefahr besteht, dass ...
Eventuell ist ... notwendig.
Es könnte auch sein, dass ... zu ... führt.
Bei ... kommt es hin und wieder zu ...

Intravenös?

A Über Medikationen sprechen

A1 a Ordnen Sie die Darreichungsformen den Bildern zu.

1 über die Bindehaut • 2 auf die Zunge • 3 in das Muskelgewebe • 4 durch die Nase • 5 unter die Zunge

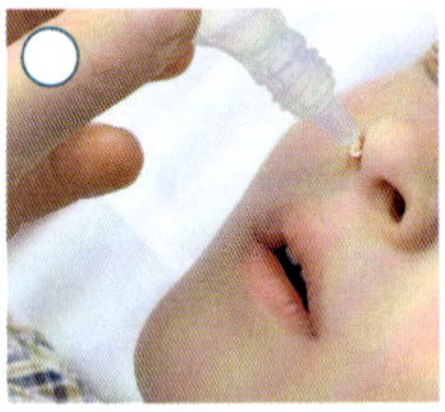 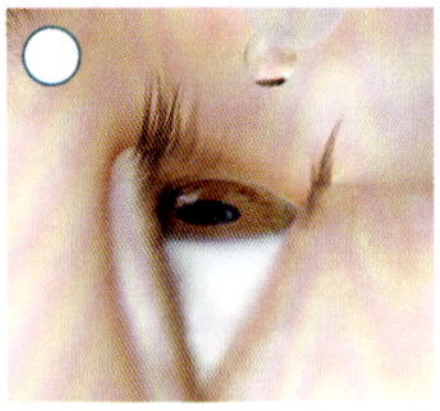 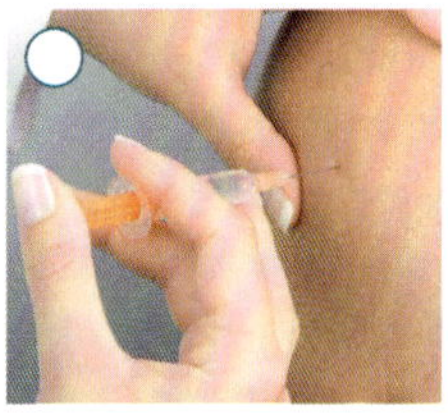 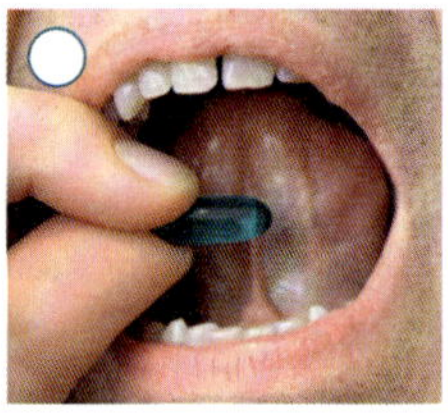 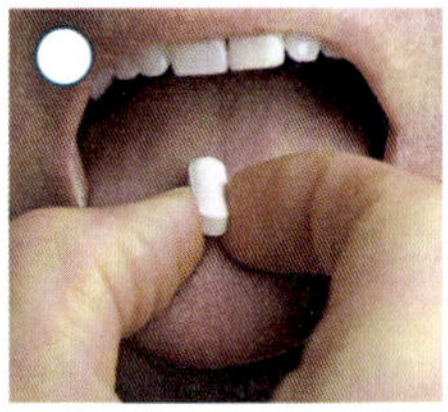

b Kennen Sie die lateinischen Bezeichnungen bzw. Abkürzungen für die Darreichungsformen? Finden Sie noch weitere Darreichungsformen.

A2 a Sprechen Sie in kleinen Gruppen. Worauf ist bei der Medikamentengabe generell zu achten?

▶ 095 **b Hören Sie den Anfang eines kurzen Vortrags. Welches Thema soll behandelt werden?**

▶ 096 **c Hören Sie nun den Vortrag und notieren Sie sich die wichtigsten Punkte.**

Richtiger Patient, ...

d Vergleichen Sie Ihre Notizen in Kleingruppen und ergänzen Sie gegebenenfalls.

A3 Lesen Sie den Dialog. Arbeiten Sie zu zweit. Welche der „7 R“ werden hier thematisiert?

▲ Ich wollte noch mal wegen der Insulindosis bei Frau Müller nachfragen.
■ Ja, Frau Müller, Zimmer 14.
▲ Nein, nein, Zimmer 9, Frau Müller Gerlinde, 23.4.1955 geboren.
■ Gut, und worum geht's?
▲ Mir ist nicht ganz klar, ob Sie 3 Internationale Einheiten meinen oder 31 Einheiten. Weil, das zweite wäre wohl ein bisschen viel, oder? Aber der Buchstabe ist so nah an der drei ...
■ Um Himmels willen, ich meinte 3 Einheiten. Drei IE: Internationale Einheiten!
▲ Und Sie haben nicht vermerkt, ob wir es i.v. oder subkutan geben sollen ...

▶ 097–100 **A4 Hören Sie vier weitere Gespräche. Um welche der „7 R“ geht es? Mehrfachnennungen sind möglich.**

	Patient	Arzneimittel	Dosierung	Applikationsform	Zeitpunkt	Dokumentation	Nachgefragt / Hingehört
Gespräch 1	○	○	○	○	○	○	○
Gespräch 2	○	○	○	○	○	○	○
Gespräch 3	○	○	○	○	○	○	○
Gespräch 4	○	○	○	○	○	○	○

▸ 097–099 **A5** a **Hören Sie drei Gespräche noch einmal. In welchem Gespräch kommt welcher Begriff vor?**

neun Milliliter Kochsalz ◯ 50 Milliliter Kochsalzlösung ◯ zweiprozentiger Saft ◯ eins zu neun ◯
ein Milligramm Adrenalin ◯ 15 Milliliter als Gesamtmenge ◯ eine Ampulle Novamin ◯
100 Milligramm, also 5 Milliliter ◯ 2,5 Gramm Novamin Ampullen ◯ als Kurzinfusion ◯

b **Arbeiten Sie zu zweit. Sammeln und notieren Sie. Kennen Sie noch andere Dosierungen?**

Zum Beispiel bei Tabletten: 100er, 200er, ...

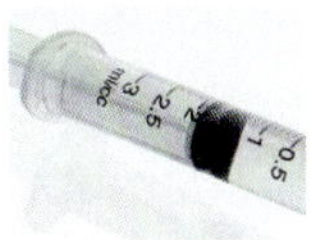

Lerntipp: *Die Zahlenangaben und die Maßeinheiten müssen absolut genau verstanden werden. Üben Sie, so oft es geht, Darreichungsformen, Dosierungsangaben laut auszusprechen. Wenn Sie mit jemandem üben können, fragen Sie nach, ob Ihre Angaben richtig verstanden wurden. Ihre Lernpartnerin / Ihr Lernpartner kann Ihre Angaben auch aufschreiben, sodass Sie sie später kontrollieren können.*

A6 a **Sprechen Sie. Was ist das Besondere bei der Dosierungsberechnung von Medikamenten bei Kindern?**

▸ 101 b **Hören Sie den Anfang eines Gesprächs. Was ist richtig?**

1 Der Kollege möchte wissen, wie man die Dosierung von Zytostatika berechnet. ◯
2 Der Kollege möchte wissen, wie man im Vorfeld der Chemotherapie die kleinen Patienten vor Nebenwirkungen schützen kann. ◯

▸ 102 c **Hören Sie das Gespräch weiter. Worauf weist die Ärztin ihren Kollegen ausdrücklich hin?**

A7 a **Lesen Sie den Dialog und ergänzen Sie die Begriffe.**

verspüren gelegentlich • vorzubeugen • bei der Therapie • dosisabhängige Nebenwirkungen • Zahnfleischwucherungen • kann angezeigt sein

■ Ja, Sie haben recht. Gerade bei den Medikamenten zur Behandlung der Epilepsie können (1) ______________________ auftreten.
▲ Mit welchen Nebenwirkungen muss ich denn (2) ______________ mit Phenytoin rechnen?
■ Die Patienten (3) ____________________ eine Art innerer Unruhe. Schwindel, Kopfschmerzen bis hin zum Nystagmus oder auch Dysarthrien sind beschrieben.
▲ Ich möchte Sie gerne noch zu einer anderen Nebenwirkung befragen: Stimmt es, dass bis zu 50 % der Patienten (4) ____________________ bekommen?
■ Ja leider. Diese Phenytoin-induzierte Gingivahyperplasie ist wirklich sehr häufig. Man sieht sie ja auch unter der Therapie mit Cyclosporin A und bei der Gruppe der Kalziumantagonisten.
▲ Gibt es denn Möglichkeiten, dieser Wucherung (5) ____________?
■ An erster Stelle steht selbstverständlich eine gute Zahnhygiene. Die Entfernung von Zahnstein und Ablagerungen auf den Zähnen. Auch die Spülung mit Chlorhexidin (6) ________________.

▸ 103 b **Hören Sie nun und vergleichen Sie.**

c **Markieren Sie in A7a alle Wendungen, die für ein Gespräch über Medikationen wichtig sind.**

A8 **Notieren Sie unterschiedliche Dosierungs- und Darreichungsformen. Diktieren Sie Ihrer Lernpartnerin / Ihrem Lernpartner Ihre Formulierungen. Achten Sie darauf, dass Sie nicht betont langsam, sondern ganz normal sprechen. Wiederholen Sie etwas nur dann, wenn Ihr/e Lernpartner/in etwas nachfragt. Vergleichen Sie anschließend und tauschen Sie die Rollen.**

A9 **Rollenspiel. Arbeiten Sie zu zweit. Der Lernpartner wählt ein Medikament und spricht über Dosierung, Darreichung und mögliche Nebenwirkungen. Benutzen Sie die Redemittel aus A7a.**

B An einer klinikinternen Fortbildung teilnehmen

B1 a **Lesen Sie die Ankündigung. Würde Sie diese Veranstaltung interessieren? Warum? Warum nicht? Begründen Sie.**

> **VORTRAG MIT ANSCHLIESSENDER DISKUSSION**
>
> ***„Pharmakotherapie über das Smartphone"***
>
> (Referent: Dr. med. Heinz Winkler)
>
> Risiken und Nutzen der Medical Apps – Auf welche Apps kann man sich verlassen? Sind Medical Apps ein Medizinprodukt?
>
> **wann: 13.05. um 18:00 Uhr** **wo: Kleiner Hörsaal**
>
> *Anerkannt als Fortbildung für das Fortbildungszertifikat*

b **Notieren Sie. Welche Fragen hätten Sie an den Vortragenden? Vergleichen Sie Ihre Fragen mit denen Ihrer Lernpartner.**

Für welche Gebiete gibt es Apps?
Wer haftet, wenn durch die Anwendung der App Fehler entstehen?

B2 a **Wettbewerb. Bilden Sie kleine Gruppen. Welche Gruppe findet am schnellsten die Bedeutung folgender Kürzel und Begriffe heraus und kann diese den anderen erläutern?**

BfArM • DIMDI • Medizinproduktegesetz • CE-Kennzeichen bei Medizinprodukten

▶ 104 b **Hören Sie den Anfang des Vortrags. Worauf will Dr. Winkler den Schwerpunkt legen?**

▶ 105 c **Hören Sie den Vortrag und machen Sie sich Notizen. Hören Sie noch einmal und ergänzen Sie die Sätze.**

1 Eine App kann als Medizinprodukt klassifiziert werden, wenn ______
2 Das Medizinproduktegesetz gilt ______
3 Definitiv keine Medizinprodukte sind Apps, die ______

d **Sprechen Sie zu zweit. Was muss man als Arzt bei der Anwendung einer App beachten?**

B3 a **Recherchieren Sie Argumente zum Thema *Vor- und Nachteile applikationsgestützter Therapie und Diagnostik*.**

b **Notieren Sie den Buchstaben der passenden Oberkategorie.**

A Zustimmen • **B** Widersprechen • **C** Etwas bewerten / kommentieren • **D** Informationen einbringen

1 Hier steht, dass ... ○
2 Nein, das glaube ich nicht. ○
3 Das kann schon zutreffen. ○
4 Das sehe ich ganz genau so. ○
5 Soweit ich das gelesen habe, soll man ... ○
6 Dazu möchte ich noch anmerken, dass ... ○
7 Ich schließe mich eurer / Ihrer Meinung an. ○
8 Für mich sieht das so aus, als ob wir als Ärzte ... ○
9 Ich frage mich, ob man das vergleichen kann. Bei uns ... ○
10 Hierzu möchte ich noch den folgenden Aspekt ergänzen. ○
11 Wenn man sich die Leitlinien durchliest, dann könnte man ... ○
12 Ich teile Ihre / deine Meinung nicht und glaube vielmehr, dass ... ○

c **Diskutieren Sie das Thema mit den Argumenten aus B3a in kleinen Gruppen.**

C Telefonate zur Medikation führen

C1 a **Sprechen Sie in kleinen Gruppen. Kennen Sie das? Sie haben Dienst und entlassene Patienten oder die Eltern eines entlassenen Kindes rufen Sie an. Welche Fragen werden häufig gestellt? Und wie reagieren Sie in solchen Situationen?**

▶ 106 b **Hören Sie ein Telefongespräch. Notieren Sie.**

Welche Sorge hat die Mutter? *Sie* ______________________

____

Wie reagiert der Arzt? *Er* ______________________

____

▶ 107–110 **C2** **Hören Sie vier Telefongespräche. Wer spricht: Arzt, Pflegekraft (PK) oder Patient? Kreuzen Sie an. Um welche Themen geht es? Notieren Sie Stichwörter.**

	Wer telefoniert?			Medikament	Darreichungsform	Dosierung	Nebenwirkungen
	Arzt	*PK*	*Patient*				
1							
2							
3							
4							

C3 **Lesen Sie die Dialogausschnitte und ordnen Sie diese den Gesprächsstrategien zu.**

1 Bitte machen Sie es genauso, wie ich es Ihnen gesagt habe. Die Kanüle ist extra so kurz, um eine falsche Handhabung zu vermeiden.
2 ... ich habe Sie nicht richtig verstanden. Frau Itter möchte auch keine Tropfen nehmen?
3 Entschuldigen Sie, aber sagen Sie mir doch bitte, was für einen Saft Sie gegeben haben.
4 Und wie viele Löffel haben Sie davon gegeben?
5 Würden Sie bitte den letzten Teil noch einmal sagen, ich habe nur Milligramm verstanden ...?

A Nach dem Medikament fragen
B Das Gehörte wiederholen / paraphrasieren
C Nach der Dosierung fragen
D Um Wiederholung bitten
E Anweisungen noch mal erklären

C4 **Arbeiten Sie zu zweit. Stellen Sie sich vor, Sie müssten für einen neuen Kollegen aufschreiben, wie er sich bei Anrufen zum Thema *Medikation* am besten verhält. Notieren Sie Tipps.**

Wenn die Anrufer sehr aufgeregt sind, ...

C5 **Arbeiten Sie zu zweit. Schreiben und spielen Sie ein Telefonat wie in C2 und C3. Variieren Sie den Sprachmodus der Anrufer: Mal ist die Person aufgeregt und redet ganz schnell, mal vielleicht ruhig oder auch unsicher.**

Lerntipp: *Überlegen Sie sich, welche Formulierungen Ihnen bei solchen Telefonaten Schwierigkeiten verursachen. Trainieren Sie diese Schwachpunkte mit gezielten Übungen.*

Juckt es oder kratzt es? – Es beißt!

1 In welcher Region kann man wohl diese Dialoge hören?

■ Beschreiben Sie mir doch bitte einmal Ihre Beschwerden genauer!

▲ Es beißt halt ganz arg und ich würd mich gern kratzen, aber ich komm nicht dran.

● Moin moin. Können wir anfangen? Was liegt an?

◆ Also, die Nacht war relativ ruhig. Eben kam noch ein SHT rein.

2 Lesen Sie den Text und antworten Sie. Was sind Sprachvarietäten? Welche Ratschläge gibt die Autorin?

„Mir tut der Fuß weh, besonders oben am Knie!" Wenn Ihnen ein Patient so seine Beschwerden schildert, dann kommt er höchstwahrscheinlich aus dem Süden Deutschlands oder aus Österreich, manchmal auch aus der Schweiz. Denn auch dort kann mit *Fuß* mitunter das ganze Bein gemeint sein. Antwortet eine Patientin auf die Frage, wie es ihr heute gehe, „Schlechter ist es nicht geworden", ist sie womöglich im norddeutschen Sprachraum beheimatet und möchte damit sagen, dass es ihr besser geht.
Bei der Beschreibung von Sensitivitätsstörungen werden Patienten in Westfalen über ein leichtes Jucken oder Kribbeln klagen, während Sie im Rhein-Main-Gebiet eher ein Bizzeln oder auch Pizzeln als Beschreibung für dieses Symptom hören können. Und ein Patient, der Ihren Behandlungsraum mit den Worten „Isch han dat arm Dier" betritt, kommt ganz bestimmt aus dem Rheinland und möchte mitteilen, dass es ihm seelisch nicht so gut geht. Es liegt vielleicht eine depressive Verstimmung vor.
Die deutsche Sprache ist variantenreich und zudem gespickt mit vielen lokalen Dialekten. Im Kontakt mit den Patienten, ob beim Anamnesegespräch oder während der Visite, können diese regionalen Varietäten schon mal zu Missverständnissen führen. Hier sind Sie als Ärztin / Arzt in Ihrer kommunikativen Kompetenz gefragt. Versuchen Sie durch gezielte Fragen herauszufinden, was Ihre Patienten meinen, wenn sie Wörter benutzen, die vom Standardrepertoire abweichen. Und lässt die Situation es zu, dann bitten Sie jemanden aus dem Team, eine Pflegekraft oder Kollegen um Klärung.
Wenden Sie die gleichen Strategien an, die Sie auch sonst nutzen, wenn Sie etwas nicht kennen oder verstanden haben, und lassen Sie sich ein auf den Variantenreichtum der deutschen Standardsprache. Und wenn Sie lange genug in einer Region arbeiten, haben Sie diese Spezialwendungen bestimmt schnell drauf!

3 Sprechen Sie in kleinen Gruppen. Welche Erfahrungen haben Sie mit den deutschen Sprachvarietäten?

4 Welche Begriffe entsprechen einander? Ordnen Sie zu.

1 der Rapport (CH)
2 das medizinische Kader (CH)
3 das Krankenhaus(D)
4 der Primarius (A)
5 der Respi (CH)

A der Chefarzt (D)
B das Spital (A / CH)
C das Beatmungsgerät (D)
D das Leitungsteam (D)
E die Besprechung (D)

5 Arbeiten Sie zu zweit. Suchen Sie möglichst viele Varianten dieser Wörter.

Schmerzen, Schluckauf, sich übergeben, Erkältung

6 Wie würde es einem Deutsch sprechenden Arzt in Ihrer Heimat ergehen? Gibt es dort auch Varietäten?

Wortschatz / Kommunikation

15

Darreichungsformen, Dosierung

die Ablagerung, -en
die Ampulle, -n
die Applikationsform, -en
die Bindehaut, -häute
die Dosierung, -en
die Dosierungsangabe, -n
die Dosierungsberechnung, -en
die Insulindosis, -dosen
die Internationale Einheit, -en (I.E.)
der Kalziumantagonist, -en
die Kochsalzlösung, -en
die Kurzinfusion, -en
die Maßeinheit, -en
die Medikamentengabe, -n
die Mehrfachnennung, -en
das Milligramm, –
der Milliliter, –
das Muskelgewebe (Sg.): *in das Muskelgewebe* (i.m.)
die Spülung, -en
die Zahlenangabe, -n
die Zunge, -n: *auf / unter die Zunge*

anzeigen: *kann angezeigt sein*
berechnen

intravenös (i.v.)
subkutan (unter die Haut)

Nebenwirkungen

die Unruhe (Sg.): *innere Unruhe*
die Wucherung, -en
die Zahnfleischwucherung, -en
die Zahnhygiene (Sg.)
der Zahnstein (Sg.)

beschreiben (beschrieb, hat beschrieben): *beschrieben sein*
verspüren
vorbeugen

dosisabhängig: *dosisabhängige Nebenwirkungen*

Vortrag über Apps

das Bundesinstitut für Arzneimittel und Medizinprodukte (BfArM)
das CE-Kennzeichen, –
das Deutsche Institut für Medizinische Dokumentation und Information (DIMDI)
das Fortbildungszertifikat, -e
die Gesundheits-App, -s
der Hörsaal, -säle
das Medizinprodukt, -e
das Medizinproduktegesetz, -e
der Nutzen (Sg.)
die Pharmakotherapie, -n
der Schwerpunkt, -e
die / der Vortragende, -n

haften

applikationsgestützt: *die applikationsgestützte Therapie*
klinikintern

Kommunikation

Zustimmen
Ja, Sie haben recht.
Das sehe ich ganz genauso.
Ich schließe mich Ihrer / deiner / eurer Meinung an.
Das kann schon zutreffen.

Widersprechen
Nein, das glaube ich nicht.
Ich frage mich, ob man das vergleichen kann. Bei uns ...
Ich teile Ihre / deine Meinung nicht und glaube viel mehr, dass ...

Etwas bewerten / kommentieren
Dazu möchte ich noch anmerken, dass ...
Wenn man sich die Leitlinien durchliest, dann könnte man meinen ...
Für mich sieht das so aus, als ob wir als Ärzte ...

Informationen einbringen
Soweit ich das gelesen habe, soll man ...
Hier steht, dass ...
Hierzu möchte ich noch den folgenden Aspekt ergänzen.

Nachfragen zur Medikation
Ich wollte nochmal wegen ... nachfragen.
Mir ist nicht ganz klar, ...
Ich möchte Sie gerne noch zu ... befragen.
Bitte machen Sie es genauso, wie ich es Ihnen gesagt habe.
Ich habe Sie nicht richtig verstanden.
Entschuldigen Sie bitte, aber sagen Sie mir doch bitte, wie der Saft / das Präparat heißt, den / das Sie ...
Und wie viele Löffel / Tropfen / Tabletten haben Sie davon gegeben / genommen?
Würden Sie das bitte noch einmal sagen? Ich habe nur ... verstanden.

„Ich habe es schon geahnt!“

A Ein komplexes Anamnesegespräch führen

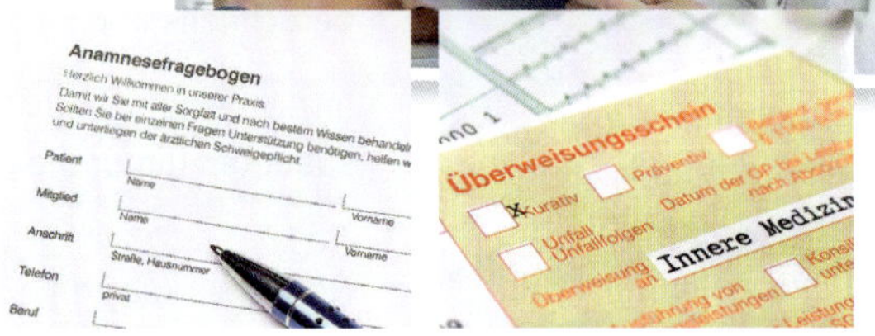

A1 **Sehen Sie sich die beiden Formulare an. Wer füllt sie aus? Wozu dienen sie?**

A2 a **Lesen Sie die Begriffe und ordnen Sie sie zu. Gibt es Überschneidungen?**

wohnortnah • überweisen an • spezialisiert • Hausbesuch • lebenslange Betreuung • familiäre Betreuung • Radiologie • Orthopädie • Koordinationsfunktion • Wundversorgung

HAUSARZT / -ÄRZTIN

FACHARZT / -ÄRZTIN

b **Sprechen Sie in kleinen Gruppen. Was ist mit der folgenden Aussage gemeint?**

„Der Hausarzt erfüllt im ärztlichen Netzwerk auch eine Siebfunktion.“

A3 **Gibt es so etwas wie das Hausarztsystem auch in Ihrem Herkunftsland? Berichten Sie.**

A4 **Überlegen Sie. Welche Themen sprechen Sie bei einer komplexen Anamnese an, wenn Sie einen Patienten neu aufnehmen (kein Notfall)? Vergleichen Sie dann zu zweit.**

▶ 111 **A5** a **Hören Sie den Anfang eines Anamnesegesprächs. Ist der Patient bei einem Hausarzt oder bei einem Facharzt? Was hat er (nicht) dabei?**

▶ 112 b **Hören Sie das Gespräch weiter. Welche Themen werden besprochen? Kreuzen Sie an. Überlegen Sie dann. Welche Themen wird die Kollegin vielleicht noch ansprechen?**

Schmerzsymptomatik ○	Lokalisation der Schmerzen ○	Grad der Schmerzen ○
Vorerkrankungen ○	Ess- und Trinkgewohnheiten ○	Schlafqualität ○
Selbstmedikation ○	frühere operative Eingriffe ○	Allgemeinbefinden ○
Sexualleben ○	berufliche Situation ○	

▶ 113 c **Hören Sie das Ende des Gesprächs. Notieren Sie. Was erfahren Sie über …**

1 seine Arbeit? *seit drei Jahren Personalchef, davor in der Produktion*
2 seine Frau? 3 Vorerkrankungen? 4 seine Kinder? 5 das weitere Vorgehen?

d **Vergleichen Sie mit Ihren Vorüberlegungen in A5b. Sind alle Themen angesprochen worden, die Sie erwartet haben?**

Lektion 16

A6 Welche Bezeichnung passt zu welcher Skala? Ordnen Sie zu. Sprechen Sie dann in kleinen Gruppen: Haben Sie schon einmal mit solchen Skalen gearbeitet? Wie sind Ihre Erfahrungen? Wie geht man in Ihrer Heimat mit Schmerz um?

1 Verbale Rating Skala (VRS) •
2 Smiley Analog Skala (SAS) •
3 Visuelle Analogskala (VAS)

◯ kein – leicht – mäßig – stark – sehr stark – unerträglich

◯ Kein Schmerz – Stärkster vorstellbarer Schmerz

◯ 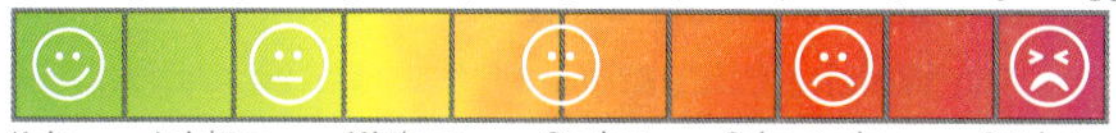

A7 Ordnen Sie die Schmerzadjektive den Bildern zu. Welche anderen Schmerzadjektive kennen Sie (siehe Lektion 1)?

zuschnürend • heiß • ausstrahlend • hämmernd • beengend • klopfend • bohrend

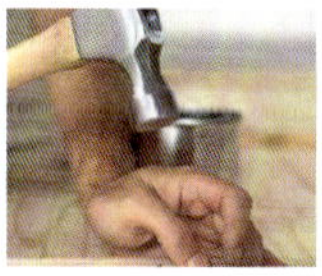     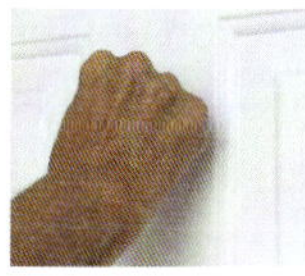 

______ ______ ______ ______ ______ ______ ______

A8 In welche Phasen wird ein Anamnesegespräch standardmäßig gegliedert? Notieren Sie. Vergleichen Sie dann in der Gruppe.

1. Begrüßung, 2. ...

A9 a Arbeiten Sie zu zweit. Hier sind die Gesprächsbeiträge von Ärztin und Patient durcheinandergeraten. Wer sagt was? (Ä = Ärztin, P = Patient)

1 Leben Sie zurzeit allein? (Ä)
2 Ich heiße Kettler und habe die Praxis vor ein paar Monaten übernommen. ◯
3 Wie viel und wie oft nehmen Sie die Tropfen ein? ◯
4 Ja und dann habe ich öfter mal tiefer ins Glas geschaut. ◯
5 Und wie kommen Sie mit Ihrem Alkoholkonsum zurecht? ◯
6 Ich habe hier eine Skala. Die geht von 0 wie keine Beschwerden bis 10, was so viel heißt wie stärkste vorstellbare Schmerzen. ◯
7 Wir organisieren Ihnen einen Termin zur Magenspiegelung. ◯
8 Gibt es bestimmte Auslöser, z. B. Getränke oder Speisen? ◯
9 Also, im Falle eines Falles würden sich Ihre Kinder um Sie kümmern? ◯
10 Ach, fragen Sie mich nicht. Ich bekomme gar nichts mehr runter. ◯
11 In dem Fragebogen haben Sie angekreuzt, dass Sie im Moment keine Medikamente einnehmen. ◯
12 Ich habe ein Antidepressivum bekommen. ◯
13 Ich habe seit einem Jahr kein Glas mehr angerührt. ◯

b Arbeiten Sie zu zweit. Welchen Phasen der Anamneseerhebung (A8) können Sie die Äußerungen zuordnen?

A10 Rollenspiel zu zweit. Wählen Sie einen Fall aus und üben Sie ein umfangreiches Anamnesegespräch. Berücksichtigen Sie alle Phasen.

Patient, männlich, 57 Jahre, Fettstoffwechselstörungen, Nikotinabusus, Luftnot, COPD, Angestellter öffentlicher Dienst, ledig

Patientin, weiblich, 43 Jahre, Migräne seit 20 Jahren, in Scheidung, 2 Kinder adipös, aktuell 10 Anfälle pro Monat

B Mit Patienten eine Diagnose besprechen

B1 a **Sehen Sie die beiden Zeichnungen an. Welche Bildunterschrift passt zu welcher Zeichnung? Welche Gesprächssituation könnte dargestellt sein?**

◯ *Wut und Verzweiflung* ◯ *Angst und Unsicherheit*

b **Arbeiten Sie in kleinen Gruppen. Wählen Sie mindestens fünf der Leitpunkte unten zum Thema *Schwierige Gespräche mit Patienten*. Klären Sie gemeinsam, was konkret damit gemeint ist.**

Gespräch ankündigen / Termin vereinbaren – ruhige Gesprächsatmosphäre – gut vorbereitet sein – das Zeigen von Gefühlen zulassen – Einschätzen der Bereitschaft, die schlechte Nachricht aufzunehmen – Angehörige ggf. in das Gespräch mit einbinden – Dolmetscher hinzuziehen – Ängste berücksichtigen – offene Fragen stellen – Gesprächspausen zulassen

c **Wechseln Sie dann in andere Gruppen und tauschen Sie sich über die Ergebnisse von B1b aus.**

▶ 114 **B2** a **Hören Sie und kreuzen Sie an.**

	richtig	falsch
1 Die Tochter von Herrn Schneider und Dr. Weissberg haben sich noch nie gesehen.	◯	◯
2 Herr Schneider möchte über seine Diagnose ehrlich informiert werden.	◯	◯
3 Herr Schneider reagiert mit Selbstvorwürfen.	◯	◯
4 Dr. Weissberg lässt die Emotionen des Patienten zu.	◯	◯

b **Lesen Sie die beiden Ausschnitte. Welche Leitpunkte aus B1b wurden hier realisiert? Sprechen Sie zu zweit.**

■ Wir haben jetzt alle Befunde zusammen. Ihre Tochter ist da. Sind Sie damit einverstanden, dass wir jetzt über die Untersuchungsergebnisse sprechen?

▲ Natürlich, ich muss ja wissen, wie es weitergeht.

...

■ Also, es tut mir wirklich leid, aber die Gewebeuntersuchung hat ergeben, dass es sich um einen bösartigen Tumor handelt.

▲ Verdammter Mist, so ein verdammter Mist. So ein Dreck ... Ich darf mich doch aufregen Herr Doktor, oder?

■ Dürfen Sie.

▲ Und da bin ich selbst schuld. Alles! So ein Mist ... So ein riesengroßer Mist.

■ Sie sind jetzt wütend ...

▲ Ja, ich bin wütend! Ziemlich wütend!

■ Und was macht Sie so wütend?

B3 **Suchen Sie auf den Seiten 51 und 68 Redemittel, die Sie für solche Gespräche verwenden können.**

B4 **Rollenspiel. Arbeiten Sie zu zweit oder zu dritt und überlegen Sie sich Gesprächssituationen, in denen Sie schwerwiegende Diagnosen mitteilen müssen. Wechseln Sie die Rollen (Arzt / Patient / Angehörige/r).**

B5 **Herr Schneider wird aufgrund des Tumorbefundes operiert. Die Gastrektomie und anschließende Heilbehandlung verlaufen problemlos. Schreiben Sie eine Epikrise für den Hausarzt. Formulierungshilfen finden Sie im Anhang auf S. 138 / 139.**

C Über Patienten berichten

C1 a Welche Situation ist auf dem Foto dargestellt? Kreuzen Sie an. Begründen Sie Ihre Entscheidung.

Visite ◯ Betriebsratsversammlung ◯
Frühbesprechung ◯ Bewerbungsgespräch ◯

b Wo und wann werden diese Themen im Klinikalltag besprochen?

Ereignisse der Nacht – Neuaufnahmen – Entlassungen – wichtige Termine – Vorstellung von Patienten

C2 a Lesen Sie den Blogeintrag. Was muss man zum Klinikeinstieg wirklich können?

Thomas R., Basel #1

Klar, die meisten jungen Mediziner haben schlaflose Nächte vor ihrem ersten Einsatz auf Station. Aber niemand erwartet von einem, dass man gleich alles beherrscht. Zum Beispiel wird nicht erwartet, dass man schon alle Dosierungen kennt. Ok, die Medikamentengruppen und Wirkstoffe sollte man schon kennen, aber für die Dosierungen hat man Apps oder die berühmten Kitteltaschenbücher. Einen ZVK muss man auch nicht gleich am ersten Tag legen können. So was lernt man auf Intensiv. Was man aber echt üben sollte, ist das Vorstellen von Patienten. Wie strukturiert man das? Vorgeschichte, Diagnostik, Therapie und so. Das wird schon irgendwie vorausgesetzt, dass man das kann. Auch körperliche Untersuchungen sollte man beherrschen. Was mir mal mein erster Chef gesagt hat, finde ich aber auch super wichtig: Man solle immer fragen, wenn man mal was nicht weiß oder kann. Wer versuche, seine Schwächen zu verbergen, der lerne nichts und schade womöglich dem Patienten ...

b Sprechen Sie in kleinen Gruppen. Wie muss eine gute Patientenvorstellung (PV) aufgebaut sein?

▶ 115 **C3 Hören Sie eine Patientenvorstellung und notieren Sie.**

Vorgeschichte ____________________

Diagnose ____________________

Therapie ____________________

C4 Patientenvorstellungen folgen einem bestimmten Muster – die Formulierungen sind stark standardisiert. Lesen Sie und streichen Sie die für eine Patientenvorstellung unpassenden Formulierungen.

Er gibt an, seit einem Jahr nichts mehr zu trinken. • Nein, darüber ist nichts bekannt. •
Die Laborwerte boten keinen Hinweis auf ... • Er sagt, er säuft nicht mehr. •
Ich möchte heute Herrn Schneider vorstellen. • Keine Ahnung. •
Dabei zeigt sich im Bereich des Antrums ... • Also der Patient hat Magenkrebs. •
Histologisch stellte sich nach Lauren ein Adenokarzinom vom intestinalen Typ heraus. •
~~Es geht jetzt um den Herrn Schneider.~~ • Gut, wie gehen wir weiter vor? • Und jetzt?

C5 Arbeiten Sie zu zweit. Skizzieren Sie in kurzen Stichworten einen Fall. Berücksichtigen Sie Aufnahmegrund, Diagnostik und mögliche Therapie. Stellen Sie den Fall Ihrer Lernpartnerin / Ihrem Lernpartner vor. Dieser stellt ein paar Rückfragen. Tauschen Sie dann die Rollen.

Verständnis sichern – Monitoring

1 **Sprechen Sie in kleinen Gruppen. Wo liegt hier das Missverständnis?**

2 **Beantworten Sie den Fragebogen zum Thema *Missverständnis*.**

Man versteht Sie nicht oder Sie verstehen jemanden nicht.

- ◯ Das passiert mir oft.
- ◯ Das passiert mir manchmal.
- ◯ Das passiert mir eigentlich nie.

Wie reagieren Sie in solchen Situationen?

- ◯ Ich wiederhole das, was ich gesagt habe.
- ◯ Ich wiederhole mit anderen Worten und gebe ein Beispiel.
- ◯ Ich bin höflich und versuche, es mir nicht anmerken zu lassen.
- ◯ Ich sage meinem Gesprächspartner, er soll das Gesagte noch einmal wiederholen.
- ◯ Ich versuche durch Nachfragen herauszufinden, was die Patientin / der Patient verstanden hat.
- ◯ Ich wiederhole das, was mein Gesprächspartner gesagt hat, um sicherzustellen, dass ich es richtig verstanden habe.

3 **Lesen Sie den Text und unterstreichen Sie die Textstellen, die konkrete Vorschläge zur besseren Gesprächsführung beinhalten.**

Der Wiener Sprachwissenschaftler Florian Menz forscht seit Jahrzehnten zum Thema *Arzt-Patienten-Kommunikation*. Er und sein Team haben Hunderte Erstgespräche zwischen Ärzten und Patienten transkribiert und ausgewertet. Dabei fanden sie heraus, dass häufig aneinander vorbeigeredet wird, wenn die Verständnissicherung nicht funktioniert. Das unter Sprachwissenschaftlern sogenannte Hörersignal „m-mmh", das – je nach Intonation – durchaus Verstehen signalisieren kann, scheint von vielen Patienten eher benutzt zu werden, um zu signalisieren, dass man zuhört und die Autorität des Arztes akzeptiert. Darum fordert der österreichische Sprachwissenschaftler das, was seiner Meinung nach ohnehin Bestandteil eines jeden Gesprächs sein sollte: Deutlich sprechen, wirklich Wichtiges noch einmal anders formuliert wiederholen und ganz explizit nachfragen, ob alles verstanden worden ist. Man sollte auch unbedingt vermeiden, bei Verständnisproblemen einfach nur lauter zu sprechen. Dies wird von Florian Menz zwar nicht explizit erwähnt, erhöht aber generell nicht das Verständnis, sondern verstärkt eher den Unmut auf der anderen Seite. Auch Zeichnungen und Skizzen seien nach Menz effektive Mittel, um Erklärungen plastischer und somit verständlicher zu gestalten.

4 **Schauen Sie sich die Redemittel an. Welche kennen oder nutzen Sie noch nicht? Kreuzen Sie an.**

- ◯ Wenn ich Sie richtig verstanden habe, dann meinen Sie mit „unerträglich", dass …
- ◯ Habe ich Sie richtig verstanden, dass Sie …
- ◯ Ich fasse nochmal zusammen: Gestern fühlten Sie sich …
- ◯ Könnten Sie mir das vielleicht mit anderen Worten erklären?
- ◯ Könnten Sie bitte langsamer sprechen?
- ◯ Meinen Sie mit „immer", dass Sie tatsächlich jede Nacht nicht schlafen können?
- ◯ Wären Sie so nett und würden Sie das noch einmal wiederholen, bitte?
- ◯ Ich fasse jetzt alles zusammen und Sie korrigieren mich, wenn ich etwas falsch verstanden habe.

5 **Rollenspiel. Arbeiten Sie zu zweit. Führen Sie ein kurzes Anamnesegespräch und trainieren Sie ganz gezielt verständnissichernde Äußerungen wie in 4.**

Wortschatz / Kommunikation

16

Anamnesegespräch

das Allgemeinbefinden (Sg.)
das Antidepressivum, -depressiva
die Betreuung (Sg.)
die Drogenanamnese, -n
die Essgewohnheiten (Pl.)
der Facharzt, -ärzte / die Fachärztin, -nen
die Familien- und Sozialanamnese, -n
die Genussmittelanamnese, -n
die Gesprächseröffnung, -en
das Hausarztsystem, -e
der Hausbesuch, -e
die Koordinationsfunktion, -en
die Medikamentenanamnese, -n
die Migräne (Sg.)
der Nikotinabusus (Sg.)
der öffentliche Dienst (Sg.)
die Scheidung, -en: *in Scheidung sein / leben*
die Schmerzsymptomatik, -en
die Selbstmedikation, -en
das Sexualleben (Sg.)
die Siebfunktion
die Smiley-Analog-Skala, Skalen (SAS)
die Trinkgewohnheiten (Pl.)
die Überschneidung, -en
die Überweisung, -en
die Vegetative Anamnese, -n
die Verbale Rating-Skala, Skalen (VRS)
die Visuelle Analog-Skala, Skalen (VAS)
die Vorüberlegung, -en
die Wundversorgung (Sg.)

ahnen
anrühren
runterbekommen (bekam runter, habe runterbekommen): *Ich bekomme gar nichts mehr runter.*
schauen: *tief(er) ins Glas schauen*
überweisen an (überwies, hat überwiesen)
zurechtkommen (kam zurecht, ist zurechtgekommen)

beengend
bohrend
hämmernd
klopfend
ledig
wohnortnah
zuschnürend

Diagnosebesprechung

die Formulierungshilfe, -n
die Gewebeuntersuchung, -en
die Heilbehandlung, -en
der Selbstvorwurf, -würfe
die Verzweiflung (Sg.)

ankündigen: *ein Gespräch ankündigen*
bieten (bot, hat geboten): *keinen Hinweis bieten auf*
einbeziehen (bezog ein, hat einbezogen): *Angehörige in das Gespräch einbeziehen*
einschätzen
hinzuziehen (zog hinzu, hat hinzugezogen): *einen Dolmetscher hinzuziehen*
zulassen (lässt zu, ließ zu, hat zugelassen): *Gefühle bei den Patienten zulassen, Pausen zulassen*

schwerwiegend

Patientenbericht

die Betriebsratsversammlung, -en
die Entlassung, -en
das Kitteltaschenbuch, -bücher
die Medikamentengruppe, -n
die Neuaufnahme (Sg.)
die Schwäche, -n
die Vorgeschichte, -n

berücksichtigen
herausstellen
saufen (säuft, soff, hat gesoffen)

Verständnissicherung

die Verständnissicherung (Sg.)

sicherstellen
vorbeireden: *aneinander vorbeireden*

Kommunikation

Komplexe Anamnese

Darf ich Sie fragen, was Sie zu mir führt?
Ich habe hier eine Skala. Die geht von 0 wie keine Beschwerden bis 10, was so viel heißt wie stärkste vorstellbare Schmerzen.
Gibt es bestimmte Auslöser, z. B. Getränke oder Speisen?
Leben Sie zurzeit allein?
Ihre Kinder könnten sich um Sie kümmern?
In dem Anamnesebogen / Fragebogen haben Sie angekreuzt, dass Sie ...
Waren Sie danach in spezieller Behandlung?
Und wie kommen Sie mit Ihrem Alkoholkonsum zurecht?
Und wie schätzen Sie Ihren Alkoholkonsum ein?

Mitteilen einer Diagnose

Sind Sie damit einverstanden, dass wir jetzt über die Untersuchungsergebnisse sprechen?
Wir haben jetzt alle Befunde beisammen und können jetzt über die Diagnose sprechen.
Also, es tut mir wirklich leid, aber die Untersuchungen haben ergeben, dass ...
Und was macht Sie so wütend / ängstlich ...?

Patientenvorstellung

Ich möchte heute Herrn / Frau ... vorstellen.
Er gibt an, seit einem Jahr nichts mehr zu trinken / nicht mehr zu rauchen.
Nein, darüber ist nichts bekannt.
Dabei zeigt sich im Bereich des / der ...
Histologisch stellte sich ... heraus.
Die Laborwerte boten keine Hinweise ...

Kultursensible Medizin

1 Welche Assoziationen haben Sie zu den Bildern bezogen auf das Thema *Kultursensible Medizin*? Notieren Sie.

2 Tauschen Sie sich mit Ihrem Lernpartner / Ihrer Lernpartnerin aus.

3 Was fällt für Sie alles unter den Aspekt „Kultur"? Notieren Sie.

4 Lesen Sie den Text und ordnen Sie Ihre Ergebnisse aus 1–3 in das Eisbergmodell ein.

Das Eisberg-Modell

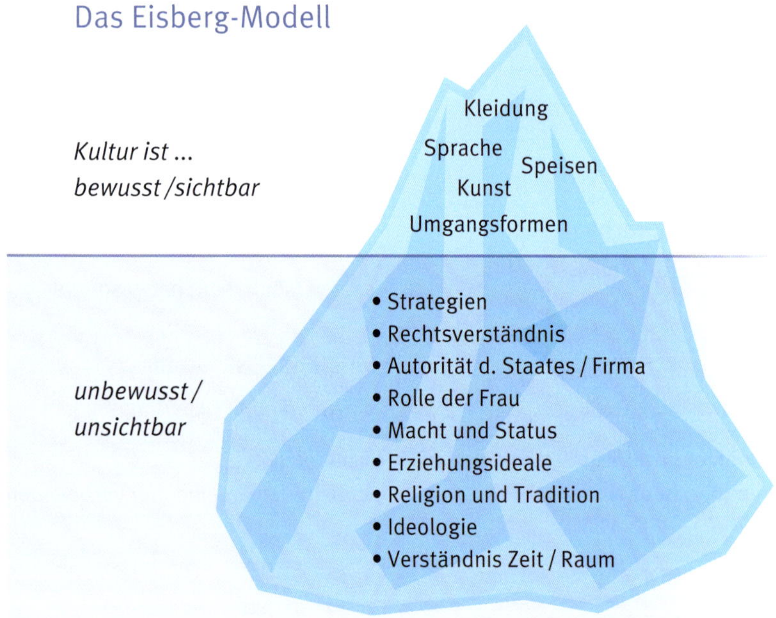

Ein bekanntes Modell, um kulturelle Dimensionen zu beschreiben, ist das Eisbergmodell. Es besagt, dass man kulturelle Eigenschaften in sichtbare und unsichtbare Bereiche einteilen kann. Die unterhalb der Wasseroberfläche nicht direkt sichtbaren Bereiche beeinflussen maßgeblich den sichtbaren / hörbaren Bereich. Werte, Haltungen und religiöse Einstellungen formen unsere Sprache, unser Auftreten. Nur wer beide Ebenen erfasst, kann die kulturelle Dimension eines Menschen, einer Gesellschaft wirklich verstehen.

5 Selbstreflexion

a Notieren Sie möglichst viele sichtbare Eigenschaften zu Ihrer Person und präsentieren Sie sich anhand dieser Notizen in einer kleinen Gruppe.

Ich spreche Arabisch, Englisch und Deutsch, esse meistens zweimal am Tag warm, ...

b Notieren Sie dann Eigenschaften Ihrer Person, die unsichtbar sind und die sich auf Ihre Haltung am Arbeitsplatz auswirken, und wählen Sie anschließend einen Aspekt aus, den Sie Ihrer Lernpartnerin / Ihrem Lernpartner präsentieren möchten.

Es ist mir wichtig, dass ich in meiner Rolle als Ärztin / Arzt vom Pflegepersonal respektvoll behandelt werde; mein Tagesplan muss absolut strukturiert sein; ...

c Thematisieren Sie in einer kleinen Gruppe, was diese von Ihnen skizzierten Eigenschaften für Ihre berufliche Tätigkeit bedeuten.

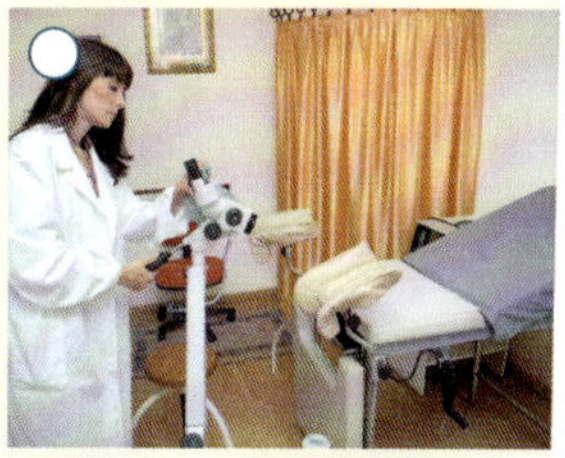

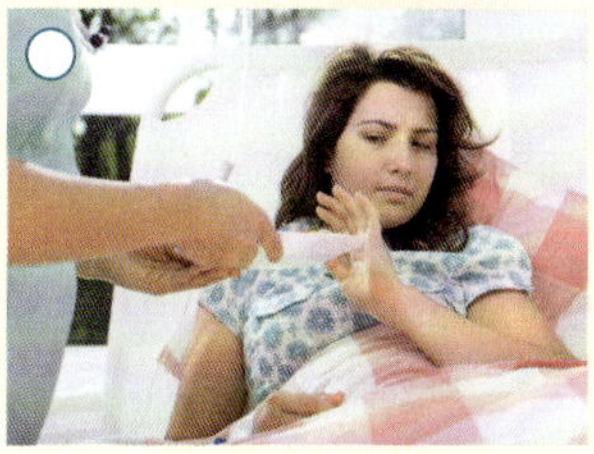

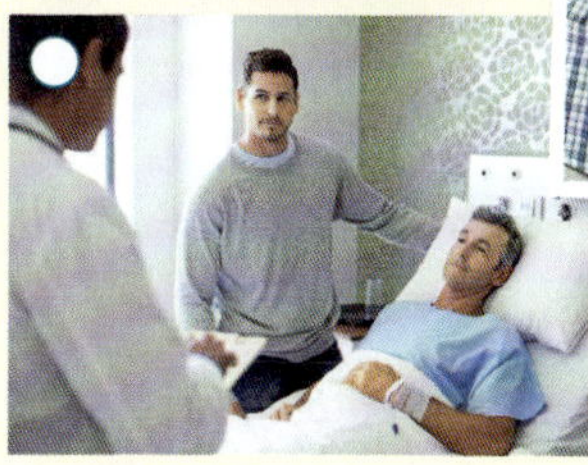

6 a **Ordnen Sie die Überschriften den Fotos zu.**

1 Umgang mit Krankheit von Angehörigen oder Freunden • 2 Sprachschwierigkeiten • 3 Religiöse Anschauungen und Werte • 4 Nähe und Distanz • 5 Ernährungsgewohnheiten

b **Sprechen Sie in kleinen Gruppen. Kennen Sie die Situationen auf den Fotos? Berichten Sie von Ihren Erfahrungen.**

7 **Sprechen Sie in kleinen Gruppen. Wie wird Schmerz in Ihren Sprachen ausgedrückt? Ist es so ähnlich wie im Deutschen oder nutzen Sie andere Sprachbilder?**

Schmerz wird kulturell oft so unterschiedlich beschrieben, dass ich ganz häufig mit anderen Sprachbildern arbeiten muss, um herauszufinden, was die Patienten wirklich haben. Letzte Woche noch war ein senegalesischer Patient in meiner Sprechstunde und klagte, dass sich sein Rücken so breit anfühlt. Das ist eine Formulierung, die für mich erst einmal anamnestisch nicht so klar einzuordnen ist.

Georg Lommetz, Allgemeinmediziner, Aachen

8 **Sprechen Sie zu zweit. Welche Symptome beschreiben die Patienten? Wie würden Sie in einer solchen Situation reagieren? Welche Gesprächsstrategien würden Sie anwenden? Wo würden Sie ggf. Hilfe organisieren?**

Was führt Sie zu mir?

Meine Leber brennt.

Ich habe Kälte gegessen!

Mein Magen ist gefallen.

9 **Sprechen Sie im Plenum. Was ist mit der folgenden Aussage gemeint? Was denken Sie darüber?**

Die inter- oder transkulturelle Kompetenz gehört zu den Schlüsselkompetenzen ärztlichen und pflegerischen Handelns und tritt immer stärker in das Blickfeld der ärztlichen Ausbildung. Dabei ist es entscheidend, Stereotypenbildung zu vermeiden und die Patienten und Patientinnen als individuell kulturell geprägt wahrzunehmen.

„Spitze betonen!"

A Im OP kommunizieren

A1 a Ordnen Sie zu.

1 Operationstisch • 2 Anästhesiearbeitsplatz • 3 Operationsleuchte • 4 Instrumententisch • 5 sterile Tücher

b Notieren Sie noch weitere Wörter, die Ihnen zu dem Foto einfallen, auf je eine Moderationskarte. Sammeln Sie die Karten an einer Wand.

schneiden

OP-Besteck

Stress

c Sortieren Sie und finden Sie die dazu passenden Oberkategorien.

d Jeder schreibt zu einem Begriff eine Definition. Die Karten werden eingesammelt und neu verteilt. Die Definition wird vorgelesen und die anderen müssen den Begriff erraten.

Operateur

Anästhesist

Personal

A2 Sprechen Sie in kleinen Gruppen. Warum passen die Sätze nicht? Worin unterscheidet sich die Kommunikation im Operationssaal von anderen im klinischen Alltag (Visite, Patientengespräch usw.)?

Liebe Schwester Yasmin, wären Sie bitte so freundlich und könnten Sie mir eventuell mal das Skalpell reichen!

Ja, aber gern Frau Professor. Soll ich es Ihnen von der linken oder von der rechten Seite anreichen?

A3 a Lesen Sie den Artikel über Kommunikation im Operationssaal und ordnen Sie jedem Abschnitt eine passende Überschrift zu.

1 Ultimativer Sicherheitscheck • 2 Von Piloten lernen • 3 Training mit der Gummipuppe • 4 Standardisierte Sprachregelung

◯ Im OP prägen Stress, Zeitdruck und knappe Ansagen die kommunikative Atmosphäre. Natürlich ist es im medizinischen Alltag immer wichtig, möglichst optimal verstanden zu werden, aber im OP ist das „Nicht-Richtig-Verstanden-Werden" für den Patienten unter Umständen sofort lebensbedrohlich. Was für den Operationssaal gilt, gilt ähnlich auch für das Cockpit eines Flugzeuges. Das amerikanische *National Transportation Safety Board* veröffentlichte eine Studie, die aufzeigte, dass drei Viertel aller Flugunfälle im Zeitraum von 1978–1990 in der zivilen Luftfahrt auf zu zögerliche, vermeintlich höfliche und indirekte Kommunikation zurückzuführen waren. Diese Erkenntnisse mündeten letztlich in international feste Kommunikationsregeln in den Cockpits. Regeln, die auch zunehmend in Operationssälen Anwendung finden.

◯ Neben verschiedenen anderen Sicherheitsmaßnahmen hat sich in den letzten Jahren das sogenannte Team-Time-Out im OP durchgesetzt. Man bezeichnet es auch als die letzte Sicherheitsstufe vor einem operativen Eingriff. Hier wird noch einmal der Patient identifiziert, die Art des Eingriffs und der Eingriffsort im Team abgeglichen. Falls erforderlich werden auch die Aufnahmen bildgebender Verfahren gecheckt, also Röntgen, MRT oder Ultraschallaufnahmen.

◯ Im Operationssaal sollte nicht zu viel geredet werden, zum einen um die Konzentration nicht zu stören, aber auch aus hygienischen Gründen. Anweisungen sollten kurz und klar sein. Neben der angeforderten Handlung sollte auch eine verbale Rückmeldung erfolgen. Fachleute nennen dies *die Kommunikationsschleife schließen*. Das ist wichtig, damit klar ist, wer sich um die Erledigung der Aufgabe kümmert. In der standardisierten Zählkontrolle findet sich diese Kommunikationstechnik wieder. Frage Chirurg: „Bauchtücher vollständig?" Antwort OP-Pflegekraft: „Vollständig 12 Bauchtücher!"

◯ Wer in Dänemark eine Facharztausbildung in der Anästhesie absolviert, nimmt standardmäßig an einem mehrwöchigen Kommunikationstraining mit Simulationspuppen teil. Diese Puppen sind mittlerweile technisch so optimiert, dass sie einem echten Menschen auf einem OP-Tisch ziemlich nahe kommen. Die meisten Fehler im OP seien auf die sogenannten menschlichen Faktoren zurückzuführen, so der dänische Psychologe Peter Dieckmann vom Dänischen Institut für Medizinische Simulation (DIMS). Unter menschlichen Faktoren sind vor allem die Kommunikation und die Koordination im Team zu verstehen. Für die Zukunft würde sich Dieckmann mehr interdisziplinäre Trainings wünschen.

b Arbeiten Sie zu zweit. Beantworten Sie die Fragen.

1 Was ist mit der Formulierung *die Kommunikationsschleife schließen* gemeint?
2 Was wird beim Team-Time-Out überprüft?
3 Warum hat man feste Kommunikationsregeln in Cockpits entwickelt?
4 Was gehört in Dänemark obligatorisch zur anästhesiologischen Facharztausbildung?

A4 a Die Patientenidentifikation gehört zu den zentralen Sicherheitsmaßnahmen im OP-Ablauf. Bringen Sie die Phasen der Patientenidentifikation in die richtige Reihenfolge.

◯ Time-Out ◯ Übergabe Aufwachraum ◯ Vorstellung Operateur ◯ Übergabe an der Schleuse

▶ 116–119 **b Ordnen Sie die Gespräche den Phasen zu.**

Gespräch A: Phase ◯ Gespräch B: Phase ◯ Gespräch C: Phase ◯ Gespräch D: Phase ◯

A5 Sprechen Sie in kleinen Gruppen. Wie sind Ihre Erfahrungen, was die Kommunikation im OP betrifft? Inwieweit spielt nonverbale Kommunikation eine Rolle im OP?

A6 a Sprechen Sie zu zweit. Was bedeuten die Hinweise und Bezeichnungen? Wie muss man sich verhalten?

① 

② 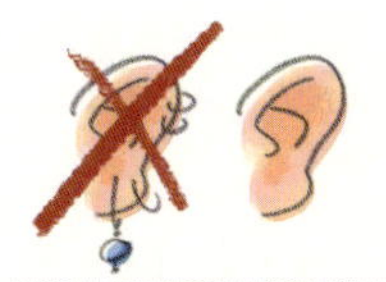

③ 

④ 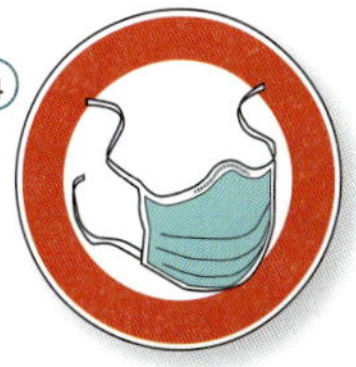

⑤ **Steri**

⑥ 

⑦ **Patientenübergabe Schleuse**

⑧ **Aufwach-zimmer**

⑨ 

b Wählen Sie eine der Abbildungen aus und schreiben Sie eine kleine Handlungsanweisung mit Erklärung für einen Praktikanten.

Bild 9. Bereichskleidung: Aus hygienischen Gründen ist es wichtig, dass der OP-Kasack in die Hose gesteckt wird und nicht drüberhängt.

B Ein kurzes Übergabegespräch führen

B1 a **Arbeiten Sie in kleinen Gruppen. Jede Gruppe wählt ein anderes Thema. Recherchieren Sie dann zu Ihrem Thema und bereiten Sie eine Kurzpräsentation vor (max. 10 Minuten).**

Aufwachraum (Aufgaben, Ausstattung, ...) • Hygienemaßnahmen im Operationssaal • „Tischmanieren" im OP • Aufgabe des Springers

b **Präsentieren Sie Ihre Ergebnisse im Plenum. Das Plenum stellt Verständnisfragen.**

B2 a **Notieren Sie. Welche Informationen sind wichtig für ein Übergabegespräch mit einer Kollegin / einem Kollegen, die / der auf Station arbeitet?**

Schmerzmedikation, Komplikationen, ...

b **Vergleichen Sie Ihre Notizen mit Ihren Lernpartnern und ergänzen Sie.**

▶ 120 c **Hören Sie das Gespräch und notieren Sie.**

Name der Patientin: ____________________

Art des Eingriffs: ____________________

EZ der Patientin: ____________________

Mögliche Komplikationen: ____________________

Vorerkrankungen: ____________________

HB: ____________________

B3 **Lesen Sie den Gesprächsausschnitt. Welches Thema wird hier angesprochen?**

- ● Durftest du denn auch mal was machen?
- ■ Na ja, er hat mir mal die Positionierung der Schrauben gezeigt ...
- ● Immerhin bist du dabei gewesen.
- ■ Genau! Meine erste Stabilisierungs-OP L4 L5.

B4 **Rollenspiel. Wählen Sie einen der drei Fälle unten und rufen Sie die diensthabende Kollegin / den diensthabenden Kollegen auf Station an. Informieren Sie sie / ihn über den Patienten. Die Redemittel finden Sie auf den Seiten 39, 57, 91 und 109.**

Fall 1 Schilddrüsenentfernung bei Struma multinodosa, 43-jähriger Patient, Kontrolle der Wunddrainagen, Entfernung nach 24 Stunden, Bitte um HNO-Konsil für morgen Nachmittag: Kontrolle der Stimmbandfunktion, Arbeitsunfähigkeit (AU) für eine Woche ausstellen

Fall 2 Mandelentfernung / Tonsilektomie wegen chronisch wiederkehrender Mandelentzündungen, 5-jähriges Mädchen, direkt nach Operation Nachblutung und erneute Blutstillung in Vollnarkose, ausgeprägtes blutiges Erbrechen, V.a. Aspiration, aktuell pulmonal unauffällig, engmaschige Kontrolle, Auskultation der Lungen und Temperatur, evtl. Röntgen Thorax

Fall 3 Anlage Fixateur externe bei offener Unterschenkelfraktur rechts, 69-jährige türkische Patientin versteht nur wenig Deutsch, b. B. Emire von Nachbarstation holen, konsequentes Wundmanagement durchführen. Auf Pins achten! Bei Hausarzt die aktuelle Medikation erfragen

C Gespräch mit Angehörigen nach OP führen

C1 **Raten Sie mal. Wie viel Zeit verwenden Ärztinnen und Ärzte durchschnittlich am Tag für ein individuelles Angehörigengespräch?**

C2 a **Arbeiten Sie in kleinen Gruppen. Notieren Sie. Was sind die typischen Fragen, die die Angehörigen nach der OP stellen?**

Ist sie / er schon wach? ...

b **Tauschen Sie Ihre Fragen mit einer anderen Gruppe. Wie kann man auf diese Fragen reagieren? Was ist schwierig für Sie?**

▶ 121 **C3** a **Hören Sie das Telefonat und kreuzen Sie an.**

	richtig	falsch
1 Herr Turino ist beunruhigt.	○	○
2 Dr. Weilands Anruf ist ungeplant.	○	○
3 Herr Turino spricht undeutlich.	○	○
4 Dr. Weiland reagiert sehr empathisch auf Herrn Turinos Sorgen.	○	○
5 Dr. Weiland bittet Herrn Turino, nicht selbst Auto zu fahren.	○	○

▶ 121 b **Hören Sie noch einmal. Wie reagiert Dr. Weiland auf Herrn Turinos Einwendungen?**

C4 a **Sortieren Sie die Redemittel.**

Ich kann Sie beruhigen! • Das hatten wir ja im Vorfeld besprochen. • Seien Sie ganz beruhigt! • Warten wir erst mal ab! • Es ist alles gut gelaufen! • Das hatte ich in der Vorbesprechung erwähnt. • So, wie wir es gestern besprochen haben. • Dazu können wir zum jetzigen Zeitpunkt nichts sagen. • Darüber hatten wir ja bereits gesprochen. • Könnten Sie bitte den letzten Teil noch einmal wiederholen? • Noch mal, Ihrer ... / Ihrem ... geht es gut! • Morgen geht es ihr / ihm bestimmt schon besser. • Im Moment sieht es ganz gut aus! • Sie haben keinen Grund zur Sorge. • Sie / Er bleibt zur Beobachtung einen Tag auf der IMC, dann ... • Ich bin nicht sicher, ob ich das richtig verstanden habe. Meinen Sie, dass ...?

Jemanden beruhigen	*Auf Vorgespräche referieren*	*Über die Zukunft sprechen*	*Verständnis sichern*

b **Rollenspiel. Arbeiten Sie zu zweit. Wählen Sie einen der Fälle aus B4 und überlegen Sie sich, welche Fragen und Sorgen die Angehörigen formulieren könnten. Überlegen Sie sich dann die passenden Antworten.**

Lerntipp: *Angehörigengespräche sind nicht immer einfach – besonders am Telefon. Üben Sie, wie Sie mit Angehörigen sprechen würden. Nehmen Sie Patientenfälle, die Sie aktuell betreuen oder aus dem Buch, und stellen Sie sich vor, Sie müssten mit den Angehörigen oder Bekannten über die aktuelle Situation sprechen. Machen Sie sich Notizen zu den Patienten, über die Sie mit den Angehörigen oder Freunden reden werden. Sprechen Sie Ihre Gesprächspartner mit Namen an. Falls Sie einmal etwas nicht verstehen, bitten Sie lieber um Wiederholung, anstatt das Nichtverstandene zu übergehen.*

17 EXTRA

Nach dem Studium ist vor der Facharztausbildung

1 **Sprechen Sie zu zweit. Was bedeuten die beiden Abkürzungen WB und FÄ / FA in der Anzeige?**

Internistische Hausarztpraxis in Halle sucht einen
WB-Assistenten (m/w)
sowie eine(n)
FÄ / FA Allg. Medizin
(Weiterbildungserlaubnis für ein Jahr)
zur längerfristigen Mitarbeit.
Dr. Lommertz, info@praxis-lommertz.de

2 **Sprechen Sie in kleinen Gruppen. Was wissen Sie über die Weiterqualifizierung von Ärztinnen / Ärzten nach dem Studium?**

3 **Recherchieren Sie zum Thema *Facharztausbildung in Deutschland / Österreich oder der Schweiz*. Sprechen Sie dann in kleinen Gruppen über Ihre Informationen.**

4 **Lesen Sie den Eintrag in dem Blog. Schreiben Sie eine Antwort.**

#1

Gary Cool

Registrierter Benutzer
Mitglied seit: 28.6.20..
Beiträge: 23

Hey,
hab da mal ne Frage. Wie läuft eigentlich bei euch die Facharztausbildung (bin Österreicher)? Wir haben ja hier das Turnussystem. Läuft 3 Jahre, ist zwar nicht obligatorisch, machen aber die meisten. Danach darf man als Allgemeinmediziner arbeiten. Und dann kommen noch mal sechs Jahre Ausbildung zum Facharzt.
Gibts bei euch auch so was wie Turnus? Und wie lange dauert die Facharztausbildung?
Kann mir das mal jemand genauer erklären, bitte?
Vielen Dank im Voraus.
LG Gary

5 **Arbeiten Sie in kleinen Gruppen. Vergleichen Sie Ihre Antworten. Korrigieren Sie sich ggf.**

6 **Sprechen Sie im Plenum. Wie ist die ärztliche Fort- und Weiterbildung in Ihrem Herkunftsland geregelt? Wie ist Ihre persönliche Meinung dazu?**

7 **Für welche der angebotenen Stellen würden Sie sich interessieren? Warum? Wenn keine interessant ist: Welche FA-Ausbildung würden Sie gern machen bzw. in welcher Abteilung würden Sie gern arbeiten?**

Das Institut für Pharmakologie
sucht ab sofort eine/n
Assistenten/-in zur Weiterbildung
zum Facharzt / -ärztin
für Klinische Pharmakologie

Für unsere II. Medizinische Klinik suchen wir einen
Weiterbildungsassistenten (w/m)
für Gastroenterologie

Für unsere **Kinder- und Jugendpsychiatrie**
suchen wir zum nächstmöglichen Zeitpunkt
in Vollzeit
Ärztin / Arzt zur Weiterbildung
zur / zum Fachärztin / -arzt für Kinder- und Jugendpsychiatrie und -psychologie

Wir suchen zum nächstmöglichen
Zeitpunkt
Assistenzarzt (m/w)
in Weiterbildung Kardiologie

Wortschatz / Kommunikation

Kommunikation im Operationssaal

der Ablauf, Abläufe
der Anästhesiearbeitsplatz, -plätze
die Ansage, -n
der Aufwachraum, -räume
das Bauchtuch, -tücher
die Bereichskleidung (Sg.)
der Eingriffsort, -e
die Facharztausbildung (Sg.)
die Gassteckdose, -n
die Gummipuppe, -n
der Handgriff, -e
die Handlungsanweisung, -en
der Instrumententisch, -e
die Kommunikationsschleife, -n
die Kommunikationstechnik, -en
der Operateur, -e / die Operateurin, -nen
die Operationsleuchte, -n
der Operationssaal, -säle
der Operationstisch, -e
die OP-Hose, -n
der OP-Kasack, -s
die Patientenidentifikation (Sg.)
die Schleuse, -n
der Sicherheitscheck, -s
die Simulationspuppe, -n
das Skalpell, -e
die Sprachregelung, -en
das Team-Time-Out (Sg.)
die Zählkontrolle, -n
der Zeitdruck (Sg.)

abgleichen
münden

anästhesiologisch
kongruent
mehrwöchig
nonverbal
ultimativ
vermeintlich
verständlich
zögerlich

Übergabegespräch

die Arbeitsunfähigkeit (Sg.) (AU)
die Aspiration (Sg.)
die Blutstillung (Sg.)
die Hygienemaßnahme, -n
die Mandelentfernung (Sg.)
die Nachblutung, -en
die Schilddrüsenentfernung (Sg.)
die Schmerzmedikation, -en
der Springer, – / die Springerin, -nen
die Stabilisierungs-OP, -s
die Stimmbandfunktion (Sg.)
die Tischmanieren (Pl.)
die Wunddrainage, -n
das Wundmanagement (Sg.)

ausstellen

engmaschig
wiederkehrend

Gespräch mit Angehörigen

das Angehörigengespräch, -e
die Vorbesprechung, -en
das Vorfeld (Sg.)

Facharztausbildung

der Allgemeinmediziner, – / die Allgemeinmedizinerin, -nen
die Teilzeit (Sg.)
das Turnussystem (Sg.)
die Vollzeit (Sg.)
der WB-Assistent, -en / die WB-Assistentin, -nen
die Weiterbildungserlaubnis (Sg.)
die Weiterqualifizierung (Sg.)

nächstmöglich

Kommunikation

Jemanden beruhigen
Ich kann Sie beruhigen!
Seien Sie ganz beruhigt!
Es ist alles gut gelaufen!
Noch mal, Ihrer ... / Ihrem ... geht es gut!
Sie / Er ist stabil!
Im Moment sieht es ganz gut aus.
Sie haben keinen Grund zur Sorge.

Auf Vorgespräche referieren
Das hatten wir ja im Vorfeld schon besprochen.
So wie wir es gestern besprochen haben.
Darüber hatten wir ja bereits gesprochen.
Das hatte ich in der Vorbesprechung schon erwähnt.

Über die Zukunft sprechen
Warten wir erst einmal ab!
Da können wir zum jetzigen Zeitpunkt nichts zu sagen.
Morgen geht es ihr / ihm bestimmt schon besser.
Sie / Er bleibt zur Beobachtung einen Tag auf der IMC, dann ...

Verständnis sichern
Könnten Sie bitte den letzten Teil noch einmal wiederholen.
Ich bin nicht sicher, ob ich das richtig verstanden habe. Meinten Sie, dass ...

Wenn es doch passiert ist!

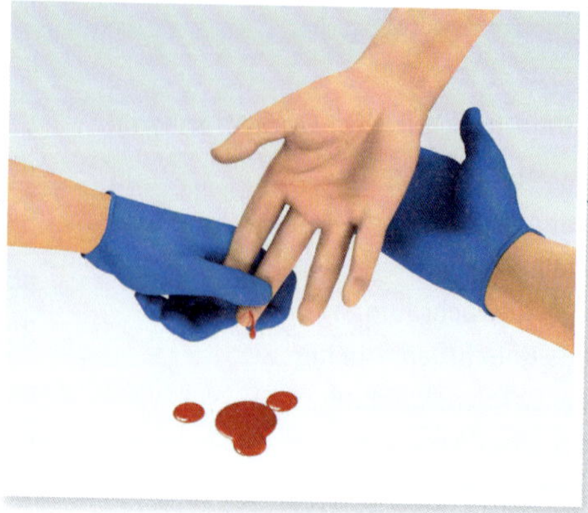

A Einen längeren Vortrag verstehen

A1 **Überlegen Sie. Was ist die häufigste Ursache für beruflich bedingte Infektionen?**

A2 a **Was ist hier auf dem Foto passiert? Sprechen Sie in kleinen Gruppen.**

b **Wie sind Ihre eigenen Erfahrungen in derartigen Situationen?**

A3 a **Welche Erklärung passt zu welchem Begriff? Setzen Sie die Begriffe ein.**

D-Arzt-Verfahren • Wundreinigung • Postexpositionsprophylaxe • Nadelstichverletzungen

Laut Definition sind ______________________ unbeabsichtigte Stichverletzungen, die durch den Gebrauch von Hohlnadeln, wie Injektions- oder Blutentnahmekanülen sowie Venenverweilkanülen verursacht werden können.

______________________ gehört zu den Sofortmaßnahmen bei Nadelstichverletzungen. Wichtig ist es, die Wunde erst einmal gut ausbluten zu lassen und dann entsprechende Maßnahmen zur Desinfektion in den Stichkanal zu veranlassen. Kontaminierte Schleimhäute schnell mit reichlich Wasser ausspülen.

______________________ bedeutet, dass man nach einem Kontakt mit einem möglichen Erreger – und das muss jetzt nicht nur HIV sein – Maßnahmen ergreift, um den Ausbruch einer Erkrankung zu verhindern oder ihren Verlauf abzumildern. Das macht man auch in der Notaufnahme, wenn man zum Beispiel gegen Tetanus impft.

Das ______________________ regelt die Behandlung und Abrechnung eines Arbeitsunfalls. Zugelassen als Durchgangsärzte sind Fachärztinnen / -ärzte für Chirurgie, Schwerpunkt Unfallchirurgie. Die haben von der Berufsgenossenschaft eine besondere Zulassung für die Behandlung von Arbeitsunfällen.

b **Wie muss man bei einer Nadelstichverletzung vorgehen? Bringen Sie die Maßnahmen in eine logische Reihenfolge.**

- ◯ Postexpositionsprophylaxe
- ◯ Einleitung D-Arzt-Verfahren
- ◯ Laboruntersuchung Indexperson
- ◯ Wundreinigung
- ◯ Laboruntersuchung am Verletzten

A4 **Welche Wörter kann man zusammen benutzen? Kreuzen Sie an.**

Eine Infektion	Verletzungen	Die Wunde
◯ nachweisen	◯ treten auf	◯ ausspülen
◯ verhindern	◯ melden	◯ versorgen
◯ ausleiten	◯ bagatellisieren	◯ desinfizieren
◯ bekämpfen	◯ kommen vor	◯ nachweisen

Lerntipp: *Es ist sinnvoll, Wortkombinationen – sogenannte Kollokationen – zu lernen. Das sind feste Wortverbindungen wie zum Beispiel: die Wunde ausbluten lassen, den Stichkanal erweitern, einen Verband anlegen, eine Infektion nachweisen.*

18 Lektion

▶ 122 **A5** a **Hören Sie den Anfang eines Vortrags und antworten Sie.**

1 Warum versucht der Redner, seinen Vortrag weitgehend ohne komplizierte Fachterminologie zu halten?
2 Wozu fordert er die Zuhörer ausdrücklich auf?

b **Hören Sie nun den Vortrag in Abschnitten und kreuzen Sie die richtigen Aussagen an. Manchmal gibt es mehrere richtige Aussagen.**

▶ 123 Abschnitt 1: Wie ist es zu der Verletzung in Fall 1 gekommen?
- ◯ Die Ärztin hat versucht, die Schutzkappe auf die gebrauchte Kanüle zurückzustecken.
- ◯ Die Ärztin sticht aus Versehen die Pflegekraft.
- ◯ Der Abwurfkanister war voll.

▶ 124 Abschnitt 2: Welche Vorschläge zur Erstreaktion machen die Zuhörer?
- ◯ Beim Betriebsarzt vorstellen.
- ◯ Die Blutung der Wunde anregen.
- ◯ Die Haut mit klarem Wasser ausspülen.

▶ 125 Abschnitt 3: Wie entwickelte sich Fall 1 weiter?
- ◯ Bei der Pflegekraft konnte bisher keine HIV-Infektion festgestellt werden.
- ◯ Die Lebensgefährtin des Patienten stellte sich auch als HIV-positiv heraus.
- ◯ Aufgrund bekannter Vorerkrankung und mitgebrachter Medikamente konnte eine PEP durchgeführt werden.

▶ 126 Abschnitt 4: Wie reagieren die Kolleginnen auf die Erzählung der Reinigungskraft?
- ◯ Sie sagen ihr, dass sie den Vorfall als Arbeitsunfall anzeigen soll.
- ◯ Sie lassen die Sache auf sich beruhen.
- ◯ Sie weisen sie darauf hin, dass der Fall der Berufsgenossenschaft gemeldet werden müsse.

▶ 127 Abschnitt 5: Was vermutet der Redner als Grund für die Dunkelziffer bei NSV?
- ◯ Die Verletzungen würden nicht so ernst genommen.
- ◯ Die Arbeitsbelastung sei hoch. Da wolle man die Kollegen wegen so einer Sache nicht allein lassen.
- ◯ Das medizinische Personal sei nicht genug aufgeklärt.

A6 **Arbeiten Sie in kleinen Gruppen. Recherchieren Sie zu der Überschrift unten. Informieren Sie sich über die Anzahl der NSV, die möglichen Risiken, die angestrebten Maßnahmen und die Umsetzung dieser Richtlinie in Deutschland, Österreich und der Schweiz. Erstellen Sie ein Poster und präsentieren Sie anschließend reihum im Plenum.**

Arbeitsschutz:

EU verabschiedet Richtlinie zu Nadelstichverletzungen

B Mit Kollegen über kritische Ereignisse sprechen

B1 **Sprechen Sie in kleinen Gruppen. Was sind „kritische Ereignisse" im klinischen Alltag? Sammeln Sie anschließend Ihre Ergebnisse an der Tafel.**

falsche Medikamente, nicht korrekte Dosierungen, …

B2 **Recherchieren Sie. Was verbirgt sich hinter dem Kürzel *CIRS*? Berichten Sie dann im Plenum.**

B3 **Lesen Sie den Text. Fassen Sie die Hauptaussage in einem Satz zusammen.**

Wenn Menschen arbeiten, passieren Fehler. Im Medizinbetrieb kann das für den Patienten unter Umständen dramatische gesundheitliche oder psychische Folgen haben. In komplexen Systemen wie dem der medizinischen Versorgung ist es unmöglich, Fehler ganz auszuschließen, aber man kann mit einem anderen Zugang zum Fehler, dessen Dokumentation und anschließender Analyse eine andere Fehlerkultur entwickeln und so die Fehlerquote minimieren. In der Alltagskultur ist es noch weit verbreitet, bei fehlerhaften Abläufen einen Schuldigen zu suchen, zu finden und anzuklagen: Naming – Blaming – Shaming. Die Person, die den Fehler verursacht hat, sieht sich dann massiven Vorwürfen ausgesetzt. Genau dort setzen Sicherheitssysteme wie CIRS an. Fehler oder Beinahe-Fehler können anonym beschrieben und analysiert werden. Erklärtermaßen verfolgt dieses Dokumentationssystem das Ziel, aus Fehlern und Beinahe-Fehlern zu lernen. Eine veränderte Kultur im Umgang mit Fehlern kann Veränderungsprozesse anstoßen, die zu mehr Patientensicherheit führen sollen.

B4 a **Arbeiten Sie zu zweit. Sehen Sie die Fotos an. Zu welchen Fehlern könnte es in diesen Situationen kommen? Notieren Sie.**

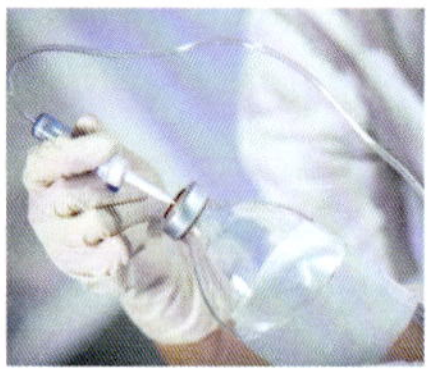

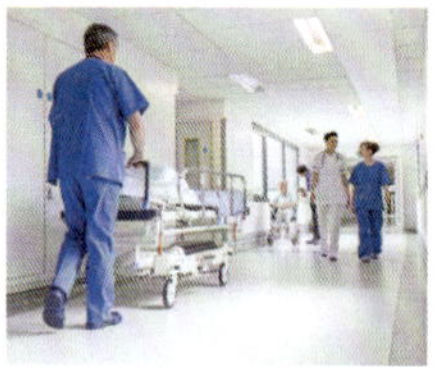

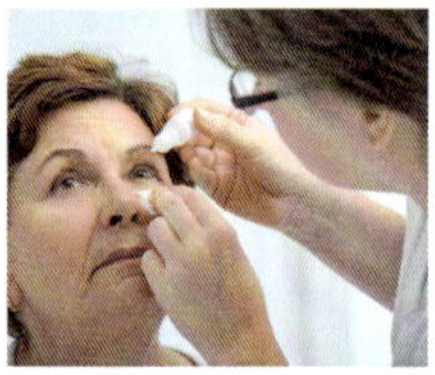

▶ 128–130 b **Hören Sie drei Gespräche. Welche Themen werden angesprochen?**

	Gespräch 1	Gespräch 2	Gespräch 3
Patientenidentifikation	○	○	○
Fortbildungsveranstaltung	○	○	○
Dosierungsanweisung	○	○	○
„Kritisches Ereignis"	○	○	○
Anonymisierter Meldebogen	○	○	○

▶ 128–129 c **Hören Sie die Gespräche 1 und 2 noch einmal und notieren Sie, wie die Fehler erklärt werden. Vergleichen Sie anschließend in Kleingruppen.**

B5 **Wie finden Sie die Reaktion der Oberärztin in Gespräch 1? Sprechen Sie im Plenum.**

„Also, erst einmal finde ich es sehr gut, dass Sie mir darüber berichten. Und dann denke ich, dass es wichtig ist, den Fall in unserem Meldesystem zu dokumentieren. Das hilft allen Beteiligten, mögliche Fehler zu verhindern. Sie wissen ja jetzt, wie Sie das in Zukunft sagen müssen, oder?"

B6 **Überlegen Sie. Waren Sie schon einmal in der Situation, mit Kollegen über einen (Beinahe-)Fehler / ein kritisches Ereignis sprechen zu müssen? Wie haben Sie sich darauf vorbereitet? Wie waren die Reaktionen? Sprechen Sie dann in kleinen Gruppen über Ihre Erfahrungen.**

C Mit Patienten über Komplikationen sprechen

C1 **Sprechen Sie zu zweit. Was ist zu beachten, wenn Sie mit einem Patienten über eingetretene Komplikationen sprechen müssen?**

▶ 131 **C2** **Hören Sie einen Kurzvortrag zum Thema und notieren Sie, welche Tipps der Vortragende gibt.**

Patienten zeitnah informieren, ...

C3 **Sortieren Sie die Redemittel.**

Frau / Herr ..., haben Sie mal einen Moment Zeit? • Bedauerlicherweise ist uns bei ... • Frau / Herr ..., ich muss mal in Ruhe mit Ihnen über ... sprechen. • Üblicherweise heilt dies folgenlos aus. • Es tut mir außerordentlich leid, Ihnen sagen zu müssen, dass ... • Ich kann die Situation nicht beschönigen, aber ... • Ich möchte ganz offen mit Ihnen reden. • Leider muss ich Ihnen mitteilen, dass ... • In den meisten Fällen geht die ... wieder zurück. • Ich möchte mit Ihnen darüber reden, dass ... • Es wäre mir lieber, ich könnte Ihnen etwas anderes sagen, aber ... • Wenn Sie gleich einmal etwas Zeit hätten, würde ich gern ... • Diese Nebenwirkungen sind extrem selten und es tut mir sehr leid, dass ... • In aller Regel ist dies eine vorübergehende Störung. • Für dieses Gespräch benötigen wir Ruhe. • Zu unserem ganz großen Bedauern ist ... • Wir haben festgestellt, dass ... • Es ist mir ganz wichtig, dass ich mit Ihnen offen darüber reden kann. • Ich muss gestehen, dass es mir sehr schwerfällt, hier eine eindeutige Prognose zu stellen.

Gesprächseinleitung	*Bedauern ausdrücken*	*Über Folgen sprechen*

C4 a **Diskutieren Sie zu viert. Welche Emotionen spiegeln sich in den Gesichtern?**

① 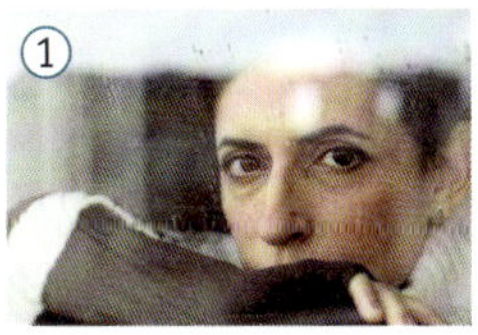
② 
③ 
④ 

b **Lesen Sie die möglichen Reaktionen auf einen emotional aufgebrachten Patienten. Welche halten Sie für angemessen (A) und welche für nicht angemessen (N)? Warum?**

1 ◯ Das ärgert Sie jetzt sehr, das kann ich verstehen.
2 ◯ Ich kann verstehen, dass Sie jetzt wütend sind, aber ...
3 ◯ Jetzt regen Sie sich mal nicht so auf.
4 ◯ Beruhigen Sie sich doch mal. Das kriegen wir schon wieder hin!
5 ◯ Ich sehe, dass Sie jetzt sehr aufgebracht sind, aber ...
6 ◯ Mit dieser Reaktion habe ich gerechnet.

C5 **Rollenspiel. Arbeiten Sie zu zweit. Wählen Sie eine der Situationen unten. Legen Sie vorher fest, wie die Patientin / der Patient reagieren wird (wütend, ängstlich, verzweifelt ...). Führen Sie dann ein Gespräch. Nutzen Sie die Redemittel aus C3. Wählen Sie dann ein anderes Beispiel und tauschen Sie die Rollen.**

Bei einem Patienten wurde irrtümlich ein MRSA festgestellt, die Laborprobe wurde verwechselt. Der Patient war drei Tage in Isolation, musste spezielle Waschungen über sich ergehen lassen. Er hat den Schwestern angedeutet, auf Schadenersatz zu klagen.

Sie haben eine Mamma-PE entnommen. Die Probe ist nicht in der Pathologie eingetroffen und auch nicht mehr auffindbar. Sie müssen die Probeentnahme wiederholen.

Wo sind die Chefärztinnen?

Mehr Männer in Chefsesseln

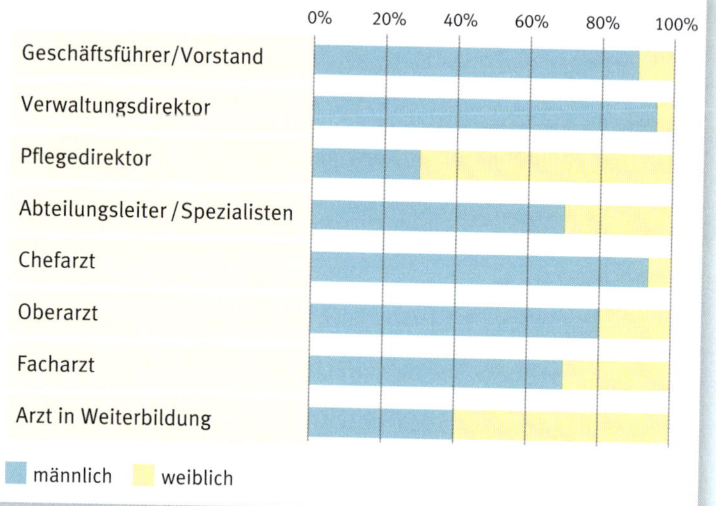

Quelle: Kienbaum Vergütungsreport Ärzte, Führungskräfte & Spezialisten in Krankenhäusern 2014.

1 Arbeiten Sie zu zweit. Beschreiben Sie sich gegenseitig die Grafik. Nutzen Sie die Redemittel. Was ist auffällig? Wie ist die Situation in Ihren Herkunftsländern?

Die Statistik / Grafik gibt / liefert Informationen zum Thema ... / darüber, wie / in welchen ...
Die Grafik / Statistik gibt Auskunft darüber, wie viele ...
Die Statistik / Grafik beschreibt einen Zeitraum von ... bis ...
Die Zahlen sind Prozentangaben.
Besonders auffallend ist, dass ...
An erster / letzter Stelle steht ...
Anhand der Grafik / Statistik lässt sich zeigen, wie ...
Die Zahlen sind aus dem Jahr ...
Diese Entwicklung könnte auf ... zurückzuführen sein.
Diese Entwicklung lässt die Schlussfolgerung zu, dass ...

2 Lesen Sie die Überschriften. Wählen Sie zwei aus und überlegen Sie: Was könnte in diesen Artikeln stehen? Schreiben Sie kurze Texte zu Ihren ausgewählten Überschriften.

Mehr Geld für Teilzeit-Chirurgie gefordert

Familienfreundlichkeit in Hochschule und Krankenhaus

Zwischen Visite und Kita

DÄB: Ärztinnenbund will verbindliche Frauenquote

3 Lesen Sie den Text. Welche der Überschriften in 2 passt?

Warum sollte es in der Medizin anders sein als bei den anderen hoch dotierten und anspruchsvollen Jobs in der Industrie oder im Bankensektor? Es gibt sehr gut ausgebildete Frauen, aber wenn es an die Verteilung der Leitungspositionen geht, stoßen sie nicht selten an die berühmte gläserne Decke.

Dabei gibt es kaum Bereiche, in denen die Frauen derart auf dem Vormarsch sind, wie in der Medizin. Phrasen wie: *Medizin wird weiblich* oder *Die Feminisierung des Medizinbetriebs* machen schon seit Jahren die Runde. Und es gibt nicht wenige Akteure im Gesundheitswesen, die diese Entwicklung durchaus kritisch sehen. Die steigenden Personalkosten sind es, die diesen Kritikern Sorge bereiten. Frauen forderten flexiblere Arbeitszeitmodelle (89 Prozent) und arbeitszeitkompatible Kinderbetreuungsangebote (86 Prozent), brachte eine Studie des Hartmannbundes an den Tag, an der sich 2800 Frauen beteiligten. Über zwei Drittel davon waren noch im Studium. Die geforderten flexiblen Arbeitszeiten machten einen höheren Personalschlüssel notwendig – und das in Zeiten, in denen jedes Haus an der Sparschraube drehen muss, um zu überleben, lauten die Argumente derer, die der Feminisierung der Medizin auch negative Seiten attestieren.

Mittlerweile stellen die Medizinstudentinnen 70 Prozent der Studierenden der Humanmedizin, aber nur 26 Prozent Frauen sind beim medizinischen Führungspersonal an Kliniken vertreten. In der Berufspolitik sieht es noch dunkler aus. Auf den Chefsesseln der 17 Kassenärztlichen Vereinigungen sitzen bundesweit fünf Frauen (und 36 Männer), in den Landesärztekammern gibt es drei Präsidentinnen (14 Präsidenten). Vor diesem Hintergrund lässt sich die Forderung des Deutschen Ärztinnenbundes nach einer verbindlichen Frauenquote nachvollziehen.

4 Sprechen Sie zuerst in kleinen Gruppen, anschließend im Plenum. Befürworten Sie eine verbindliche Quote? Was sollte sich ändern, damit der Beruf der Ärztin / des Arztes für beide Geschlechter attraktiv ist bzw. attraktiv bleibt?

Wortschatz / Kommunikation

18

Nadelstichverletzung

der Abwurfkanister, –
die Arbeitsbelastung, -en
der Arbeitsunfall, -fälle
der Ausbruch (Sg.) einer Erkrankung
die Berufsgenossenschaft, -en
der Betriebsarzt, -ärzte
die Blutentnahmekanüle, -n
die Dunkelziffer, -n
das Durchgangsarzt-Verfahren (Sg.) / D-Arzt-Verfahren
der Erreger, –
die Erstreaktion, -en
die Hohlnadel, -n
die Indexperson, -en
die Injektionskanüle, -n
die Laboruntersuchung, -en
der Lebensgefährte, -n / die Lebensgefährtin, -nen
die Nadelstichverletzung, -en
die Postexpositionsprophylaxe (Sg.)
die Reinigungskraft, -kräfte
die Schleimhaut, -häute
die Schutzkappe, -n
die Sofortmaßnahme, -n
der Stichkanal, -kanäle
die Umsetzung, -en
die Venenverweilkanüle, -n
das Versehen, –: *aus Versehen*
die Vorerkrankung, -en
die Wundreinigung
die Zulassung, -en

abmildern
ausbluten lassen
ausleiten
ausspülen
bagatellisieren
eintreffen (traf ein, ist eingetroffen)
zulassen (ließ zu, hat zugelassen)

bedingt: *beruflich bedingt*
gebraucht
kontaminiert
unbeabsichtigt

Kritische Ereignisse

der / die Beteiligte, -n
die Dosierungsanweisung, -en
die Fehlerkultur, -en
die Fehlerquote, -n
der Meldebogen, – oder -bögen

aussetzen

anonymisiert

Über Komplikationen sprechen

das Bedauern (Sg.): *zu meinem Bedauern*
die Probeentnahme, -n
der Schadenersatz (Sg.)
die Waschung, -en

beschönigen
gestehen (gestand, hat gestanden)

auffindbar
aufgebracht
außerordentlich
folgenlos
irrtümlich
verzweifelt
vorübergehend

Chefärztinnen

das Arbeitszeitmodell, -e
die Familienfreundlichkeit (Sg.)
die Frauenquote, -n
das Kinderbetreuungsangebot, -e
die Kita, -s = die Kindertagesstätte, -n
die Leitungsposition, -en
der Personalschlüssel, –
die Schlussfolgerung, -en

arbeitszeitkompatibel

Kommunikation

Gesprächseinleitung

Frau / Herr ... haben Sie mal einen Moment Zeit?

Frau / Herr ... ich muss mal in Ruhe mit Ihnen über ... sprechen.

Für dieses Gespräch benötigen wir Ruhe.

Ich möchte mit Ihnen darüber reden, dass ...

Wenn Sie gleich mal etwas Zeit hätten, würde ich gern ...

Es ist mir ganz wichtig, dass ich mit Ihnen offen darüber sprechen kann.

Bedauern ausdrücken

Bedauerlicherweise ist uns bei ...

Es tut mir außerordentlich leid, Ihnen sagen zu müssen, dass ...

Es wäre mir lieber, ich könnte Ihnen etwas anderes sagen, aber ...

Ich kann die Situation nicht beschönigen, aber ...

Leider muss ich Ihnen mitteilen, dass ...

Wir haben festgestellt, dass ...

Zu unserem ganz großen Bedauern ist es zu ... gekommen.

Über die Folgen sprechen

Diese Nebenwirkungen sind extrem selten und es tut mir leid, dass ...

Ich muss gestehen, dass es mir sehr schwerfällt, hier eine eindeutige Prognose zu stellen.

In den meisten Fällen geht die / der ... wieder zurück.

In aller Regel ist dies eine vorübergehende Störung.

Üblicherweise heilt dies folgenlos aus.

Den richtigen Ton treffen

A Kurznachrichten und dienstliche Notizen schreiben

A1 a **Sprechen Sie in kleinen Gruppen. Kommunizieren Sie mit Messenger-Diensten? Mit wem kommunizieren Sie? Mit Freundinnen/Freunden oder auch mit Kolleginnen/Kollegen?**

b **Welches dieser Themen ist eher dienstlich? Kreuzen Sie an.**

1 ◯ Dienst tauschen
2 ◯ Geburtstagsgeschenk für Pfleger Karim
3 ◯ ZVK-Wechsel bei Patientin K. in Zimmer 3
4 ◯ Organisation Essen Nachtschicht
5 ◯ CT-Bilder von Patient Y. anfordern
6 ◯ Essenseinladung bei PJ-lerin Karin
7 ◯ Kollegen H. daran erinnern, die BTM-Rezepte zu bestellen
8 ◯ Schwester Petra: Baby ist da / Geschenk
9 ◯ Abschiedsfeier PJ-ler Roland
10 ◯ Dienstbesprechung verschieben
11 ◯ Einladung klinikinterne Fortbildung Hygiene
12 ◯ Planung Patienteninformationstag (Wer übernimmt Vorträge?)
13 ◯ Patientin Merawan: Darmspiegelung / Aufklärungsgespräch

c **Sprechen Sie zu zweit. Zu welchen dieser Themen würden Sie über Smartphone-Messenger-Dienste kommunizieren, zu welchen nicht? Warum?**

A2 a **Sammeln Sie in kleinen Gruppen. Welche Gruß- und Abschiedsformeln kennen Sie aus Kurznachrichten?**

LG, Hey, ...

b **Was denken Sie? Wer schreibt an wen? Begründen Sie.**

> Guten Morgen Gabi,
> denken Sie bitte daran, mir die Patientenakte von Frau Niederprüm rauszulegen. Ich muss da noch ein paar Einträge machen.
> Gruß P. Lässig

> Hey Laura,
> kannst Du nächsten Dienstag mit mir den Dienst tauschen? Ich hab ne Einladung zur Hochzeit. Wär total nett.
> LG Sarah

> Hallo alle zusammen,
> wie sieht es aus? Wer fährt mit zu dem Pädiaterkongress nach München? Fahrgemeinschaften oder Zug? Es ist dringend. Meldet Euch.

c **Wählen Sie zwei Themen aus A1b aus, über die Sie per Messenger-Dienst kommunizieren würden, und schreiben Sie dann entsprechende Nachrichten auf ein Blatt Papier.**

d **Sammeln Sie die Blätter ein und verteilen Sie diese in der Lerngruppe so, dass jede/r zwei Notizen eines anderen hat. Schreiben Sie dann jeweils eine Antwort und tragen Sie diese in der Gruppe vor.**

A3 **Wählen Sie ein dienstliches Thema aus A1b aus und schreiben Sie eine Nachricht als E-Mail auf ein Blatt Papier. Verfahren Sie wie in A2c. Vergleichen Sie die Textformen.**

B Dienstliche Korrespondenz verfassen

B1 a Recherchieren Sie die Bedeutung der Begriffe.

Arbeitnehmerfreizügigkeit   Aufenthaltstitel zur Ausübung einer Beschäftigung

b Lesen Sie das Anschreiben der Krankenhausverwaltung und ergänzen Sie die passenden Wörter.

Nachweis • Versicherungsstatus • Facharztprüfung • Einstellungsvertrag • einreichen • Approbationsurkunde • Beschäftigungserlaubnis

Sehr geehrte Frau Fahimi,

Sie haben uns bereits einige Unterlagen eingereicht. Um Ihren ______________________ abschließend bearbeiten zu können, benötigen wir noch eine beglaubigte Kopie Ihrer ______________________ sowie eine gültige ______________________. Außerdem müssten Sie uns noch einen ______________ zu Ihrem ______________________ (Krankenkasse) einreichen. Alle anderen Papiere liegen vor. Könnten Sie uns des Weiteren mitteilen, ob Sie eine Unterbringung in einem der klinikeigenen Apartments benötigen? Soweit wir informiert sind, beabsichtigen Sie, in zwei Monaten die ______________________ abzulegen. Ist diese Information richtig? Bitte denken Sie daran, dass Sie uns nach erfolgreichem Abschluss auch hier den entsprechenden Nachweis ______________.

Mit freundlichen Grüßen

Schneider / Personalabteilung

c Schreiben Sie eine E-Mail mit Ihrer Antwort an die Krankenhausverwaltung.

B2 a Lesen Sie den Brief. Welche Art Schreiben ist das?

Sehr geehrte Frau Dr. Starke,

hiermit möchte ich mich auf die Stelle als Assistenzärztin in Weiterbildung für Innere Medizin bewerben. Im Sommer beende ich mein praktisches Jahr. Meine Doktorarbeit habe ich bereits im letzten Jahr im Bereich Innere Medizin abgeschlossen. Voller Freude habe ich Ihre Anzeige im Ärzteblatt gesehen. Ihr Spital macht mir einen guten Eindruck und in der Schweiz wollte ich immer schon mal arbeiten. Es ist toll, dass Sie die volle Weiterbildungserlaubnis haben, dann brauch ich auch nicht mehr das Haus zu wechseln, um meine Facharztausbildung abzuschließen. Außerdem glaube ich, dass ich ganz gut zu Ihnen passen würde. Wie Sie ja schon schreiben, suchen Sie eine selbstständige und kommunikative Kraft. Meinen Referenzen können Sie entnehmen, dass ich sehr selbstständig und zuverlässig arbeite.

Wäre also schön, was von Ihnen zu hören,

Dr. Anita Brohweiler

b Markieren Sie in dem Text unpassende bzw. umgangssprachliche Formulierungen und ersetzen Sie sie durch die Textteile unten.

dann kann ich viel Erfahrung innerhalb Ihrer Schwerpunktzentren sammeln • Mit Interesse • in Ihr Team • Für mich ist es besonders interessant • In Ihrem Anforderungsprofil suchen Sie • genießt in der Fachwelt einen guten Ruf • die Schweiz ist ein attraktiver Arbeitsort • Ich würde mich freuen, von Ihnen zu hören,

B3 Suchen Sie im Internet oder im Ärzteblatt eine Stellenanzeige und formulieren Sie ein Bewerbungsschreiben.

C Einen Kurzvortrag vor Kollegen halten

Im klinischen Arbeitsalltag sind neben den Patientenvorstellungen Kurzvorträge ein häufiger Anlass, die eigenen Fachkenntnisse vor Kolleginnen und Kollegen zu präsentieren. Gut, wenn man weiß, wie so ein Vortrag aufgebaut sein muss.

C1 **Sprechen Sie zu zweit. Haben Sie schon einmal einen Kurzvortrag zu einem medizinischen Thema gehalten? Wie haben Sie sich vorbereitet? Was war einfach, was schwierig?**

▶ 132 **C2** a **Ein Vortrag wird mit dieser Darstellung angekündigt. Um welches Thema könnte es sich bei dem Vortrag handeln? Hören Sie dann den Anfang des Vortrags und machen Sie sich Notizen zu Thema, Ursache, Risikofaktoren (Ätiologie) und Symptomatik.**

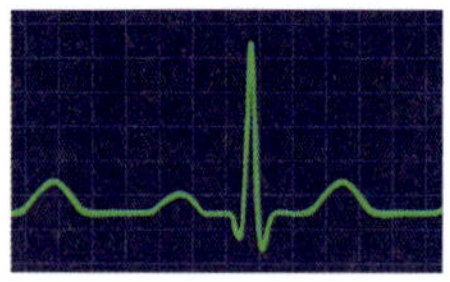

▶ 133–136 b **Hören Sie nun den ganzen Vortrag in vier Abschnitten und ordnen Sie zu.**

Therapie ◯ Differentialdiagnose ◯ Diagnostik ◯ Zusammenfassung ◯

C3 a **Arbeiten Sie zu zweit. Sortieren Sie die Redemittel.**

Davon abzugrenzen ist auf jeden Fall ... • Sehr geehrte Damen und Herren • Ich möchte Ihnen heute das Krankheitsbild ... vorstellen. • Liebe Kolleginnen und Kollegen • Eine Diagnose erfolgt vor allem aufgrund der klinischen Symptomatik. • Abschließend lässt sich sagen ... • Die Unterscheidung von ... zu ... ist nicht immer einfach. • Ist ein 12-Kanal-EKG vorhanden, kann die Diagnose ... mit Sicherheit gestellt werden. • Zusammenfassend kann gesagt werden, dass ... • Liebes Auditorium • Das Thema meines heutigen Vortrags lautet • Ich bin gebeten worden, Ihnen heute den Fall ... vorzustellen. • Haben Sie dazu noch Fragen? • Einer der wichtigsten Faktoren bei der Entstehung von ... • Die Patienten sollten sofort mit ... versorgt werden. • Eine sofortige medikamentöse Therapie mit ... ist angezeigt. • Hierzu eignen sich ...

Einleitung	*Ursache*	*Differentialdiagnose*	*Zusammenfassung*	*Therapie*

b **Wählen Sie eines der Themen unten oder eines, das Sie persönlich interessiert oder in dem Sie sich auskennen. Erstellen Sie zunächst eine Mindmap.**

Herpes Zoster (Gürtelrose) • Migräne • Schilddrüsenunterfunktion • Akutes Asthma • Diabetes Mellitus • Hypertonus • ...

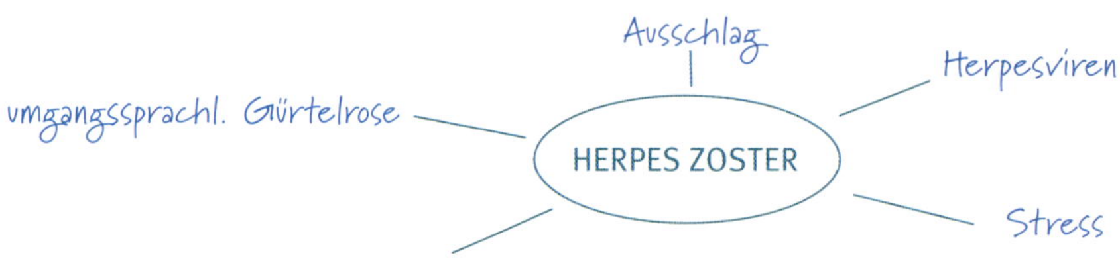

c **Schreiben Sie einen Kurzvortrag. Nutzen Sie die Redemittel aus C3a. Halten Sie den Vortrag vor Ihrer Lerngruppe. Die Zuhörenden machen sich Notizen zu den in C2b skizzierten Leitpunkten.**

D Einen Arztbrief schreiben (2)

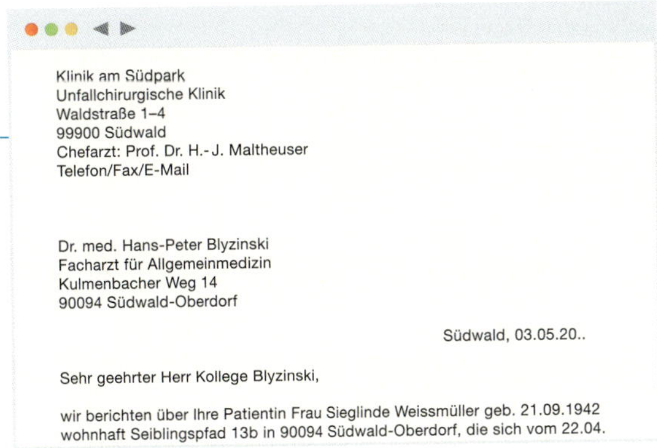

Klinik am Südpark
Unfallchirurgische Klinik
Waldstraße 1–4
99900 Südwald
Chefarzt: Prof. Dr. H.-J. Maltheuser
Telefon/Fax/E-Mail

Dr. med. Hans-Peter Blyzinski
Facharzt für Allgemeinmedizin
Kulmenbacher Weg 14
90094 Südwald-Oberdorf

Südwald, 03.05.20..

Sehr geehrter Herr Kollege Blyzinski,

wir berichten über Ihre Patientin Frau Sieglinde Weissmüller geb. 21.09.1942 wohnhaft Seiblingspfad 13b in 90094 Südwald-Oberdorf, die sich vom 22.04.

D1 a In Lektion 13 haben Sie sich bereits mit dem Aufbau und dem Verfassen von Arztbriefen beschäftigt. Notieren Sie auf einen Zettel alle Begriffe und Teile, die in einen Arztbrief gehören. Geben Sie dann Ihre Notizen an Ihre Lernpartnerin / Ihren Lernpartner für mögliche Ergänzungen.

b Lesen Sie die Formulierungen aus unterschiedlichen Arztbriefen. Ordnen Sie die in D1a notierten Abschnitte eines Arztbriefes den Formulierungen zu.

1 Bewusstseinsklarer Zustand, zu allen Qualitäten orientierter Patient … Befund
2 Neurologie: groborientierend kein fokalneurologisches Defizit ______
3 Aus Angst vor weiteren Diarrhoen habe er kaum noch etwas getrunken. ______
4 Die Patientin klagt seit 3 Tagen über … ______
5 Nachfolgend berichte ich über … ______
6 stark reduzierter AZ, herabgesetzter Hautturgor, Schleimhäute trocken, … ______
7 Die vorgeschlagene Anschlussheilbehandlung wurde von dem Patienten aufgrund privater Angelegenheiten abgelehnt. ______
8 Wir empfehlen die Einnahme von … ______
9 Herr W. berichtet über seit längerem bestehende Belastungsdyspnoe. ______
10 Bezüglich der Vorgeschichte dürfen wir auf unser Schreiben vom … verweisen. ______
11 Patient wach, orientiert, kooperativ ______
12 Wir danken für die Überweisung und die gute kollegiale Zusammenarbeit und verbleiben … ______
13 Eine kardiologische Kontrolle wäre nach einem Jahr sinnvoll. ______

c Begründen Sie in kleinen Gruppen Ihre Zuordnungen.

D2 a In Arztbriefen finden sich viele „amputierte Sätze". Gerade bei der Befundbeschreibung werden Verben häufig weggelassen. Lesen Sie die Formulierungen. Welche Verben würden Sie normalerweise in einem Standardtext ergänzen?

Linker Vorhof leicht erweitert • Linke A. vertebralis nicht dargestellt • Gallengänge nicht gestaut • Nieren orthotop gelegen • HWS-Beweglichkeit deutlich schmerzhaft eingeschränkt • Unter konservativer Therapie keine Beschwerdeverbesserung, eher Zunahme der Beschwerden • Haut und sichtbare Schleimhäute gut durchblutet, trocken • Aorta gering arteriosklerotisch verändert

b Sprechen Sie zu zweit. Was ist der Grund, warum Arztbriefe diese Art der Satzsyntax aufweisen?

▶ 137 **D3 a Hören Sie eine Patientenvorstellung zweimal. Notieren Sie beim ersten Hören Informationen zu den Patientendaten, der führenden Diagnose und den Vorerkrankungen.**

▶ 137 **b Ergänzen Sie beim zweiten Hören Ihre Notizen zu Therapie, Komplikationen und weiteren Verlauf.**

c Vergleichen Sie Ihre Notizen mit Ihrer Lernpartnerin / Ihrem Lernpartner und schreiben Sie dann einen Kurzarztbrief für die Rehaklinik.

Evidenzbasierte Medizin – Leitlinien

1 Sprechen Sie in kleinen Gruppen. Was wissen Sie über Leitlinien? Arbeiten die Ärztinnen und Ärzte in Ihrem Herkunftsland auch mit Leitlinien? Wie sind diese formuliert?

2 Welcher Beschreibung des Begriffs Leitlinie würden Sie am ehesten zustimmen? Begründen Sie.

Klinische Leitlinien werden entwickelt, um Ärzte und Patienten in spezifischen klinischen Situationen bei der Entscheidung über das diagnostische und therapeutische Vorgehen zu unterstützen.

Leitlinien sind keine Richtlinien, sondern Orientierungshilfen im Sinne von „Handlungs- und Entscheidungskorridoren“, von denen in begründeten Fällen abgewichen werden kann.

3 Sprechen Sie in kleinen Gruppen. Wie ist die Formulierung „... von denen in begründeten Fällen abgewichen werden kann“ zu verstehen?

4 Recherchieren Sie: Was sind S1-, S2- und S3-Leitlinien? Erarbeiten Sie, wer diese Leitlinien erstellt hat und worin die Unterschiede bei dieser Kategorisierung liegen. Präsentieren Sie Ihre Ergebnisse in kleinen Gruppen. Welche dieser drei Kategorien erscheint Ihnen besonders evident / weniger evident? Warum?

5 Lesen Sie den Text und ordnen Sie die Formulierungen den entsprechenden Empfehlungsgraden A, B und 0 zu.

Kann erwogen werden / kann verzichtet werden ○ soll / soll nicht ○ sollte / sollte nicht ○

Der Grad der Empfehlungsstärke einer Leitlinie scheint davon abzuhängen, wie die Formulierungen in den Leitlinien wahrgenommen werden. Einer interdisziplinären Studie zufolge (Charité und Zentrum für Allgemeine Sprachwissenschaft, Berlin) werden Formulierungen wie „darf nicht“ und „muss“ als maximal verbindlich wahrgenommen, während „soll“ und „sollte“ kaum Trennschärfen aufweisen. Der Grad der Verbindlichkeit hängt aber auch davon ab, welches Verb hinter „soll“ und „sollte“ folgt. Ein „soll durchgeführt werden“ hat eine ganz andere Verbindlichkeit als ein „soll angeboten werden“. Die Arbeitsgemeinschaft der medizinischen Fachgesellschaften (AWMF), die ein Regelwerk für das Erstellen von Leitlinien publiziert hat, unterscheidet drei Empfehlungsstärken (A = *starke Empfehlung*, B = *Empfehlung* und 0 = *Empfehlung offen*). Zudem sollen Empfehlungen möglichst klar, eindeutig, handlungsorientiert und leicht verständlich formuliert sein. Trotz dieser Regelungen werden von den Fachgesellschaften verschiedene Hilfsverben nebeneinander verwendet, was die eindeutige Zuordnung erschwert.

6 Welche Empfehlungsstärke haben folgende Leitlinienformulierungen für Sie? Zu welchen medizinischen Fachgebieten gehören sie? Diskutieren Sie in der Gruppe.

1 Eine antiemetische Behandlung kann bereits zu Beginn der Therapie erfolgen.
2 Die Behandlung der Obstipation mit Laxantien sollte bei den meisten Patienten prophylaktisch begonnen werden.
3 Die Manschette sollte sich auf Herzhöhe befinden.
4 Die postoperative Überwachung muss in geeigneten Räumen, mit geeigneten Geräten und durch geeignetes Personal stattfinden.

7 Recherchieren Sie Leitlinien zu einer Fachgesellschaft Ihrer Wahl und betrachten Sie diese vor dem Hintergrund des Empfehlungscharakters. Tauschen Sie sich dann im Plenum aus.

Wortschatz / Kommunikation

Kurznachrichten und Notizen

die Dienstbesprechung, -en
die Fahrgemeinschaft, -en
die Kurznachricht, -en
der Messenger-Dienst, -e
der Patienteninformationstag, -e
der Ton (Sg.): *den richtigen Ton treffen*

Dienstliche Korrespondenz

das Anforderungsprofil, -e
die Approbationsurkunde, -n
die Arbeitnehmerfreizügigkeit (Sg.)
der Aufenthaltstitel, –
die Ausübung (Sg.)
die Beschäftigungserlaubnis, -se
das Bewerbungsschreiben, –
der Einstellungsvertrag, -verträge
die Facharztprüfung, -en
der Nachweis, -e
das Schwerpunktzentrum, -zentren
die Stellenanzeige, -n

einreichen

beglaubigt

Kurzvortrag

das 12-Kanal-EKG, -s
das Auditorium, Auditorien
der Ausschlag, -schläge
die Differentialdiagnose, -n
die Gürtelrose (Sg.)
das Herpesvirus, -viren
das Krankheitsbild, -er
der Risikofaktor, -en
die Schilddrüsenunterfunktion (Sg.)
die Symptomatik, -en

abgrenzen

medikamentös

Arztbrief

die Anschlussheilbehandlung, -en
die Befundbeschreibung, -en
die Belastung, -en: *Belastungsdyspnoe, Belastungs-EKG*
die Beschwerdeverbesserung, -en
die Beweglichkeit (Sg.)
die Diarrhoe, -n (der Durchfall, -fälle)
der Gallengang, -gänge
der Hautturgor (Sg.)

bewusstseinsklar
eingeschränkt
fokalneurologisch
groborientierend
herabgesetzt
konservativ: *konservative Therapie*

Leitlinien

die Empfehlungsstärke, -n
die Kategorisierung, -en
die Orientierungshilfe, -n
das Regelwerk, -e
die Richtlinie, -n
die Trennschärfe, -n
die Verbindlichkeit (Sg.)

abweichen

evident
evidenzbasiert
verbindlich
zufolge

Kommunikation

KURZVORTRAG

Begrüßung / Einleitung
Sehr geehrte Damen und Herren ...
Liebe Kollegen und Kolleginnen ...
Liebes Auditorium ...
Ich möchte Ihnen heute das Krankheitsbild ... vorstellen.
Ich bin gebeten worden, Ihnen heute den Fall ... vorzustellen.
Das Thema meines heutigen Vortrags lautet ...

Empfehlungsstärke
... kann erwogen werden.
Auf ... kann verzichtet werden.
... soll (nicht) ...
... sollte (nicht) ...

Hauptteil
Davon abzugrenzen ist auf jeden Fall ...
Eine Diagnose erfolgt vor allem aufgrund der klinischen Symptomatik.
Die Unterscheidung von ... zu ... ist nicht immer einfach.
Ist ein 12-Kanal-EKG vorhanden, kann die Diagnose ... mit Sicherheit gestellt werden.
Einer der wichtigsten Faktoren bei der Entstehung von ...
Die Patienten sollten sofort mit ... versorgt werden.
Eine sofortige medikamentöse Therapie mit ... ist angezeigt.
Hierzu eignen sich ...

Abschluss
Abschließend lässt sich sagen ...
Zusammenfassend kann gesagt werden, dass ...
Haben Sie dazu noch Fragen?
Ich bedanke mich für Ihre Aufmerksamkeit.

„Das ist meine letzte Zigarette!“

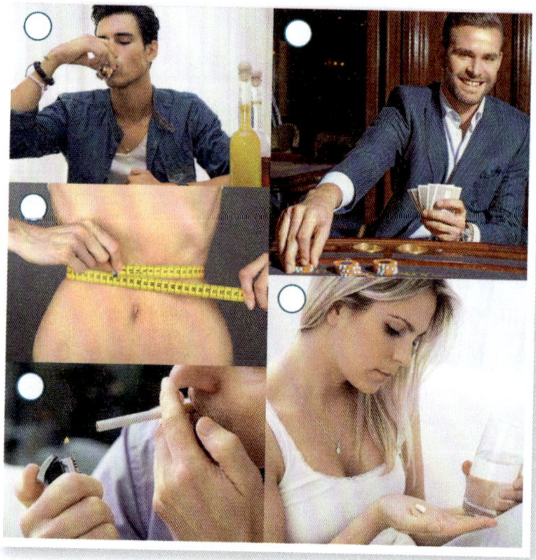

A Gespräche mit Suchtpatienten führen

A1 a **Ordnen Sie die Suchterkrankungen zu.**

1 Alkoholismus • 2 Spielsucht • 3 Essstörung • 4 Medikamentenabhängigkeit • 5 Nikotinsucht

b **Sprechen Sie in kleinen Gruppen. Wie sind Ihre Erfahrungen mit Suchterkrankungen? Wie ist die Situation in Ihrem Herkunftsland?**

A2 **Lesen Sie den Thread. Was ist richtig? Kreuzen Sie an.**

- ◯ Mahmad arbeitet zurzeit in der Psychiatrie.
- ◯ Laura wundert sich, dass Mahmad so wenig über Suchterkrankungen weiß.
- ◯ Mahmad möchte mehr über das Thema *Umgang mit Suchtkranken* erfahren.
- ◯ Laura schlägt ihm einen Kurs bei einem amerikanischen Psychologen vor.

Betreff des Beitrags – Umgang mit Suchtkranken #1

Mahmad
Registriert: 17.6.2013
Beiträge: 2

Hallo Leute, ich mache gerade ein Praktikum auf der Geschlossenen und habe dadurch ziemlich viel mit Suchtkranken zu tun. Da kenne ich mich gar nicht aus. Die sind so widersprüchlich, so ambivalent. Habe keine Ahnung, wie ich professionell mit denen sprechen und umgehen soll. Und es gibt auch so viele verschiedene Arten der Sucht. Hat jemand vielleicht eine Literaturempfehlung oder Tipps? Ich wäre für jegliches Fachwissen dankbar.

#2

Laura
Registriert: 2.3.2010
Beiträge: 8

Hey Mahmad, ich finde gut, dass du ganz offen um Rat fragst. Ja, die Palette der suchtinduzierten psychiatrischen Erkrankungen reicht von Alkohol- und Drogensucht über Essstörungen, Spielsucht bis zur Tablettenabhängigkeit. Um nur ein paar zu nennen. Du hast nach Literaturempfehlungen gefragt. In den letzten Jahren arbeiten hier in Deutschland viele Ärztinnen erfolgreich mit dem Konzept der motivierenden Gesprächsführung (motivational interviewing). Wurde von den US-amerikanischen Psychologen W. R. Miller und S. Rollnick entwickelt.

A3 **Ordnen Sie die Begriffe den Definitionen zu.**

1 Kooperation • 2 Klientenzentrierung (Wachrufen von Motivation) • 3 Autonomie

- ◯ Im Vordergrund stehen Partnerschaftlichkeit, Akzeptanz und eine förderliche Atmosphäre. Konfrontation, autoritäres Auftreten und Aufzwingen einer Sichtweise werden vermieden.
- ◯ Es wird anerkannt, dass der Patient zur Selbstbestimmung berechtigt und fähig ist. Da Veränderungen nicht erzwungen oder befohlen werden können, wird vermieden, dass der Therapeut dem Patienten sagt, was er tun muss und wie er sein Ziel erreicht.
- ◯ Die Sichtweisen, Werte und Ziele des Klienten stehen im Mittelpunkt. Auf Erziehung, Belehrung und Zurechtweisung sowie Augenmerk auf fehlende Ressourcen wird verzichtet.

▶ 138 **A4** a **Hören Sie nun einen Kurzvortrag zum Thema *Motivierende Gesprächsführung*. Was sind die 5 Grundprinzipien?**

▶ 138 b **Hören Sie noch einmal und notieren Sie Antworten zu den folgenden Fragen.**

1 Was sollte professionelle Empathie beinhalten?
2 Was sind häufige Anlässe, dass Suchtproblematiken thematisiert werden müssen?
3 Warum ist es wichtig, im Gespräch mit dem Patienten nicht darauf zu bestehen, dass eine Suchtproblematik vorliegt?
4 Wie sollte man mit Widerstand umgehen?
5 Warum hält der Vortragende das 5. Prinzip für das Wichtigste?

▶ 138 c **Bilden Sie 5 Gruppen. Jede Gruppe wählt eines der 5 Prinzipien. Hören Sie dann den Vortrag noch einmal und machen Sie sich zu Ihrem Prinzip Notizen. Besprechen Sie dann zunächst in den eigenen Gruppen, was mit dem Prinzip gemeint ist. Anschließend tauschen Sie sich in Wirbelgruppen aus.**

A5 a **Zu welchen Bereichen gehören diese selbstmotivierenden Aussagen der Patienten? Ordnen Sie zu. Vergleichen Sie Ihre Ergebnisse.**

A Problembewusstsein
B Ausdruck von Besorgnis
C Veränderungsabsicht
D Zuversicht

◯ *Ich glaube, ich schaffe es!*

◯ *Wie konnte mir das nur passieren?*

◯ *Ich befürchte, das Problem ist größer, als ich dachte!*

◯ *So will ich nicht sein. Was kann ich tun?*

b **Ordnen Sie die Fragen den Kategorien A–D aus A5a zu.**

1 ◯ Was ängstigt Sie an Ihrem Drogenkonsum?
2 ◯ Welche Dinge würden Sie gern zu Ihren Gunsten verändern?
3 ◯ Was bringt Sie auf den Gedanken, dass es sich um ein Problem handelt?
4 ◯ Wie sehr versetzt Sie das in Sorge?
5 ◯ Welche Schwierigkeiten haben Sie wegen des Alkoholkonsums bekommen?
6 ◯ Was veranlasst Sie zu der Annahme, dass Sie sich ändern müssen?
7 ◯ Was gibt Ihnen die Kraft zu glauben, dass Sie sich verändern könnten, wenn Sie es wollten?
8 ◯ Auf welche Weise beunruhigt Sie das?
9 ◯ Inwiefern war das ein Problem für Sie?
10 ◯ Wer oder was könnte Ihnen dabei helfen, eine Veränderung herbeizuführen?
11 ◯ Was stellen Sie sich vor, könnte geschehen, wenn Sie so weitermachen wie bisher?
12 ◯ Welche Vorteile würde eine Veränderung bringen?

A6 a **Arbeiten Sie zu zweit. Wählen Sie eine Suchterkrankung aus A1a. Notieren Sie möglichst viele Äußerungen von Patienten in einem Gespräch, in dem über Sucht gesprochen wird.**

Ich habe kein Alkoholproblem, Sie haben doch überhaupt keine Ahnung, was es bedeutet, drauf zu sein, …

b **Tauschen Sie Ihre Notizen mit einem anderen Lernpaar aus. Dieses soll nun geeignete motivierende Fragen / Antworten auf die Patientenäußerungen finden (vgl. A5b). Präsentieren Sie die Ergebnisse anschließend im Plenum.**

B Informationen zum Thema *Fortbildung* verstehen

B1 a **Ausbildung – Weiterbildung – Fortbildung. Ist das nicht alles das Gleiche? Worin liegen die Unterschiede? Recherchieren Sie. Vergleichen Sie dann Ihre Ergebnisse in kleinen Gruppen.**

b **Arbeiten Sie zu zweit. Was wissen Sie über die Institution *Ärztekammer*? Was ist deren Aufgabe? Tauschen Sie sich anschließend mit einem anderen Lernpaar aus.**

c **Lesen Sie den folgenden Text. Fassen Sie den Inhalt in maximal zwei Sätzen zusammen.**

Daneben ist auf § 4 MBO-Ä bzw. auf die entsprechenden Regelungen in den Berufsordnungen hinzuweisen. Danach besteht sowohl eine Verpflichtung der Ärztinnen und Ärzte, die ihren Beruf ausüben, sich in dem Umfang beruflich fortzubilden, wie es zur Erhaltung und Entwicklung der zu ihrer Berufsausübung erforderlichen Fachkenntnisse notwendig ist, als auch auf Verlangen ihre Fortbildung gegenüber der Ärztekammer durch ein Fortbildungszertifikat einer Kammer nachzuweisen. Weitere Nachweispflichten der ärztlichen Fortbildung für Vertragsärzte (§ 95d SGB V) sowie für Fachärzte im Krankenhaus (§ 137 Abs. 1 Nr. 2 SGB V) sind im Fünften Buch des Sozialgesetzbuches verankert …

B2 **Markieren Sie im Text die Informationen zu den folgenden Fragen.**

1 Wer muss sich fortbilden?
2 Welche Bewertungsgrundsätze gibt es?
3 In welchem zeitlichen Rahmen müssen die Nachweise erbracht werden?
4 Wie kann man sich anmelden?

Lebenslanges Lernen – Die Fortbildungsverpflichtung der Ärzteschaft

Seit 2004 gilt sowohl für VertragsärztInnen als auch für FachärztInnen in Krankenhäusern und Kliniken eine Nachweispflicht der ärztlichen Fortbildung. So müssen VertragsärztInnen, also alle ÄrztInnen, die mit einer kassenärztlichen Zulassung praktizieren, alle 5 Jahre gegenüber ihrer zuständigen kassenärztlichen Vereinigung ein Fortbildungszertifikat vorlegen, auf dem nachgewiesen ist, dass sie in den zurückliegenden 5 Jahren 250 Fortbildungspunkte angesammelt haben. Zuständig für die inhaltliche Ausgestaltung und die Durchführung der Veranstaltungen ist die Ärzteschaft selbst – vertreten durch die Landesärztekammern, die auch die Fortbildungszertifikate ausstellen. Diese Regelung gilt für FachärztInnen im Krankenhaus erst seit 2006. Jene mussten am 31.12.2010 erstmals den Nachweis erbringen. Die Punkte, die gesammelt werden müssen, sind in Bewertungsgrundsätzen zusammengefasst, die wiederum in 10 Kategorien gestaffelt sind, gekennzeichnet mit den Buchstaben A–K. So erhält man beispielsweise in der Kategorie A je einen Punkt pro 45-minütiger Fortbildungseinheit und einen Zusatzpunkt, wenn es eine dokumentierte Lernerfolgskontrolle gegeben hat. Viele Punkte kann anhäufen, wer wissenschaftlich publiziert (Kategorie F). Hier erhält der Autor / die Autorin pro wissenschaftlicher Veröffentlichung 5 Punkte. Jedoch darf die Gesamtpunktzahl aus dieser Kategorie innerhalb der 5 Jahre 50 Punkte nicht überschreiten. Die Anmeldung zu den Veranstaltungen erfolgt über Barcodes, die den einzelnen ÄrztInnen von ihren zuständigen Ärztekammern zugeteilt wurden.

B3 **Sie suchen in einem Portal nach einer Fortbildung. Welches Thema würde Sie interessieren? Sprechen Sie in kleinen Gruppen.**

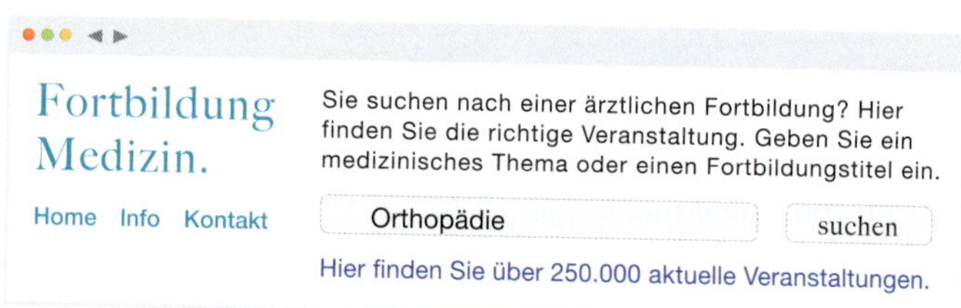

C Über die Karriere sprechen

Summe berufstätige Ärztinnen und Ärzte	365.247
Ärztinnen und Ärzte ohne Gebietsbezeichnung	110.227
Innere Medizin	49.093
Allgemeinmedizin	43.206
Chirurgie	34.276
Anästhesiologie	22.071
Frauenheilk. u. Geburtsh.	17.651
Kinder- u. Jugendmedizin	13.718
Psychiatrie u. Psychotherapie	10.088
Radiologie	7.745
Augenheilkunde	7.156
Neurologie	6.095
Hals-Nasen-Ohrenheilkunde	6.083
Haut- u. Geschlechtskrankh.	5.652
Urologie	5.635

Quelle: Statistik der BÄK

C1 Sprechen Sie in kleinen Gruppen. Wie interpretieren Sie die Zahlen? In welchem Fachgebiet arbeiten Sie selbst bzw. würden Sie gern arbeiten? Begründen Sie.

C2 a Claudia und Said unterhalten sich über ihre Karrierepläne nach dem Staatsexamen. Was haben die beiden vor? Stellen Sie Vermutungen an.

▶ 139 b Hören Sie das Gespräch. Was ist richtig? Kreuzen Sie an.

1 Claudia möchte als Wahlfach Psychiatrie wählen. ◯
Claudia strebt eine Universitätslaufbahn an. ◯
Claudia sucht noch nach einem Promotionsthema. ◯

2 Claudias Arbeitsvertrag wird nur über zwei Jahre laufen. ◯
Claudia kann die ganze Zeit an der Uni bleiben. ◯
Claudias Chefin lehrt in den USA. ◯

3 Said möchte Facharzt für Chirurgie werden. ◯
Said strebt eine Weiterbildung zum Allgemeinmediziner an. ◯
Said sieht seine Zukunft als Krankenhausarzt. ◯

c Sprechen Sie in kleinen Gruppen. Wo möchten Sie lieber arbeiten? In der Forschung? Als Krankenhausarzt? Als niedergelassener Allgemeinmediziner oder Facharzt? Oder haben Sie ganz andere Vorstellungen?

C3 a Für welche der Stellenangebote würden Sie sich (nicht) interessieren? Warum? Sprechen Sie zu zweit.

Wir suchen in Voll- oder Teilzeit
Facharzt / -ärztin
für Pysikalische Medizin und Rehabilitation
und **Arzt / Ärztin für Allgemeinmedizin**

Wir suchen – zunächst befristet für 3 Jahre, eine anschließende Übernahme ist möglich – einen
Arzt (m/w) zur Weiterbildung in der Arbeitsmedizin

Wir suchen ab 1. Januar 20.. oder nach Vereinbarung eine / n
Assistenzarzt / -ärztin
100 % in Weiterbildung zum / zur Facharzt / -ärztin für Nuklearmedizin an der Abteilung für Nuklearmedizin & PET / CT Zentrum.

Verstärken Sie uns in Voll- oder Teilzeit als
Assistenzarzt / -ärztin für Neurologie

Wir suchen zum nächstmöglichen Zeitpunkt in Vollzeit eine/n
Assistenzärztin / Assistenzarzt
für die Klinik für Geriatrie und Frührehabilitation

b Wählen Sie eine der Anzeigen aus und verfassen Sie ein kurzes Bewerbungsschreiben, in dem Sie begründen, warum Sie sich für diese Stelle interessieren. Skizzieren Sie Ihre Berufserfahrung.

c Arbeiten Sie dann in kleinen Gruppen. Besprechen und korrigieren Sie gegebenenfalls Ihre Anschreiben. Recherchieren Sie Tipps zum Schreiben von Bewerbungen.

Die ärztliche Versorgung

Österreich droht ein Land ohne Landärzte zu werden

Wer genügend Ärzte will, muss genügend Ärzte ausbilden

FMH-Präsident Jürg Schlup über die Fragen, ob sich nach dem Ja zur Einwanderungsinitiative der Ärztemangel verschärft und ob nun der Numerus clausus fällt.

Neuer Rekord

Sind 356.247 Ärzte immer noch zu wenig?

1 Recherchieren Sie weitere Informationen zu diesen Schlagzeilen aus der deutschen, österreichischen und Schweizer Presse. Berichten Sie und diskutieren Sie im Plenum.

2 Sprechen Sie in kleinen Gruppen. Interpretieren Sie die Statistik. Warum ist die Verteilung so unterschiedlich? Sagt die Arztdichte etwas über die Qualität der medizinischen Versorgung aus? Gibt es eine Gegend, in der Sie gern / weniger gern arbeiten würden? Begründen Sie.

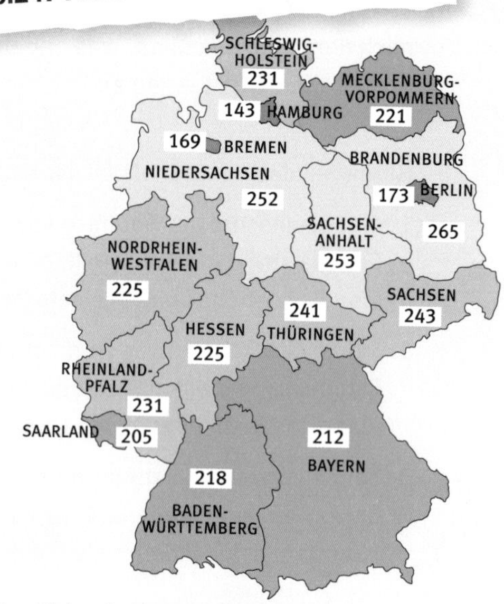

Arztdichte in Deutschland (Einwohner je berufstätigem Arzt)

unter 200 | 200 bis unter 225 | 225 bis unter 250 | 250 und mehr

Quelle: Statistik der BÄK, Statistisches Bundesamt

3 Lesen Sie den Artikel und beantworten Sie die folgenden Fragen.

1. Wie will die Politik die Verteilungssituation verbessern?
2. Was kritisieren die Hausärzte an der Gesundheitspolitik?
3. Was findet die KBV gut an der Reform?
4. Warum kann es in überversorgten Regionen dennoch mittelfristig zu Unterversorgung kommen?

Seit Jahren ist in Deutschland von einem Ärztemangel die Rede, dabei hat die Zahl der praktizierenden Ärzte in den letzten 10 Jahren um 50.000 zugenommen. Im Bundesdurchschnitt kommt auf 230 Einwohner eine Ärztin/ein Arzt. 1990 waren es noch 330 Menschen pro Arzt. Problematisch ist vor allem die Verteilung der Arztsitze über das gesamte Bundesgebiet.

Nur wenige Ärzte wollen aufs „platte Land" – besonders, wenn die ländlichen Regionen in Ostdeutschland liegen. Um diese Situation zu entschärfen, trat 2012 das sogenannte Landarztgesetz in Kraft, das der frühere Bundesgesundheitsminister Daniel Bahr (FDP) entscheidend vorangetrieben hatte.

Darin heißt es: „Junge Ärztinnen und Ärzte sollen motiviert werden, sich in unterversorgten Regionen neu niederzulassen oder dort Praxen zu übernehmen." Die Kassenärztliche Bundesvereinigung (KBV) lobt das Gesetz. So sei es für junge Ärztinnen und Ärzte allein schon attraktiv, dass die sogenannte Residenzpflicht entfallen sei, man also nicht mehr zwingend an dem Ort wohnen muss, wo die Praxis betrieben wird.

Vielen Hausärzten geht die Reform aber nicht weit genug. Sie beklagen, dass in Deutschland über Jahre die technische Medizin gefördert und die Hausarztmedizin vernachlässigt worden sei. Laut einer Studie des Berliner IGES-Instituts habe die neue Bedarfsplanung wenig an der Situation verändert. Nach wie vor gebe es in den Großstädten mehr Fachärzte, als dies eigentlich für die Versorgung der dort lebenden Bevölkerung vonnöten wäre. Junge Ärztinnen und Ärzte zieht es eben in die wirtschaftlich attraktiveren Regionen oder Großstädte. Doch auch dort, wo es jetzt noch eine zahlenmäßige Überversorgung gibt, kann es durch die älter werdende Bevölkerung und die damit einhergehende Zunahme an chronischen Erkrankungen zu einer realen Unterversorgung kommen.

4 Sprechen Sie im Plenum. Wie sieht die ärztliche Versorgung in Ihren Herkunftsländern aus? Wie beurteilen Sie die Kritik der Hausärzte, dass die technische Medizin zu stark gefördert wurde?

Wortschatz / Kommunikation

Sucht

die Abhängigkeit, -en: *die Medikamentenabhängigkeit* (Sg.); *die Tablettenabhängigkeit* (Sg.)
das Alkoholproblem, -e
der Alkoholismus (Sg.)
der Alkoholkonsum (Sg.)
der Behandler, – / die Behandlerin,-nen
der Drogenkonsum (Sg.)
die Essstörung, -en
die Geschlossene (Abteilung)
der Klient, -en / die Klientin, -nen
die Klientenzentrierung (Sg.)
das Selbstvertrauen (Sg.)
die Sichtweise, -n
die Sucht, Süchte: *die Nikotinsucht* (Sg.); *die Spielsucht* (Sg.)
der / die Suchtkranke, -n
die Suchtproblematik, -en
der Suchtpatient, -en / die Suchtpatientin, -nen
die Suchterkrankung, -en
der Widerstand, -stände
die Zurechtweisung, -en
die Zuversicht (Sg.)

ängstigen
aufzwingen (zwang auf, hat aufgezwungen)
befehlen (befahl, hat befohlen)
bestehen auf (bestand auf, hat auf ... bestanden)
erzwingen (erzwang, hat erzwungen)
herbeiführen

autoritär
förderlich
süchtig
suchtinduziert
widersprüchlich

Weiterbildung / Karriere

der Barcode, -s
die Berufsausübung (Sg.)
die Berufsordnung, -en
der Bewertungsgrundsatz, -sätze
das Fortbildungszertifikat, -e
der Fortbildungspunkt, -e
die Fortbildungsverpflichtung, -en
die Kammer, -n: *die Ärztekammer, -n; die Landesärztekammer, -n*
MBO-Ä: *(Muster-)Berufsordnung für Ärztinnen und Ärzte in Deutschland*
die Nachweispflicht, -en
das Promotionsthema, -themen
das Sozialgesetzbuch (Sg.)
das Staatsexamen, -examina
die Universitätslaufbahn, -en
die Weiterbildungszeit, -en

sich niederlassen (ließ sich nieder, hat sich niedergelassen)
praktizieren
zuteilen

kassenärztlich: *die Kassenärztliche Vereinigung (KV), die kassenärztliche Zulassung*

Ärztliche Versorgung

die Ärztedichte (Sg.)
der Ärztemangel (Sg.)
das Land (Sg.): *das platte Land*
die Verteilungssituation (Sg.)

einhergehen (ging damit einher, ist damit einhergegangen): *damit einhergehend*
vernachlässigen
vorantreiben (trieb voran, hat vorangetrieben)

ländlich
überversorgt
unterversorgt

Kommunikation

Motivierende Gesprächsführung

Was ängstigt Sie an Ihrem Drogenkonsum?
Welche Dinge würden Sie gern zu Ihren Gunsten verändern?
Was bringt Sie auf den Gedanken, dass es sich um ein Problem handelt?
Wie sehr versetzt Sie das in Sorge?
Welche Schwierigkeiten haben Sie wegen des Alkoholkonsums bekommen?
Was veranlasst Sie zu der Annahme, dass Sie sich ändern müssen?
Welche Vorteile würde eine Veränderung bringen?
Auf welche Weise beunruhigt Sie das?
Inwiefern war das ein Problem für Sie?
Was stellen Sie sich vor, könnte geschehen, wenn Sie so weitermachen wie bisher?
Wer oder was könnte Ihnen dabei helfen, eine Veränderung herbeizuführen?
Was gibt Ihnen die Kraft zu glauben, dass Sie sich verändern könnten, wenn Sie es wollten?

Das Gesundheitssystem

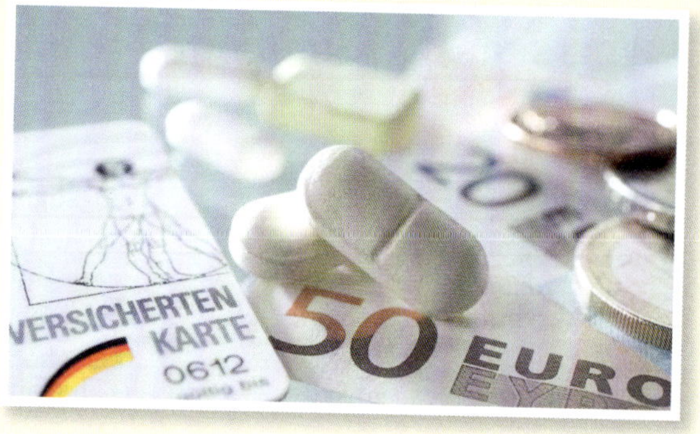

1 **Ein Wissensquiz durch das deutsche Gesundheitssystem (A / CH: Lehrwerkservice). Bilden Sie Teams mit max. 5 Personen und lösen Sie die Aufgaben A–F. Sie haben dafür 30 Minuten Zeit. Hilfsmittel jeder Art sind erlaubt.**

A **Beantworten Sie die Fragen.**

1 Seit wann gibt es in Deutschland die Institution Krankenversicherung?
2 Wer sind die wichtigsten Akteure und Interessengruppen im Gesundheitssystem?
3 Wer oder was sichert die ambulante Versorgung?
4 Was bedeutet *stationäre Behandlung*?
5 Welchen Nutzen haben Reha-Einrichtungen? (5 Pkt.)

B **Wer oder was verbirgt sich hinter den Abkürzungen?** (8 Pkt.)

KV • BMG • GKV • BZgA • DIMDI • RKI • PEI • DKG

C **Beschreiben Sie in Stichworten zu drei der Institutionen in B deren konkrete Funktion im Gesundheitssystem.** (10 Pkt.)

D **Mit welcher der Institutionen in B haben Sie in den folgenden Situationen in Ihrem beruflichen Alltag direkt zu tun?**

1 Sie sind niedergelassener Arzt und haben eine Frage zum Bereitschaftsdienst.
2 Sie möchten sich über die Verhinderung nosokomialer Infektionen informieren.
3 Sie wollen wissen, ob ein neuer Impfstoff schon seine Zulassung erhalten hat.
4 Sie benötigen Informationen und Materialien zur Suchtprävention und zur Sexualaufklärung. (4 Pkt.)

E **Was versteht man unter dem Begriff *Fallpauschale*?** (6 Pkt.)

F **Setzen Sie die fehlenden Begriffe ein.**

Heilberufe • Duale System • Leistungsempfängern • Beiträge • Versicherungspflicht • Gesundheitschecks

In Deutschland gibt es das sogenannte ______________________ aus gesetzlicher und privater Krankenversicherung. Wegen der bestehenden ______________________ müssen alle Personen versichert sein, entweder bei der GKV oder der PKV. Der größte Teil der deutschen Bevölkerung ist in der GKV versichert, deren ______________________ sich hauptsächlich an der Höhe des Einkommens des Versicherten orientieren. Wer sich privat versichern will, muss ein jährliches Jahreseinkommen von mindestens 54.900 € (Wert für 2015) nachweisen und sich entsprechenden ______________________ unterziehen. Im Behördendeutsch spricht man bei den Patienten auch von den ______________________, während Ärzte, Apotheker und Pflegepersonal und alle sonstigen ______________________ als Leistungserbringer bezeichnet werden. (7 Pkt.)

2 **Vergleichen Sie nun Ihre Lösungen.**

3 **Arbeiten Sie zu zweit.**
Was ist mit dieser Karikatur gemeint?

4 **Lesen Sie den Ausschnitt aus einem Zeitungsartikel und besprechen Sie in kleinen Gruppen die möglichen Gründe für diese Situation. Was halten Sie persönlich vom dualen Krankenversicherungssystem?**

Kassenpatienten in Deutschland haben oft das Gefühl, dass sie Patienten zweiter Klasse sind. Stichproben zufolge warten sie zum Beispiel bis zu 50 Tage länger auf einen Arzttermin. Dies treffe besonders in kardiologischen und augenärztlichen Praxen zu, sagte ein Vorstandsvorsitzender der AOK.
Aber auch beim Orthopäden warte der Patient 22 Tage, während der Privatpatient schon nach 6 Tagen einen Termin erhält. Für diese Stichprobe führte die Kasse über 600 Anrufe durch.

5 **Sprechen Sie in kleinen Gruppen. Wie wird das Gesundheitssystem in Ihrem Herkunftsland finanziert? Was finden Sie daran gut? Was würden Sie verändern?**

6 **Was vermuten Sie? Wo wird das meiste Geld für das Gesundheitssystem ausgegeben? Bringen Sie die ersten sechs Länder in die richtige Reihenfolge.**

Dänemark • Deutschland • Österreich • Niederlande • Schweiz • Frankreich

Gesundheitsausgaben in Europa

in Prozent des Bruttoinlandsprodukts

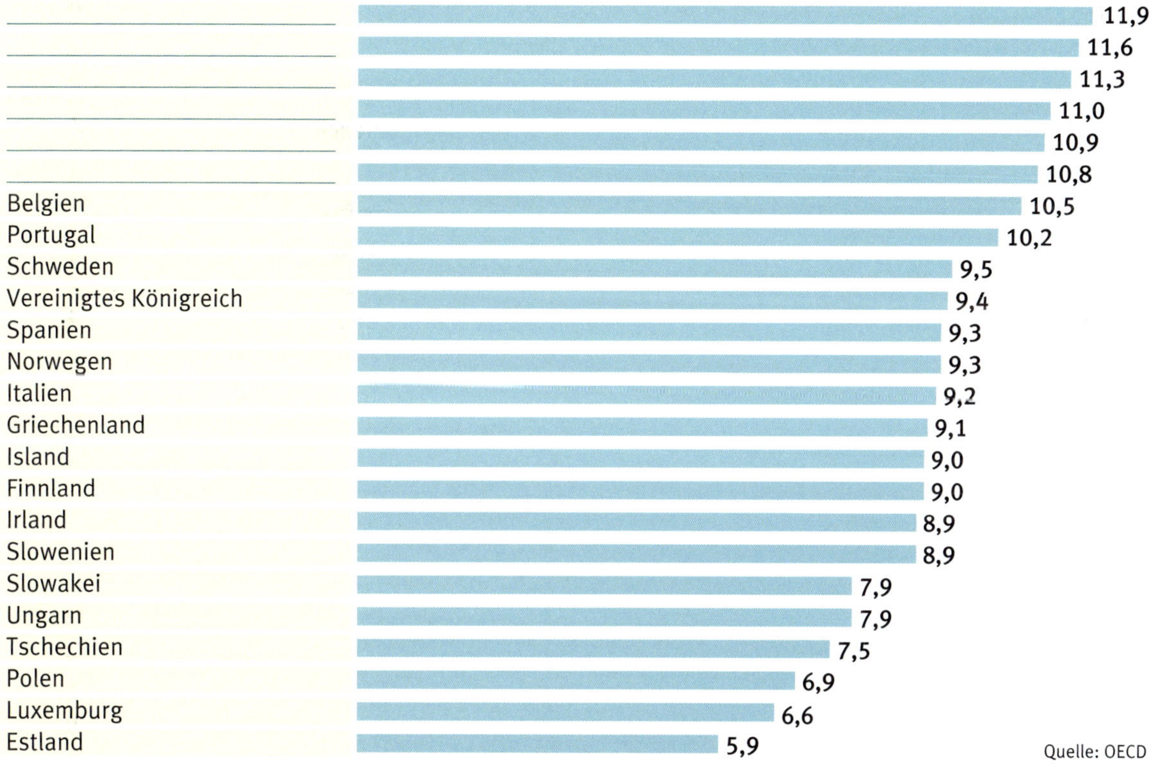

Quelle: OECD

7 **Vergleichen Sie Ihre Vermutung mit der Lösung. Sind Sie überrascht?**

8 **Sprechen Sie in kleinen Gruppen. Wie bewerten Sie diese Grafik? Wie sehen Sie den Zusammenhang zwischen hohen Kosten im Gesundheitssystem und optimaler Versorgungsqualität für die Patienten?**

Arztbrief

Klinik am Südpark
Unfallchirurgische Klinik
Waldstraße 1–4
99900 Südwald
Chefarzt: Prof. Dr. H.-J. Maltheuser
Telefon / Fax / E-Mail

Dr. med. Hans-Peter Blyzinski
Facharzt für Allgemeinmedizin
Kulmenbacher Weg 14
90094 Südwald-Oberdorf

Südwald, 03.05.20..

Sehr geehrter Herr Kollege Blyzinski,

wir berichten über Ihre Patientin Frau Sieglinde Weissmüller geb. 21.09.1942 wohnhaft Seiblingspfad 13b in 90094 Südwald-Oberdorf, die sich vom 22.04. bis 03.05.20.. in unserer stationären Behandlung befand.

DIAGNOSEN

Proximale Humerusfraktur rechts ICD ... mit osteosynthetischer Versorgung (22.04.20..)

Commotio cerebri ICD ...

Akute Gastritis ICD ...

Arterielle Hypertonie ED 2002 ICD ...

Penicillinallergie ED unbekannt ICD

Z.n. Hysterektomie 1998

ANAMNESE

Frau Weissmüller wurde am 22.04.20.. in der interdisziplinären Notaufnahme unserer Klinik aufgenommen. Laut Aussage der Notärztin sei sie beim Betreten eines Zebrastreifens seitlich von einem PKW erfasst und zu Boden geschleudert worden. Ein Ersthelfer habe den Unfall beobachtet. Bei Eintreffen des Rettungsteams war die Patientin nicht ansprechbar (GKS 7). Wegen des V. a. SHT und Mehrfachverletzung wurde die Patientin intubiert und beatmet. In dem mitgeführten Allergie-Pass der Patientin ist eine Allergie gegen Penicillin dokumentiert.

Anhang

BEFUND

Bei Aufnahme war die Patientin unter Beatmung kreislaufstabil 125/80 mmHg HF: 88/min Sauerstoffsättigung: 98 % (FiO2: 0,5). Cor: auskultatorisch unauffällig. Pulmo: seitengleich belüftet. Pupillen eng und isokor. Aufgrund der tiefen Sedierung war eine weitere neurologische Diagnostik nicht möglich. Abdomen: weich. Pulsstatus: unauffällig.
Ca. 4 cm lange Kopfplatzwunde occipital. Diverse tiefe Schürfwunden im Bereich des rechten Unterschenkels. Ausgeprägte Schwellung des rechten Oberarms.
EKG: SR, LT, 86/min unauffälliger Erregungsablauf, Sono Abdomen: o. B. CT-Schädel kein Hinweis auf intracranielle Blutung oder Hirnödem. Rtg.: Proximale Humerusfraktur rechts. Thorax: o. B. insbesondere kein Hinweis auf Pneumothorax. WBS und Extremitäten: unauffällig. Laborparameter: o. B.
Befunde: im Anhang

THERAPIE/VERLAUF/EPIKRISE

Nach Abschluss der Diagnostik wurde bei Frau Weissmüller die Humerusfraktur mittels Plattenosteosynthese in Allgemeinanästhesie versorgt. Postoperativ konnte die Patientin auf der Intensivstation komplikationslos extubiert werden. Die Patientin war neurologisch unauffällig, sodass sie am 24.04. auf die chirurgische Station verlegt werden konnte. Am Folgetag klagte die Patientin über starke Schmerzen im Oberbauch mit begleitender Übelkeit und Völlegefühl. Bei der ÖGD konnte im Bereich des Magen Antrums eine akute Gastritis nachgewiesen werden. Ösophagus und Duodenum waren unauffällig.
Ein Heliobakter pylorii konnte nicht nachgewiesen werden. Nach Absetzen der NSAR (Ibuprofen) zur Schmerztherapie, Kostumstellung und medikamentöser Therapie war die Patientin nach drei Tagen beschwerdefrei.
Im weiteren Verlauf zeigte sich ein reizloses Abheilen der Unterschenkelwunden. Ebenfalls unauffällige Wundverhältnisse im Oberarm und Kopfbereich. Die postoperative Röntgenkontrolle des Humerus zeigte einen regelrechten Sitz der Winkelplatte. Die physikalische Therapie mit unterstützenden Bewegungsübungen wurde von der Patientin sehr gut toleriert. Entfernung der Klammern am Oberarm und Nähte am Kopf am 02.05.20...

MEDIKATION bei Entlassung

Bisoprolol 2,5 mg	1-0-1
Omeprazol 20 mg	1-0-0
Ranitidin 150 mg	1-0-1
Novaminsulfon 500 mg	1-0-1

Procedere/Weitere Therapie/Weitere Behandlung

Wir haben Frau Weissmüller am 03.05.20.. in die Reha Klinik am Waldsee zur stationären AHB verlegt. Wir haben die Patientin gebeten, sich nach Beendigung des Klinikaufenthaltes in Ihrer Praxis vorzustellen. Wir bitten um Wiedervorstellung zur Kontrolluntersuchung in unserer unfallchirurgischen Sprechstunde am 26.07.20... Bei Befundverschlechterung ist eine sofortige Vorstellung möglich. Bei Rückfragen stehen wir Ihnen gerne über das Sekretariat unserer Klinik oder der Klinikzentrale zur Verfügung.

Mit freundlichen kollegialen Grüßen

Abkürzungen

A., Aa	Arteria, Arteriae: Arterie, -n, die
AA	absolute Arrhythmie, die (vgl. VHF)
A. e.	Ausschluss einer
AE	Appendektomie, die (Wurmfortsatzoperation, die Blinddarmoperation, die)
AED	Automatisierter Externer Defibrillator, der
AF	Atemfrequenz, die
AHB	Anschlussheilbehandlung, die
Ak = AK	1. Antikörper, der – 2. Aortenklappe, die – 3. Arbeitskreis, der
amb.	ambulant
ANÄ/Anä.	Anästhesie, die
ANV	akutes Nierenversagen, das
ant.	anterior: vorne, vorne gelegen
AT	1. Adenotomie, die: Entfernung der Rachenmandeln / Rachenpolypen – 2. Aortenton, der
AU	Arbeitsunfähigkeit, die
AZ	Allgemeinzustand, der
BAA	Bauchaortenaneurysma, das
Bef.	Befund, der
BG	1. Blutgruppe, die – 2. Berufsgenossenschaft, die
BD	1. Blutdruck, der (vgl. RR) – 2. Bauchdecke, die
BGA	Blutgasanalyse, die
BKK	Betriebskrankenkasse, die
BL	Bauchlage, die
BMG	Bundesministerium für Gesundheit, das
BSG	Blutsenkungsgeschwindigkeit, die
BTM	Betäubungsmittel, das
BWS	Brustwirbelsäule, die
CIRS	Critical Incident Reporting System, das
chron.	chronisch, lang andauernd
CPR	Cardiopulmonale Reanimation, die (vgl. HLW)
CT	Computertomografie, die – Computertomogramm, das
CTG	Cardiotokogramm, das – Kardiotokografie, die – Herzton-Wehenschreiber, der
D-Ärztin/-Arzt	Durchgangsärztin, die – Durchgangsarzt, der
DD	Differentialdiagnose, die
DEFI	Defibrillator, der
Diagn.	Diagnose, die
DIMDI	Deutsches Institut für Medizinische Dokumentation und Information, das
DK	Dauerkatheter, der
DKG	Deutsche Krankenhaus Gesellschaft, die
DM	Diabetes mellitus, der – Zuckerkrankheit, die
(G)DRG	German Diagnosis related Groups – stationäre Fallpauschalenabrechnung, die
DS	Druckschmerz, der
Echo	Echokardiografie, die
ED	1. Erstdiagnose, die – ED 2013: Erstdiagnose im Jahr 2013 – 2. Einzeldosis, die
EK	Erythrozytenkonzentrat, das
EKG	Elektrokardiogramm, das – Elektrokardiografie, die
E-lyte	Elektrolyte, die
Erw.	Erwachsene, der
EZ	Ernährungszustand, der
FÄ/FA	1. Fachärztin, die / Facharzt, der – 2. Familienanamnese, die – 3. Frauenärztin, die / Frauenarzt, der
FFP	(fresh frozen plasma) gefrorenes Frischplasma, das
FK	Fremdkörper, der
FL	Fettleber, die
FNB	Feinnadelbiopsie, die
Frakt.	Fraktur, die – Knochenbruch, der
GA	Gutachten, das
geb.	geboren, z. B.: geb. 28.02.1984
GB	Gallenblase, die
GCS	Glasgow coma scale (auch GKS: Glasgow Koma-Skala)
GdB	Grad der Behinderung, der, z. B. GdB 30: Grad der Behinderung von 30
GdS	Grad der Schädigung, der
GFR	glomeruläre Filtrationsrate, die
GKV	Gesetzliche Krankenversicherung, die (VdEK, AOK, Knappschaft, IKK, BKK, LKK)
HÄ/HA	Hausärztin, die / Hausarzt, der
HF	1. Herzfrequenz, die – 2. Herzfehler, der – 3. Hämofiltration, die
HI	Herzinfarkt, der (vgl. MI)
HLW	Herz-Lungen-Wiederbelebung, die (vgl. CPR)
HN	Hirnnerven, die
HNO	Hals-Nasen-Ohren, z. B. HNO-Arzt
HT	Herzton, der
HWI	1. Harnwegsinfekt, der – 2. Hinterwandinfarkt, der
HWS	Halswirbelsäule, die
HWZ	Halbwertzeit, die
ICD (GM)	Internationale Klassifikation von Krankheiten (Deutsche Fassung) ICD-10-GM-2016
I. E.	Internationale Einheit, die

i. m.	intramuskulär – in den Muskel
i. N.	im Normbereich, der
Inf.	Infusion, die
IPPAF	Systematik für Notfalluntersuchungen: Inspektion, Palpation, Perkussion, Auskultation, Funktionskontrolle
ITN	Intubationsnarkose, die
ITS	Intensivstation, die
IMC	Intermediate Care (vgl. ITS)
i. v.	intravenös: in die Vene
Kath.	Katheter, der
KG	1. Körpergewicht, das – 2. Krankengymnastik, die – 3. Krankengeschichte, die – 4. Kniegelenk, das
KH	1. Krankenhaus, das; üblich auch Krh. oder Krhs. – 2. Kohlenhydrate, die – 3. Kleinhirn, das
KHK	koronare Herzkrankheit, die
klin.	klinisch
KM	1. Kontrastmittel, das – 2. Knochenmark, das
KOF	Körperoberfläche, die (auch nur als KO verwendet)
KS	1. Klopfschall, der – 2. Klopfschmerz, der – 3. Karposi Sarkom, das
KU	körperliche Untersuchung, die
KV	1. Kassenärztliche Vereinigung, die – 2. Krankenversicherung, die
LA	1. Lebensalter, das – 2. Lokalanästhesie, die – 3. linker Vorhof, der
LuFu	Lungenfunktion, die
LSB	Linksschenkelblock, der
LVH	Linksventrikuläre Hypertrophie, die
ME	Metallentfernung, die
Med.	Medikament, das
MI	Myokardinfarkt, der; auch AMI akuter Myokardinfarkt (vgl HI, NSTEMI, STEMI)
MDK	Medizinischer Dienst der Krankenkassen, der
MDP	Magen-Darm-Passage, die
MM	1. Muttermund, der – 2. Muttermilch, die – 3. Malignes Melanom, das
MMR	Masern-Mumps-Röteln-Impfung, die – MMR-Impfstoff, der
MOF	Mulitorganversagen, das
MRSA	Methicilin-resistenter Staphylococcus aureus, der
MRT	Magnetresonanztomografie, die – Magnetresonanztomogramm, das – auch Kernspintomografie, die
MTA	Medizinisch-Technische Assistentin, die
MVZ	Medizinisches Versorgungszentrum, das
NAP	Nervenaustrittspunkt, der
NAW	Notarztwagen, der
NEF	Notarzteinsatzfahrzeug, das
NMH	niedermolekulares Heparin, das
NNH	Nasennebenhöhle, die, -n
NNM	Nebennierenmark, das
NNR	Nebennierenrinde, die
NOAK	neue orale Antikoagulantien, die
NSTEMI	Nicht-ST-Hebungsinfarkt, der
NW	1. Nebenwirkung, die – 2. Nachweis, der
OÄ/OA	Oberärztin, die – Oberarzt, der – 2. OA = Oberarm, der
OAK	orale Antikoagulantien, die
o. B.	1. ohne Befund, der – 2. ohne Besonderheit, die
OP	1. Operation (meist Op.), die – 2. Operationssaal, der – 3. Originalpackung, die
o. p. B.	ohne pathologischen Befund
OS	Oberschenkel, der
OSG	oberes Sprunggelenk, das
pAVK	periphere arterielle Verschlusskrankheit, die
Pat.	Patient, der – Patientin, die
PDL	Pflegedienstleitung, die
PDK	Periduralkatheter, der
PE	1. Probeexzision, die – 2. Perikarderguss, der 3. Pigment Epithel, das – 4. Pulmonalembolie, die – 5. Chemotherapie mit Cisplatin und Etopusid z. B. Bronchial Ca
PEG	perkutane endoskopische Gastrostomie, die
PEP	Postexpositionsprophylaxe, die
PKV	Private Krankenversicherung, die
p. o.	per os – orale Gabe – über den Mund
post.	posterior – hinten – hintere – hinten gelegen
PPI	Protonenpumpeninhibitor, der – Protonenpumpenhemmer, der
QF	Querfinger, der
RB	Regelblutung, die
Reha	Rehabilitation, die: medizinische Wiederherstellung, die
RF	1. Raumforderung, die – 2. Rheumafaktor, der – 3. Risikofaktor, der – 4. Rheumatisches Fieber, das
RG/RGs	Rasselgeräusch, das – Rasselgeräusche
RKI	Robert Koch Institut, das
Rö	Röntgen, das; auch Rtg.
RR	nach Riva-Rocci gemessen – Blutdruck, der
RSB	Rechtsschenkelblock, der
RTW	Rettungswagen, der

SAS	1. Schlaf-Apnoe-Syndrom, das – 2. Smiley-Analog-Skala, die
SAPV	spezialisierte ambulante Palliativversorgung, die
SD	1. Schilddrüse, die – 2. Septumdeviation, die – Nasenscheidewandverkrümmung, die
s. c.	subkutan: unter die Haut
SHF	Schenkelhalsfraktur, die
SHT	Schädel-Hirn-Trauma, das
s. l.	sublingual, unter die Zunge
SM	Schrittmacher, der
Sono	Sonografie, die – 1. Ultraschallgerät, das – 2. Ultraschalluntersuchung, die
SSW	Schwangerschaftswoche, die – z. B.: 30. SSW
STEMI	ST-elevation myocardial infarction – ST-Hebungsinfarkt, der
T	Temperatur, die
Tbl.	Tablette, die
TE	1. Tonsillektomie, die: Entfernung der Gaumenmandeln – 2. Totalextirpation, die: vollständige Entfernung z. B. der Gebärmutter, die
TEP	Totalendoprothese, die – z. B.: Knie-TEP, Hüft-TEP
Ther.	Therapie, die – Behandlung, die
TIA	transitorisch ischämische Attacke, die
Trpf.	Tropfen, die (häufig gtt: guttae)
TVT	tiefe Venenthrombose, die
UAW	unerwünschte Arzneimittelwirkung, die
UFH	unfraktioniertes Heparin, das
ÜW	Überweisung, die
V., Vv.	Vena, Venae: Vene, die, -n
V.a.	Verdacht auf, der
VAS	visuelle Analgo-Skala, die
VHF	Vorhofflimmern, das (vgl. AA)
VKB	vorderes Kreuzband, das
VRS	verbale Rating-Skala, die
VWI	Vorderwandinfarkt, der
WBO	Weiterbildungsordnung, die
WS	Wirbelsäule, die
WW	Wechselwirkung, die
YF	Gelbfieber, das
Z. n.	Zustand nach, der, z. B. Z. n. Knie-TEP links 2007
ZNA	zentrale Notaufnahme, die
ZNS	zentrale Nervensystem, das – Zentralnervensystem, das
ZVD	zentraler Venendruck, der
ZVK	zentraler Venenkatheter, der
ZWR	Zwischenwirbelraum, der

Die aufgelisteten Abkürzungen sollen eine Hilfe im täglichen Umgang darstellen. Auf die Übersetzung von Abkürzungen aus dem Lat./Griech. wurde so weit wie möglich verzichtet.

Abkürzungen wichtiger Begriffe bei Laboruntersuchungen

ACTH	adrenocorticotropes Hormon, das
Ag	Antigen, das
Ak	Antikörper, der
ALT (ALAT, GPT)	Alaninaminotransferase, die
ALB	Albumin, das
AP	alkalische Phosphatase, die
AMY	Amylase, die
ANA	antinukleärer Antikörper, der
ASL-Titer	Antistreptolysin-Titer, der
AT3	Antithrombin 3, das
AST (ASAT,GOT)	Aspartat-Aminotransferase, die
Bili	Bilirubin, das
BB	Blutbild, das
BBGR	großes Blutbild, das (= kleines Blutbild plus Differentialblutbild)
BBKL (KBB)	kleines Blutbild, das
Beta-HCG (HCG)	(Beta) humanes Choriongonadotropin, das – Schwangerschaftshormon, das
BGA	Blutgasanalyse, die
BSG (BKS)	Blutsenkungsgeschwindigkeit, die
BZ	Blutzucker, der – (nüBZ = nüchtern Blutzucker, der) – Glukose, die
Ca	Calzium, das – Kalzium, das
CEA	Carcinoembryonales Antigen, das
Cl (CHL)	Chlorid, das
ChE	Cholinesterase, die
CHOL	Cholesterin, das
CK	Creatininkinase, die – Kreatininkinase, die (weitere CK-MB = herzspezifisch, CK-BB, CK-MM)
CRP	C-reaktives Protein, das
Cu	Kupfer, das
cT	cardiales (kardiales) Troponin, das
DiffBB	Differentialblutbild, das
ERY	Erythrozyten, die (= rote Blutkörperchen)
EW	Eiweiß, das
fEBK	freie Eisenbindungskapazität, die
Fe	Eisen, das (Ferritin = Speicher für Eisen)
FSH	follikelstimulierendes Hormon, das
FT3 (T3)	freies Trijodthyronin, das
FT4 (T4)	freies Thyroxin, das
GFR	glomeruläre Filtrationsrate, die
GGT(GammaGT)	Gamma-Glutamyl-Transferase, die
GOT	Glutamat-Oxalacetat-Transaminase, die – identisch mit AST
GPT	Glutamat-Pyruvat-Transaminase, die – identisch mit ALT
HB	Hämoglobin, das (= der rote Blutfarbstoff)
HDL	High-Density-Lipoprotein, das („gutes“ Cholesterin, das)
HK (Hkt)	Hämatokrit, der
HLA	humanes Leukozyten-Antigen, das (z. B. HLA-B27)
HS	Harnsäure, die
HST	Harnstoff, der
Ig	Immunglobuline, die – (IgA, IgM, IgE, IgG, IgD)
INR-Wert	International Normalized Ratio – Wert, der
K	Kalium, das
KBB (BBKL)	kleines Blutbild, das
KOD	kolloidosmotischer Druck, der
KREA	Kreatinin, das
LAP	Leucin-Amino-Peptidase, die
LDH	Lactat-Dehydrogenase, die
LDL	Low-Density-Lipoprotein, das („gefährliches/böses“ Cholesterin)

LEUKO(S)	Leukozyten, die – weiße Blutkörperchen, die
LH	luteinisierendes Hormon, das
LIP	Lipase, die
LYMPH	Lymphozyten, die – gehören zu den weißen Blutkörperchen (B- und T-Lymphozyten)
MAK	mirkosomale Antikörper (Pl.)
Mg	Magnesium, das
MCH	durchschnittlicher Hb-Gehalt eines roten Blutkörperchens (mean corpuscular heamoglobin)
MCHC	durchschnittlicher zellulärer Hb-Gehalt
MCV	durchschnittliches corpuskuläres Volumen eines roten Blutkörperchens (mean corpuscular volume)
MONO	Monozyten, die (gehören zu den weißen Blutkörperchen)
MYO	Myoglobin, das
Na	Natrium, das
NW	Normalwert, der
O_2-Sättigung	Sauerstoffsättigung, die
OGTT	oraler Glukose Toleranztest, der
PCT	Procalcitonin, das
PSA	Prostata-spezifisches Antigen, das
PTH	Parathormon, das
PTT	partielle Thromboplastinzeit, die
PTZ(PT, PZ)	Prothrombinzeit, die – Synonyme: Quick und TPZ
Quick	Quick-Wert, der – siehe auch PTZ, TPZ
RETI	Retikulozyten (Pl.) – unreife rote Blutkörperchen, Vorläuferzellen
RF	Rheumafaktor, der
SD-AK	Schilddrüsen-Antikörper (Pl.) (MAK, TAK, TRAK)
TAK	Thyreoglobulin-Antikörper (Pl.)
THROMBO	Thrombozyten, die – Blutplättchen, die
TM	Tumormarker, der
TRAK	TSH-Rezeptor-Antikörper (Pl.)
TSH	Thyreoidea-stimulierendes Hormon, das
Zn	Zink, das

Kopfbereich

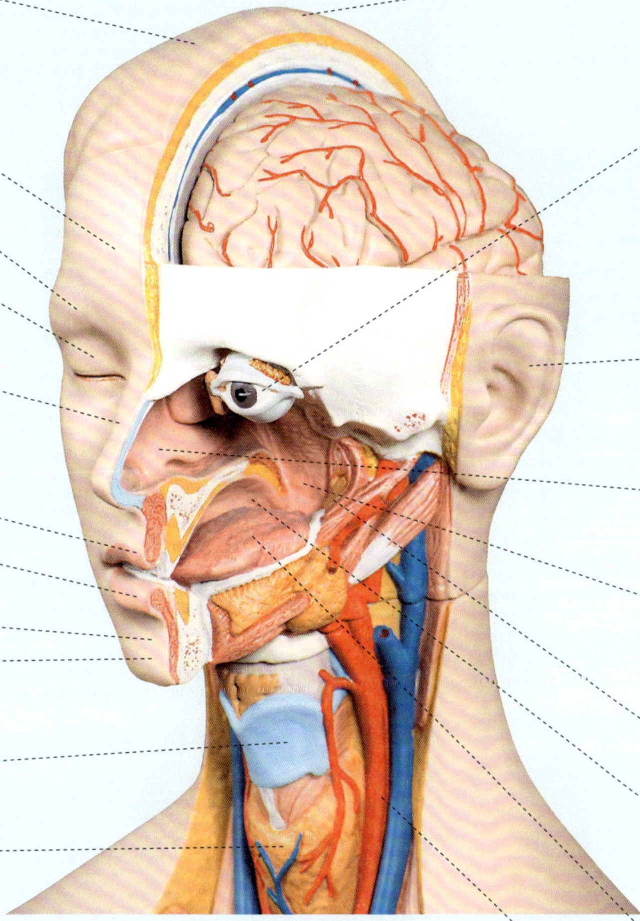

Rumpf und Abdomen

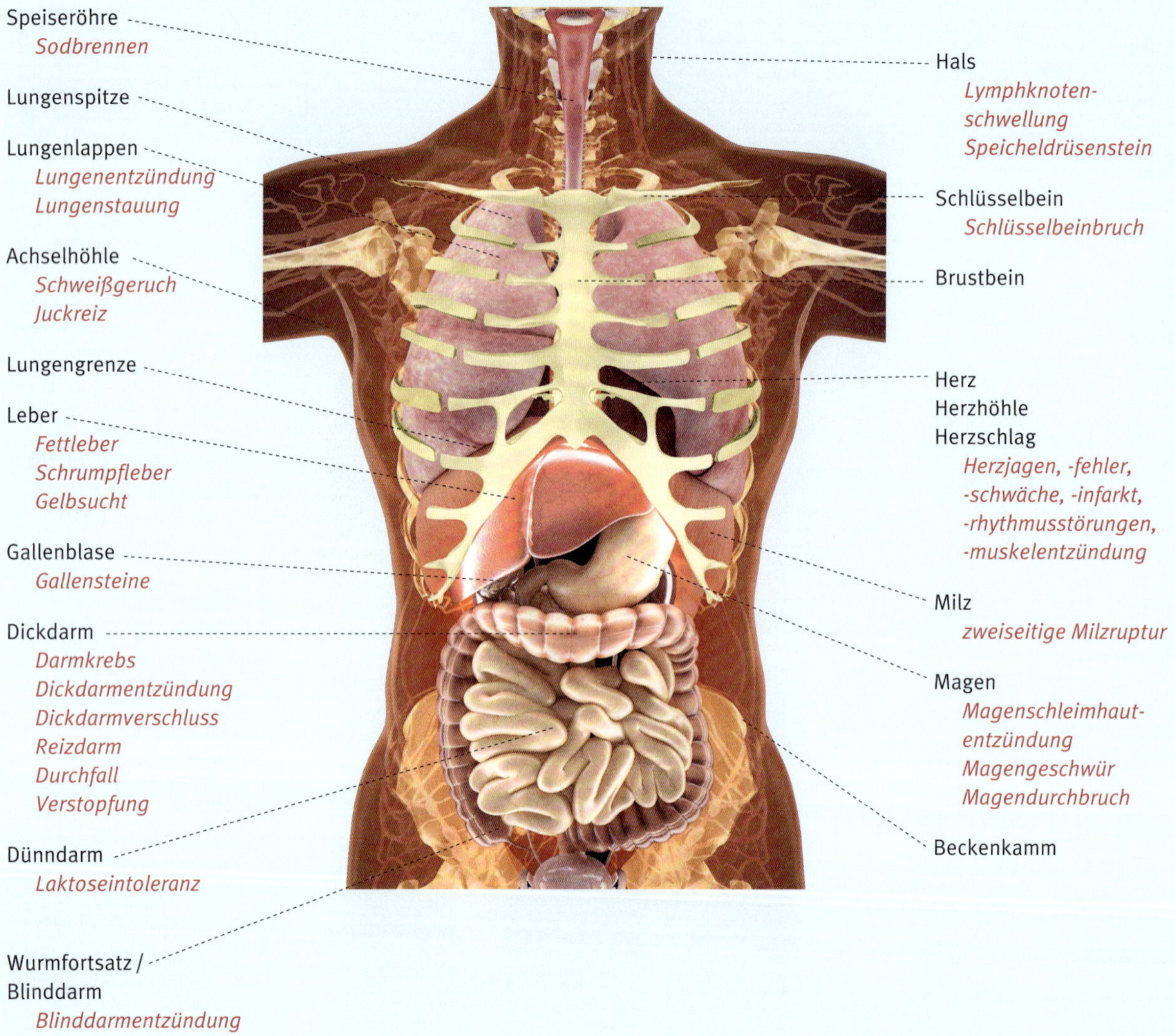

Rücken

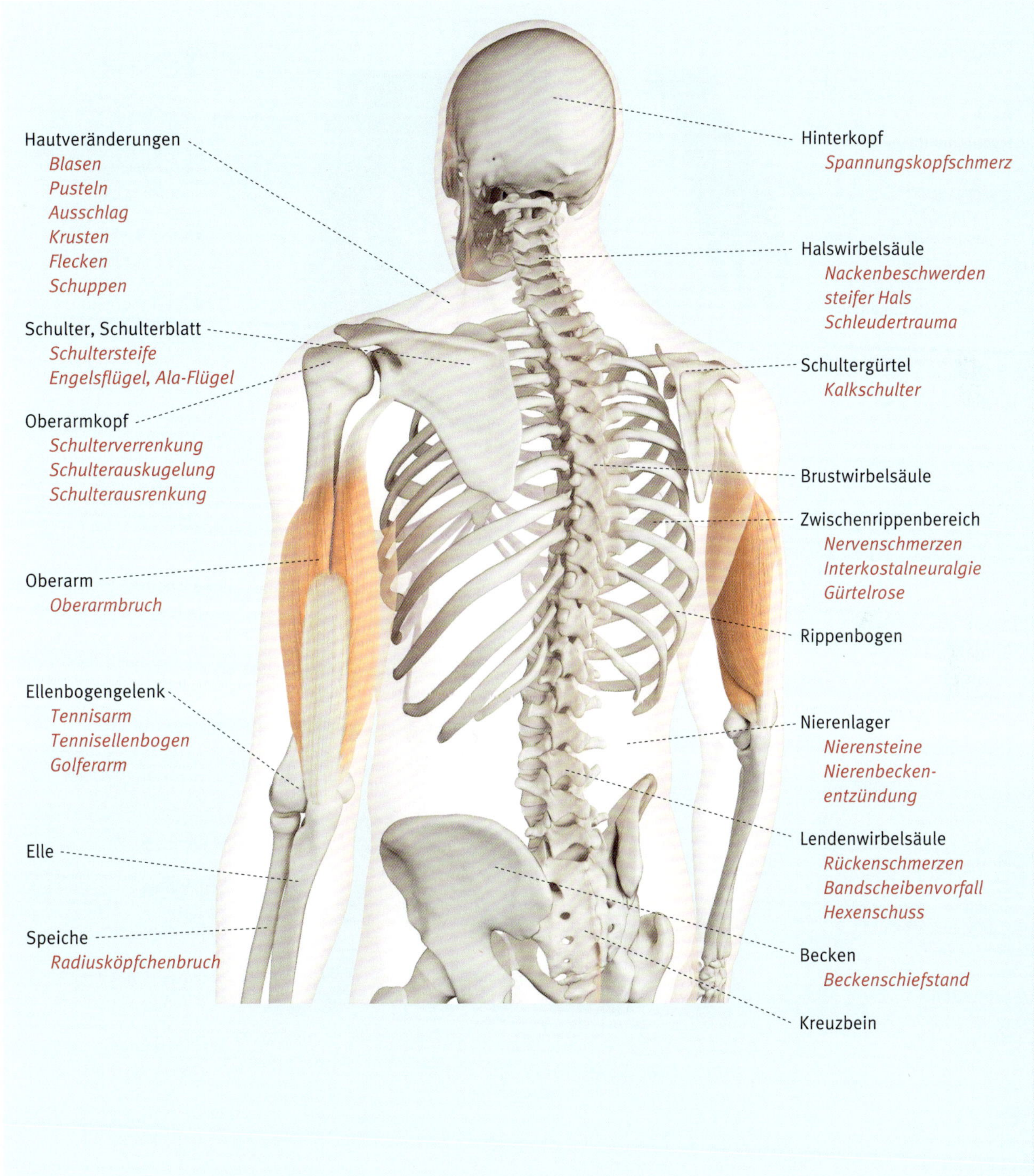
Hautveränderungen
Blasen
Pusteln
Ausschlag
Krusten
Flecken
Schuppen
Schulter, Schulterblatt
Schultersteife
Engelsflügel, Ala-Flügel
Oberarmkopf
Schulterverrenkung
Schulterauskugelung
Schulterausrenkung
Oberarm
Oberarmbruch
Ellenbogengelenk
Tennisarm
Tennisellenbogen
Golferarm
Elle
Speiche
Radiusköpfchenbruch
Hinterkopf
Spannungskopfschmerz
Halswirbelsäule
Nackenbeschwerden
steifer Hals
Schleudertrauma
Schultergürtel
Kalkschulter
Brustwirbelsäule
Zwischenrippenbereich
Nervenschmerzen
Interkostalneuralgie
Gürtelrose
Rippenbogen
Nierenlager
Nierensteine
Nierenbecken-
entzündung
Lendenwirbelsäule
Rückenschmerzen
Bandscheibenvorfall
Hexenschuss
Becken
Beckenschiefstand
Kreuzbein

Untere Extremität und Hand

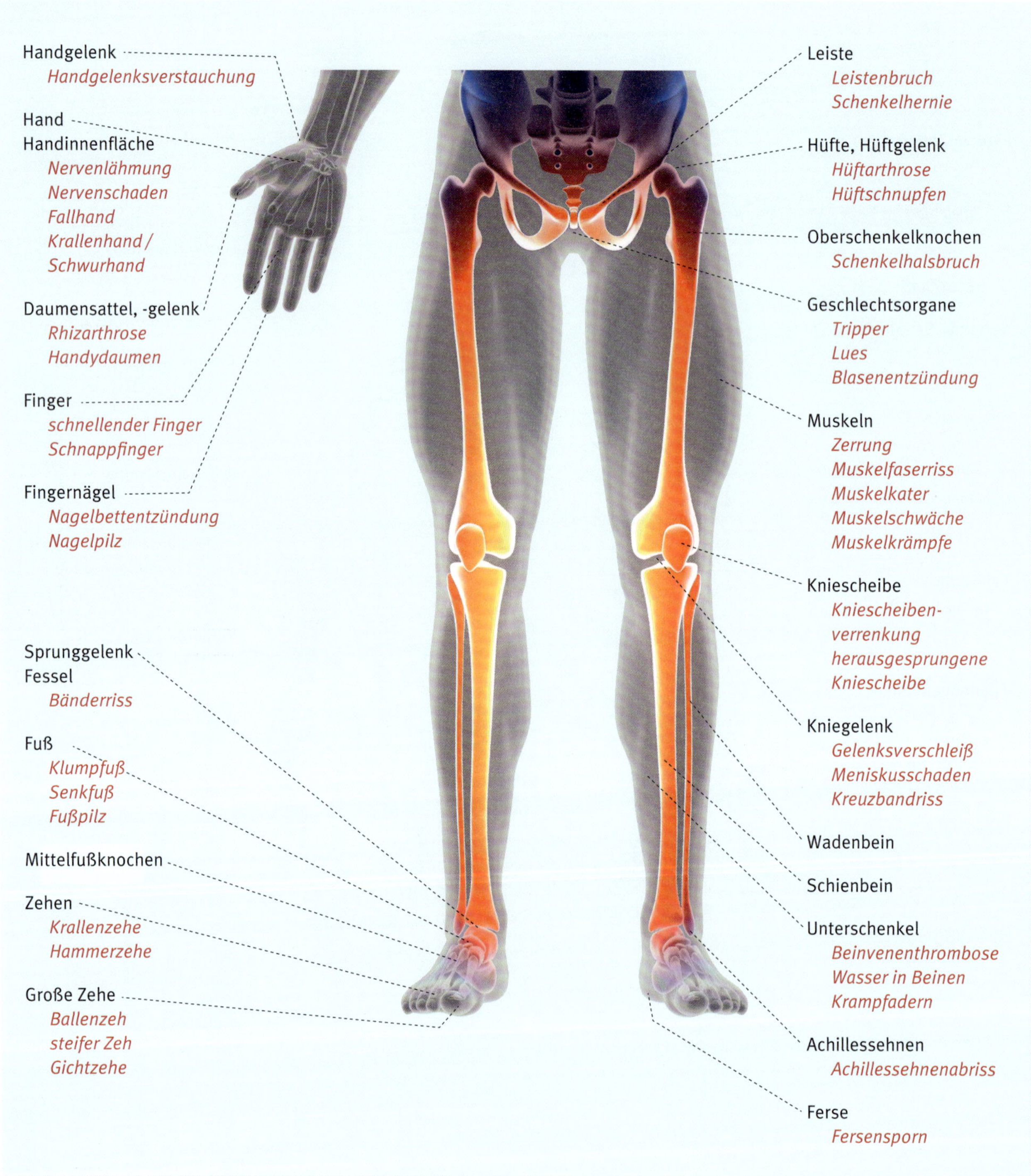

Anamnesebogen

Patientendaten
Name / Geb.-Datum / Adresse / Krankenkasse

Einweisung durch: NAW – RTW – HA – selbst – andere
Hausärztin-arzt:
Angehörige:

Aufnahmegrund:

CAVE: unbedingt beachten!

Blutkonserven: _______ **angefordert**

Anamnese

Aktuelle Beschwerden: wichtigste Symptome / genaue Schmerzbeschreibung: wo, wann, welcher Art, wohin ziehend, wie lange, wann Besserung? ...

Medikamente: Substanz / Dosierung / Gerinnungsverändernde Medikamente

Vegetative Anamnese: Fieber / Husten / Appetit / Nachtschweiß / Durst / Stuhlgang / Schlaf / Regelblutung

Allergien / Unverträglichkeiten: Medikamente / Latex / KM / Welche Symptome?

Vorerkrankungen: Bluthochdruck / KHK / Zuckerkrankheit / COPD / Schildrüsenfehlfunktion / Fettstoffwechselstörung / Tumorerkrankung / Infektionen

Suchtmittel: Alkohol / Nikotin / andere Drogen

Familienanamnese: Erkrankungen der Eltern / Großeltern / Geschwister

Sozialanamnese: Beruf / Familienstand / Pflege / Patientenverfügung

Vorbefunde: EKG / Labor / RTG / Arztbrief

Aktueller Befund

Allgemein: Allgemeinzustand / Ernährungszustand / Größe / Gewicht / BMI / Blutdruck / Herzfrequenz / Temperatur / Sauerstoffsättigung / Stimmung / Bewusstsein

Körperlicher Untersuchungsbefund
Kopf / Hals: Augen / Ohren / Lippen / Mund / Rachen / Lymphknoten / Schilddrüse / Halsvenen

Thorax / Lunge / Mammae: Form / Lungengrenzen / Klopfschall / Auskultation / Tastbefund

Herz / Gefäße: Herzrhythmus-Töne/-Geräusche / Pulse / Ödeme

Abdomen: Bauchdecken / Organbefunde / Nierenlager / Geschlechtsorgane

Bewegungsapparat: WBS: HWS-BWS-LWS / Extremitäten / Muskulatur

Neurologisch orientierende Untersuchung: Sprache / Hirnnerven / Reflexe / Sensibilität / Meningismus

Diagnose: Leitende „vorläufige“ Diagnose / wichtige Nebendiagnosen

Diagnostik: Labor / Bildgebende Diagnostik

Vorgehen: Therapie / Maßnahmen / Stationär / Intensiv / Verlegung

Datum: ______ / ______ / 20______ *Fachbereich:* ______________________

Name in Druckbuchstaben: ______________________ *Unterschrift:* ______________________

Quellenverzeichnis

Cover: © Getty Images/Daniel Grill
Seite 8: oben © Thinkstock/iStock/Brankica Tekic; ÜA3 von links: © Thinkstock/Fuse; © Thinkstock/iStock/imtmphoto; © Thinkstock/Photick/Sandro Di Carlo Darsa; © Thinkstock/PHOTOS.com/Jupiterimages; © Thinkstock/iStock/Zdenka Darula; © Thinkstock/iStock/dulezidarw
Seite 11: von oben: © Thinkstock/iStock/BakiBG; © Thinkstock/iStock/Trish233; © Thinkstock/iStock/saritwuttisan
Seite 12: oben © Thinkstock/iStock/Szepy; unten © toonpool.com/Jan Tomaschoff
Seite 14: ÜA von links: © Thinkstock/iStock/Alexandr Mitiuc; © Thinkstock/F1online; © fotolia/Volker Witt; ÜA2 © Thinkstock/iStock/monkeybusinessimages
Seite 16: © fotolia/Gina Sanders
Seite 17: © fotolia/Gina Sanders
Seite 18: © Thinkstock/Digital Vision/Jochen Sands
Seite 20: © Thinkstock/iStock/Spotmatik
Seite 21: © Thinkstock/DigitalVision/Jochen Sands
Seite 22: oben © Getty Images/E+/vm; ÜB3 von links: © iStockphoto/Photo_Relison; © Robertvt – stock.adobe.com – MinXray Mobiles Röntgengerät Den Haag, Niederlande 2018; © Thinkstock/iStock/Nerthuz; © Drägerwerk AG & Co. KGaA, Lübeck; © ESCHWEILER Kiel/Combi Line; © Thinkstock/iStock/Dario Lo Presti
Seite 27: © Thinkstock/iStock/monkeybusinessimages
Seite 28: © Thinkstock/Hemera/Zsolt Nyulaszi
Seite 29: Frau © Thinkstock/iStock/nyul; Mann © Thinkstock/Creatas Images
Seite 32: © Thinkstock/iStock/Ridofranz
Seite 33: © Thinkstock/iStock/Szepy
Seite 35: © Thinkstock/iStock/shironosov
Seite 36: © Thinkstock/iStock/Arne Trautmann
Seite 37: oben © Thinkstock/Stockbyte/Comstock; unten © Thinkstock/iStock Editorial/MIMOHE
Seite 38: © PantherMedia/Werner Heiber
Seite 40: oben © Thinkstock/iStock/Ikonoklast_Fotografie; ÜA1 von links: © fotolia/richterfoto; © fotolia/Monkey Business; © iStockphoto/baranozdemir; © iStockphoto/sndrk; © fotolia/andreeastock
Seite 42: Frau © Thinkstock/Arkady Chubykin
Seite 43: © Thinkstock/iStockphoto
Seite 46: oben © Thinkstock/iStock/nebari; unten © Thinkstock/iStock/sframephoto
Seite 48: © Thinkstock/Wavebreakmedia Ltd
Seite 49: Gruppe © Thinkstock/Wavebreakmedia Ltd; ÜC1 a © Thinkstock/iStock/Jevtic; ÜC1 c alle © Thinkstock/Wavebreakmedia Ltd
Seite 52: -fieber © fotolia/Schlierner; -peter © Thinkstock/iStock/eyewave; -pocken © DIGITALstock/f. langmann; -nässen © iStockphoto/Markus Münch; ÜA2 © Thinkstock/iStock/Hongqi Zhang
Seite 53: oben © Thinkstock/iStock/KatarzynaBialasiewicz; unten © Thinkstock/iStock/Dmitry Naumov
Seite 54: beide © Thinkstock/iStock/KatarzynaBialasiewicz
Seite 55: oben © iStockphoto/Juanmonino; unten © Thinkstock/Wavebreakmedia Ltd
Seite 56: © iStockphoto/Daniel Laflor
Seite 58: Logo Impfwoche © World Health Organization Europe
Seite 59: Infografik Herdenimmunität © Bundeszentrale für gesundheitliche Aufklärung; Mann © Thinkstock/BananaStock/Jupiterimages
Seite 60: oben © Getty Images/E+/FG Trade; Oberärztin © Thinkstock/iStock/Ben Blankenburg; Assistenzarzt © Thinkstock/PHOTOS.com/Jupiterimages; PJ-lerin © Thinkstock/iStock/robeo; Krankenschwester © Thinkstock/Monkey Business Images Ltd
Seite 62: © fotolia/Gina Sanders
Seite 63: 1. Reihe von links: © Jacques Hugo – stock.adobe.com; © Thinkstock/Polka Dot/Jupiterimages; © fotolia/Gina Sanders; © fotolia/Melinda Armbruester-Seybert; 2. Reihe von links: © Thinkstock/Beau Lark/Fuse; © fotolia/Tobilander; © fotolia/Robert Kneschke; © Thinkstock/Fuse
Seite 66: © Thinkstock/Wavebreakmedia Ltd
Seite 67: ÜB1 von links: © Thinkstock/iStockphoto; © Thinkstock/iStock/imagehub88; © Thinkstock/Photos.com/Jupiterimages; © Thinkstock/iStock/takasuu; © Thinkstock/Hemera/Rob Bouwman; © Thinkstock/Stockbyte/Comstock Images; © Thinkstock/Zoonar/O.Kovach; © Thinkstock/iStock/Stockbyte; ÜB2 a: A © Thinkstock/iStock/anukool; B © Thinkstock/Monkey Business Images; C © Hueber Verlag/Britta Meier; D © Thinkstock/iStock/cookelma; ÜB2 b von links © Thinkstock/iStock/Ratana21; © Getty Images/E+/Willowpix; © Thinkstock/Fuse; © fotolia/SENTELLO; © iStockphoto/flubydust
Seite 68: ÜC1: Mann oben © PanterMedia/Wolfgang Behm Dr. Peter Fischer; Mann unten © Thinkstock/PHOTOS.com/Jupiterimages; Frau © Thinkstock/iStock/XiXinXing; ÜC2 © Thinkstock/PHOTOS.com/Jupiterimages
Seite 69: oben © Thinkstock/iStock/AlexRaths; unten © fotolia/contrastwerkstatt
Seite 70: oben von links: © Thinkstock/Wavebreakmedia Ltd; © Thinkstock/Stockbyte; © Thinkstock/Stockbyte/George Doyle; Ü3 © Thinkstock/Wavebreakmedia Ltd
Seite 72: ÜA2 von links: © Thinkstock/PHOTOS.com/Jupiterimages; © fotolia/Falko Matte; © Thinkstock/Ablestock.com; © Thinkstock/iStock/Maksim Kabakou
Seite 74: A © Thinkstock/Wavebreakmedia Ltd; B © fotolia/Farina3000; C © Thinkstock/Fuse
Seite 75: © Thinkstock/iStock/KatarzynaBialasiewicz
Seite 76: Frau © Thinkstock/TongRo Images; Schild © fotolia/Teteline
Seite 78: oben © Thinkstock/iStock/danutelu; ÜA3 von links: 2x © fotolia/Firma V; © iStockphoto/nano
Seite 80: oben © fotolia/Tyler Olson; unten © fotolia/britta60
Seite 81: © fotolia/sudok1
Seite 85: oben © Thinkstock/Wavebreakmedia Ltd; Zeichnung © Reiner Schwalme, Lübbenau
Seite 86: Frau oben © Thinkstock/Stockbyte/Comstock Images; ÜA2: links © Thinkstock/Stockbyte/Comstock Images; rechts © Thinkstock/Stockbyte/Thinkstock Images
Seite 87: © Thinkstock/iStock/Francesco Ridolfi
Seite 89: © Thinkstock/iStock/4774344sean
Seite 92: © Thinkstock/iStock/AlexRaths
Seite 93: Vollnarkose © Thinkstock/Wavebreakmedia Ltd; Spinalanästhesie, Teilnarkose © Dr. med. Alfred Schmidt, Aschaffenburg; ÜB4 von links: © iStockphoto/Joe_Potato; © Thinkstock/iStock/Peter Albrektsen; © Thinkstock/iStock/monkeybusinessimages
Seite 94: © Thinkstock/Stockbyte/Thinkstock Images
Seite 96: © Thinkstock/iStock/Zsolt Nyulaszi
Seite 98: oben © iStockphoto/shapecharge; ÜA1 von links: © Thinkstock/iStock/miroslavmisiura; © Thinkstock/iStock/Marjan Veljanoski; © Thinkstock/Hemera/IstvÃin CsÃik; © Hueber Verlag/Britta Meier; © Thinkstock/iStock/Eric Hood
Seite 99: © Thinkstock/iStock/samsonovs
Seite 101: © iStockphoto/Wavebreak
Seite 102: Karte © Digital Wisdom
Seite 104: Frauen © Thinkstock/iStock/AlexRaths; Anamnesebogen © fotolia/polydsign; Überweisungsschein © PantherMedia/Boris Zerwann
Seite 105: von links: © Thinkstock/iStock/Pixland; © Thinkstock/iStock/GuidoVrola; © Thinkstock/Fuse; © iStockphoto/PeopleImages; © Thinkstock/iStock/Tomwang112; © iStockphoto/duckycardsM; © iStockphoto/ michieldb
Seite 107: © Thinkstock/Hemera
Seite 110: Gruppe © Thinkstock/iStock/Ridofranz; junge Frau © Thinkstock/iStock/monkeybusinessimages; Mädchen © Thinkstock/BananaStock; Mann © Thinkstock/Hemera/Cathy Yeulet
Seite 111: Gebetsräume Tür © Getty Images/iStock/Yaraslau Saulevich; Symbole © Getty Images/DigitalVision Vectors/pop_jop; Ärztin allein © Thinkstock/iStock/Benis Arapovic; Patientin allein © iStockphoto/KatarzynaBialasiewicz; Patient Bett © iStockphoto/kupicoo; Gruppe © Thinkstock/iStock/simonkr
Seite 112: © Thinkstock/iStock/monkeybusinessimages
Seite 114: © Thinkstock/iStock/Wavebreakmedia
Seite 115: oben © Thinkstock/iStock/Ysbrand Cosjin; unten © Thinkstock/Creatas/Jupiterimages
Seite 118: © Allgemeine Unfallversicherungsanstalt/Frederic Hutter
Seite 119: © Thinkstock/iStock/Rawpixel Ltd
Seite 120: ÜB4 von links: © fotolia/Meditenareo; © fotolia/Spotmatik; © Thinkstock/iStock/AlexRaths
Seite 121: 1 © Thinkstock/iStock/MariaDubova; 2 © Thinkstock/iStock/TanyaRozhnovskaya; 3 © Thinkstock/Fuse; 4 © Thinkstock/Valueline/Chris Knorr/Design Pics
Seite 122: Grafik © Kienbaum Vergütungserport Ärzte, Führungskräfte & Spezialisten in Krankenhäusern 2014
Seite 124: © Thinkstock/Creatas/Jupiterimages
Seite 126: oben © iStockphoto/skynesher; ÜC2 © fotolia/sudok1
Seite 130: Alkoholismus © Thinkstock/iStock/Art-Of-Photo; Spielsucht © fotolia/WWW.DSEROV.COM; Essstörung © Thinkstock/iStock/Tuned_In; Nikotinsucht © Thinkstock/iStock/KatarzynaBialasiewicz; Medikamentenabhängigkeit © Thinkstock/iStock/AndreyPopov
Seite 132: Screenshot © Bundesärtzekammer
Seite 133: Grafik © Ärztestatistik der Bundesärztekammer; Gespräch © Thinkstock/Stockbyte/Comstock Images
Seite 134: Grafik © Ärztestatistik der Bundesärztekammer
Seite 136: Geld © fotolia/BK; Zeichnung © Tina Kröll, Berlin
Seite 137: Grafik © OECD
Seite 145: © fotolia/travelguide
Seite 146: © fotolia/sector_2010
Seite 147: © fotolia/Sebastian Kaulitzki
Seite 148: © fotolia/decade3d

Illustrationen: Michael Mantel, Barum
Bildredaktion: Nina Metzger, Hueber Verlag, München

Weitere Titel

Menschen im Beruf
Pflege A2
ISBN 978-3-19-301190-9

Menschen im Beruf
Pflege B1/B2
ISBN 978-3-19-601190-6

Deutsch in der Pflege
Buch mit MP3-Download

Englisch, Französisch, Italienisch, Russisch
ISBN 978-3-19-207476-9

Griechisch, Spanisch, Polnisch, Rumänisch
ISBN 978-3-19-007476-1

Menschen im Beruf
Telefontraining
ISBN 978-3-19-251587-3

Menschen im Beruf
Schreibtraining
ISBN 978-3-19-141587-7

Menschen im Beruf
Bewerbungstraining
ISBN 978-3-19-121587-3

Menschen im Beruf
Training Besprechen & Präsentieren
ISBN 978-3-19-131587-0